Schokolade

COLLECTION
ROLF HEYNE

Schoko-lade

Fotografie von Luzia **Ellert**
Rezepte von Oliver **Hoffinger**
Foodstyling von Gabriele **Halper**
Text von Elisabeth **Ruckser**

COLLECTION ROLF HEYNE

Inhalt

7 Einleitung

23 Eine kleine Warenkunde

25 Tipps für das Nachkochen der Rezepte

27 Pikant

65 Scharf

99 Süß

135 Cremig

169 Schaumig

203 Flüssig

230 Glossar

234 Bezugsquellen

238 Rezeptregister

240 Impressum

Einleitung

SCHOKOLADE: KÖSTLICH, KÖNIGLICH – UND KAPRIZIÖS

Der Weg war weit: vom Getränk der Götter bis zum Elixier der Monarchen und vom Glück verheißenden Massenprodukt der Wirtschaftswunderzeit bis zum heutigen Gaumenkitzel anspruchsvoller Gourmets. Schokolade fasziniert uns seit Jahrhunderten, wenn nicht seit Jahrtausenden. Ihr Genuss wird zelebriert wie der von edelstem Wein, und wer dazugehören will, der redet mit. Über Aromenvielfalt und Fairtrade-Plantagen, über Conchierzeiten, kleine Kultproduzenten und große Weltkonzerne. Genau genommen ist das Stück Schokolade dabei ein ziemlich junges Produkt. Etwas mehr als 150 Jahre ist es her, dass ein findiger Hersteller es erstmals schaffte, Kakao so zu behandeln, dass er Tafeln daraus herstellen konnte. (Davor war Schokolade ja auch in Europa ausschließlich als Getränk bekannt, und das Geheimnis ihrer Zubereitung wurde am spanischen Hof gut 100 Jahre lang eifersüchtig gehütet.) Der Engländer Joseph S. Fry, in dritter Generation Betreiber eines Schokoladengeschäfts in Bristol, mischte der Schokolade vermutlich als Erster Kakaobutter bei – bis dahin ein reines Abfallprodukt. So konnte er aus der entstehenden, weniger zähen Masse fortan Tafelschokoladen formen. Diese »schmackhafte Ess-Schokolade« wurde erstmals 1847 in Birmingham präsentiert. Zwar war sie in ihrer Konsistenz von unseren heutigen zart schmelzenden Köstlichkeiten noch weit entfernt, aber Fry landete damit einen unglaublichen Hit, der bestens bei den Menschen ankam. Mit der Erfindung dieser Tafelschokolade – sowie wenig später der Milchschokolade durch den Schweizer Daniel Peter – setzte alsbald die industrielle Großproduktion ein, und das Konsumprodukt Schokolade gab's bald überall zu kaufen.

Heute verfolgen wir dagegen eine gegenläufige Entwicklung: den kulinarischen Höhenflug hochwertig hergestellter Schokoladen quasi als Alternative zum Massenmarkt der Standardschokoladen. Getragen wird die exklusive Schokowelle dabei hauptsächlich von kleineren Manufakturen – ob in Frankreich, der Schweiz, Italien, Deutschland oder Österreich. Edle Feinheiten von der zarten Milchschokolade bis zu hochprozentigen Kakaoschwergewichten werden (wieder) mit viel Liebe, Aufwand und Innovationsgeist hergestellt. Genussvoll beobachtet von professionellen Testern ebenso wie privaten Genießern, die sich das große Glück stückchenweise auf der Zunge zergehen lassen.

Einleitung

Denn Schokolade ist eine wahrhaft vielfältige Gespielin für den Gaumen. Über 1000 verschiedene Aromen sagen Experten der Kakaobohne nach, 400 davon sind wissenschaftlich analysiert. Die Palette reicht von Chilinoten über Paprika bis zu Pilzen, jeglichen Nussvariationen oder Tabaknoten, von exotischen Hölzern bis zu Zitrusfrüchten, Vanille, Karamell, Waldbeeren und Rosen. Ebenso vielfältig und wandlungsfähig wie das Produkt selbst sind auch die Einsatzmöglichkeiten der Schokolade in der Küche – selbst wenn sie sich da gern mal von ihrer zickigen Seite zeigt, aber davon später mehr.

Schon allein die Geschichte macht Schokolade zu einem ganz besonderen Lebensmittel, verführt uns in eine Zeit der Götter, der Mystik und des uralten Wissens. Die frühesten Überlieferungen, die wir kennen, stammen aus der Zeit der Maya. Sie bezeichneten den Kakao als Getränk göttlichen Ursprungs. Er begleitete ein ganzes Leben, wurde sowohl beim Taufritus als auch bei Hochzeitsverhandlungen und als Grabbeigabe verwendet. Die Azteken setzten die wertvollen Bohnen später sogar als Zahlungsmittel ein. Da wie dort war Schokolade in ihrer flüssigen Ursprungsform ein kostbares Elixier, das den Reichen und Mächtigen oder zumindest besonderen Anlässen vorbehalten war. »Xocolatl« bestand aus gerösteten und gemahlenen Kakaobohnen, die mit Wasser schaumig gerührt wurden und mit Chili, Honig, Vanille – oder wie manche Quellen sagen auch mit halluzinogenen Pilzen – versetzt wurden. Bis zum letzten aztekischen König Moctezuma kredenzte man das Getränk bei Festmählern, er selbst trank angeblich täglich bis zu 40 Becher davon.

Die spanischen Eroberer schließlich brachten den Kakao nach Europa, wo er schnell – und kräftig gesüßt – zum Lieblingsgetränk des Adels und der Monarchen wurde. Bis heute wird Schokolade übrigens hauptsächlich in Europa und Nordamerika verzehrt, ein großer Zukunftsmarkt liegt in Asien, so steigt etwa der Konsum in Indien oder China stetig an. In den Ursprungsländern der Kakaobohne wird die »Götterspeise« dagegen so gut wie gar nicht gegessen. Die meisten Kakaobauern etwa haben noch nie auch nur ein Stück Schokolade probiert.

Über das Kochen mit Schokolade

In der Küche macht Schokolade ihrem Ruf als köstliches, aber kapriziöses Wesen alle Ehre. Fragt man den Rezeptautor des vorliegenden Buches, den österreichischen Erfolgskoch Oliver Hoffinger, dann klingt das so: »Mit Schokolade zu kochen ist eine echte Herausforderung, aber man sollte sich drauf einlassen!«

Schokolade reagiert etwa ganz speziell auf die Zugabe von Flüssigkeiten oder zu hohe Temperaturen. Und schon bei kleinen Veränderungen der Mengenangaben anderer Zutaten können am Ende des Kochprozesses extrem unterschiedliche Ergebnisse stehen. Ähnlich verhält es sich, wird für ein Rezept Schokolade mit mehr oder weniger Kakaogehalt verwendet. Koch Hoffinger: »Nehmen wir einmal ein Standardrezept für Mousse au Chocolat: 200 g dunkle Schokolade mit 65 bis 70 Prozent Kakaoanteil, 50 g Milchschokolade, 500 g Sahne, 1 Ei und 1 Eigelb. Nimmt man nun auch nur ein bisschen weniger Sahne oder etwas mehr Milchschokolade – das Ergebnis wird jeweils komplett unterschiedlich in Geschmack und Konsistenz sein.«

Das oberste Kochcredo Kreativität sei bei Schokolade nämlich nicht unbedingt angebracht, vor allem nicht bei pikanten Gerichten. »Sonst sagt man ja immer, trauen Sie sich ruhig etwas zu, probieren Sie nach Ihrem Geschmack und halten Sie sich nicht sklavisch an die Vorgaben eines Rezeptes – aber im Fall von Schokolade schaut das anders aus.« Genauigkeit und Exaktheit seien hier sehr wichtig, wolle man das gewünschte Ergebnis erzielen. Und geringe Dosierung: »Das ist fast wie bei einem Gewürz oder bei Salz – ja nicht zu viel.«

Was das Schwierigste am Kochen mit Schokolade sei? Aufzupassen, »dass die Masse – wie wir in der Kochsprache sagen – nicht abhaut«, spricht Meister Hoffinger und lächelt schelmisch dazu. (Eigentlich sagte er »die Masse net o'poscht«, aber wir haben uns erlaubt, das Wienerische ins Hochdeutsche zu übersetzen.) Insgesamt 150 schokoladige Rezepturen hat der Spitzenkoch für dieses Buch kreiert und dafür jede Menge getüftelt, verkostet und probiert. »Abhauen« bedeutet übrigens, dass die Masse gerinnt und sich das Fett von den restlichen Bestandteilen absetzt. Sollte das passieren, hilft nur noch kräftig rühren, rühren, und nochmals rühren, eventuell kann auch die Zugabe von ein wenig hochprozentigem Alkohol – zum Beispiel Rum oder Cognac – oder Fett – Olivenöl, Butter, Sahne – noch retten, was zu retten ist.

Wird auch auf die Optik wert gelegt – etwa beim Glanz einer Glasur –, dann wird's erst recht kompliziert. Wenn verflüssigte Schokolade nämlich wieder erstarrt, dann bildet sich die Kristallstruktur neu aus. Zwischen sechs verschiedenen Molekülformen wird dabei unterschieden, so der kulinarische Physiker Werner Gruber. Der Feinschmecker wünscht sich aber nur eine ganz bestimmte, nämlich die Form V – alle anderen machen die Schokolade entweder »stumpf« oder »sandig«.

Aber am spannendsten sind für Hoffinger ohnehin die nicht-süßen Kreationen. »Fisch und Schokolade? Das kommt aus einer anderen Galaxie!« Seine grundsätzliche Empfehlung, um sich auf das »Kochabenteuer Schoko« einzulassen: mit einer Verkostung beginnen. In aller Ruhe Tafeln mit verschiedenen Kakaogradationen von der weißen bis zur dunklen pur verkosten, um herauszufinden, was an Säure, Würze, Süße und Aromenpower in welcher Sorte steckt. Ja, man braucht ein wenig Mut, um sich auf das Kochen mit dem dunklen Element einzulassen. Aber glauben Sie uns: Es zahlt sich aus.

Vom Samen zur Bohne

Aller Ursprung der Schokolade liegt in den Samen der Kakaopflanze. So manche Blumenhandlung hierzulande hat das schöne Gewächs oder seine bunten Früchte mittlerweile schon im Angebot, auch als Zierpflanze wird es kultiviert. Lange war der Ursprung des Baums unklar, genetische Tests konnten jedoch vor wenigen Jahren nachweisen, dass praktisch alle alten Kakaosorten von einer einzigen riesigen Zucht stammen, die sich von den Anden quer durch das Amazonas- und Orinokobecken über die heutigen Staaten Kolumbien, Ecuador, Peru und Venezuela erstreckte.

Im Urwald kann der Kakaobaum bis zu 15 Meter hoch werden, auf Plantagen erreicht er nur eine Höhe von vier bis sieben Metern – was so gewünscht ist, damit er leichter zu bearbeiten ist. Botanisch betrachtet, zählt er zu den Malvengewächsen, und um sich richtig wohlzufühlen, benötigt er Temperaturen zwischen 24 und 28 Grad Celsius, feuchtwarmes Klima sowie humusreiche Böden. Kleinere Überschwemmungen können den Pfahlwurzler nicht weiter beeindrucken, optimal ist allerdings eine Wasserversorgung von rund 1500 Millimetern Niederschlag über das Jahr verteilt. Verbreitet ist der Kakaobaum heute rund um die Erde entlang des Äquators, in etwa bis zum 20. nördlichen beziehungsweise südlichen Breitengrad.

Er trägt das ganze Jahr über – wie viele tropische Gewächse – gleichzeitig Früchte und auch Blüten. Letztere sind zarte orchideenähnliche Schönheiten, sie wachsen zu Hunderten direkt an den Ästen. Pro Jahr können es 10 000 bis 20 000 sein, aber nur aus etwa ein bis fünf Prozent entwickeln sich – bestäubt von Insekten – auch Früchte. Diese schließlich sind farbenprächtig wie der Urwald. Es gibt orangefarbene, braune, gelbe, rote oder grüne, je nach Reifegrad oder Laune der Natur. Ihre Form kann länglich sein oder rund, die Schale tief zerfurcht, glatt, warzig oder sanft gerillt.

Geerntet wird, selbst wenn es theoretisch das ganze Jahr über möglich wäre, bedingt durch die Regenzeit hauptsächlich zwischen März und Oktober. Sind die Früchte reif, werden sie mit speziellen Messern, die an langen Stangen befestigt sind, vom Baum geholt. Anschließend werden sie so aufgeschnitten, dass möglichst wenige der wertvollen Samen verletzt werden. Die Kerne werden mitsamt dem Fruchtfleisch aus der Schale gelöst und in mit Bananenblättern ausgelegten Holzkisten ausgebreitet, wodurch fast unmittelbar ein Gärungsprozess einsetzt. Dabei entstehen Temperaturen bis zu 50 Grad Celsius, was die Samen zum einen am Keimen hindert, und sie zum anderen einen Teil ihrer Bitterstoffe verlieren lässt. Dies ist eine erste heikle Phase der Verarbeitung, einzelne Aromavorstufen entstehen jetzt, jeder Fehler beeinträchtigt die Qualität des Endprodukts. Nach der Fermentation werden die nun Kakaobohnen genannten Samen noch getrocknet, dabei schrumpfen sie etwa auf die Hälfte ihrer ursprünglichen Größe. Kleine Betriebe nutzen dazu die Kraft der Sonne, in größeren Plantagen sind meist Solartrockner im Einsatz. Die Bohnen müssen dabei regelmäßig gewendet werden und bilden in dieser Zeit ihren typischen Geschmack aus. Die Aromastoffe entwickeln sich übrigens während der sogenannten »Maillard«-Reaktion – das ist die gleiche chemische Reaktion zwischen Eiweiß und Zucker, die Fleisch beim Braten oder Kaffee beim Rösten so herrlich duften lässt.

Nach der Trocknung sind die Kakaobohnen quasi fertig für Verkauf und Transport, denn die Weiterverarbeitung des Rohkakaos findet – mit Ausnahme der Elfenbeinküste, Ghanas, Ecuadors, Kolumbiens oder Brasiliens, die den edlen Stoff auch selbst verarbeiten – in den Konsumentenländern Europas und Nordamerikas statt. Schließlich wird hier ja, wie schon erwähnt, auch ein Großteil des Endprodukts Schokolade vernascht, allein Europa sorgt für den Verzehr von 42 Prozent der Weltproduktion, allen voran die Schweizer, gefolgt von Norwegen und dahinter ex aequo Belgien und Deutschland.

Die Sache mit der Sorte

Beim Wein kommt es auf die Rebsorte an, bei der Schokolade auf die Bohne. Es gibt anspruchsvolle Sorten, kräftige, zarte oder anpassungsfähige. Der bittere Kakao für viele Konsumschokoladen etwa stammt von der Elfenbeinküste, andere Schokoladen wieder bestehen aus einer Mischung verschiedener Sorten. Und wer's besonders liebt, greift ohnehin nur zur hochwertigen »Lagen«-Schokolade aus einer einzigen Plantage. Die Einteilung der verschiedenen Kakaos wird dabei zunehmend kompliziert. Ursprünglich unterschied man im Wesentlichen drei Sorten: Criollo, Forastero und Trinitario. Die Urbohne Criollo ist dabei ein wertvolles und geschmacklich sehr elegantes Naturprodukt mit äußerst geringem Ertrag. Diese auch Wildkakao genannte Sorte wird zu den edelsten Schokoladen verarbeitet, ihr Anteil am Weltmarkt beträgt gerade einmal 0,7 Prozent. Mehr als 80 Prozent der weltweiten Kakaoernte macht dagegen die robuste Sorte Forastero (»Fremdling«) aus. Sie kommt hauptsächlich in der industriellen Produktion zum Einsatz und wird heute vor allem in Westafrika und Brasilien angebaut. Trinitario wiederum entstand aus einer Kreuzung von Criollo und Forastero, das Ergebnis ist ein widerstandsfähiger Baum mit edlen Bohnen und einem geringen Weltmarktanteil.

Durch absichtliche oder zufällige Sortenvermischungen sind jedoch mittlerweile Tausende verschiedener Kakaosorten entstanden, dazu noch zahlreiche Unterarten, wie »Porcelana« oder »Criollo Andino«, die zu allem Überfluss manchmal auch noch nicht korrekt zugeordnet wurden. Forastero-Bohnen werden auch ganz generell nicht nach Sorte, sondern nach Herkunft gehandelt, was zu Bezeichnungen wie »Upper Amazonian«, »Lower Amazonian« oder »Nacional« führt.

Kurz: Die Chance auf Verwirrung ist groß, und daher haben erst kürzlich Wissenschaftler gemeinsam mit dem CIRAD (Centre de coopération Internationale en Recherche Agronomique pour le Développement / France's Agricultural Research Centre for International Development) eine neue Klassifizierung für Kakao vorgeschlagen. Dieser empfohlenen Neueinteilung liegen genetische Untersuchungen zugrunde, bei der insgesamt 1241 Kakaopflanzen analysiert wurden, die von den Wissenschaftlern als repräsentativ für die Kakaovielfalt angesehen werden. Laut dem neuen Vorschlag soll die künftige Einteilung zehn Gruppen umfassen, die nach der ursprünglichen Herkunft der Sorten benannt werden: Amelonado, Criollo, Nacional,

Contamana, Curaray, Guiana, Iquitos, Marañon, Nanay und Purús. Aber noch hat sich diese Empfehlung nicht durchgesetzt – es darf also weiter geforscht werden.

Abgesehen von der Sorte spielt auch die Herkunft der Kakaobohne bei hochwertiger Schokolade heute eine wesentliche Rolle. Als die besten Lagen gelten generell diejenigen in Äquatornähe, ob in Kamerun, Ecuador oder Indonesien.

In der Schokoladenfabrik

Die Herstellung von Schokolade, Kakaobutter oder -pulver ist eine aufwendige Angelegenheit. Das Ziel ist es, vereinfacht gesagt, das Grundprodukt durch Luftzufuhr und mechanische Behandlung in seiner chemischen Struktur so zu verändern, dass sich mehr und mehr die zahlreichen Bitteraromen der Kakaobohne verflüchtigen und in Wohlgeschmack auflösen.

Dafür müssen die Bohnen nach dem langen Transport aus den Ursprungsländern zu allererst von allen möglichen Verschmutzungen gereinigt werden. Danach werden sie geröstet – entweder ganz mit Schale oder von den Schalen getrennt und bereits gebrochen (»Nibs«). Beim Rösten entwickeln sich die spezifischen Aromaqualitäten, und der Wassergehalt des Kakaos sinkt auf etwa zwei Prozent.

Bei dieser thermischen Behandlung spielen die genaue Temperatur und Dauer eine ganz entscheidende Rolle. Hochwertige Sorten und Edelkakaos werden generell schonender und weniger heiß (zum Beispiel bei 100 bis 110 Grad Celsius) geröstet. Einfache Standardsorten sind dagegen Temperaturen bis zu 150 Grad Celsius ausgesetzt. Auch bei der Herstellung von Kakaopulver wird zumeist mit höheren Temperaturen gearbeitet, da man kräftigeres Aroma wünscht. Ein nächster Schritt ist das Mahlen und Feinwalzen, dabei wird der geröstete Kakaobruch immer feiner gemahlen. Nun platzen die Zellwände des Kakaos, und die darin enthaltene Kakaobutter wird durch die Reibungswärme flüssig. Diese Masse wird nun entweder zu Kakaopulver oder zu Schokolade weiterverarbeitet.

Bei der Herstellung von Kakaopulver wird die Masse anschließend unter hohem Druck gepresst, die Kakaobutter fließt ab, und der Kakaopresskuchen wird zu Pulver ver-

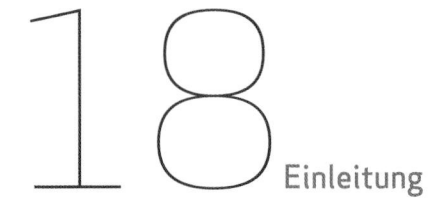

mahlen. Das Patent zu diesem Vorgang geht auf das Jahr 1828 zurück, eingereicht vom Holländer Coenraad Johannes van Houten. (Wissen Sie, wer der weltweit größte Abnehmer für Fairtrade-Kakaobutter ist? Die Kosmetikkette »The Body Shop«.)

Soll aus der vermahlenen Masse Schokolade entstehen, folgt als nächster Schritt das Vermischen mit den restlichen Zutaten wie Zucker oder Milchpulver und schließlich ein ganz entscheidender Vorgang: das Conchieren. Dabei wird die Kakaomasse geknetet, gewalzt, gewendet, gelüftet und gedreht. Und das viele Stunden lang, früher dauerte dieser Prozess bis zu drei Tagen. Während der Conchierzeit entsteht der weiche, runde Schmelz der Schokolade, sie wird fein, glatt und gießfähig. Auch ihr Geschmack wird deutlich harmonischer, und unerwünschte Geruchsstoffe verflüchtigen sich. Heute wird bei einer bestimmten Temperatur (ca. 60 bis 80 Grad Celsius), je nach Sorte im Schnitt zwischen drei und 70 Stunden conchiert.

Erfunden wurde dieses Verfahren – die Maschine, die das übernimmt, heißt »Conche«, vom spanischen Wort für Muschel – vom Schweizer Rudolphe Lindt. 1879 soll er, damals noch ein Anfänger in der Zunft, vor einem Jagdausflug vergessen haben, seine Maschinen abzustellen. Und als er nach dem Wochenende zurückkam, fand er Schokolade von unvergleichlich zarter, bis dahin nie gekannter Konsistenz vor. (Und wenn's nicht stimmt, so ist es wenigstens eine hübsche Geschichte.) Nach dem Conchieren wird die Schokolade vorsichtig temperiert, wobei sie in einer ganz bestimmten Kristallform erstarren soll, und schließlich in gewünschte Formen gegossen.

Schokoladenherstellung ist heutzutage längst eine computergesteuerte Hightech-Prozedur, die großes Know-how und finanziellen Aufwands erfordert. Für viele kleine oder mittlere Betriebe ist es daher einfach nicht mehr rentabel, die zahlreichen Verarbeitungsschritte selbst durchzuführen. Die meisten Chocolatiers und Schokoladenhersteller verwenden daher bereits fertig vermahlene Kakao- oder Schokoladenmasse, nur einige wenige Unerschrockene wollen's genau wissen und verarbeiten vom Rohkakao weg alles in Eigenregie.

Ein wertvoller Rohstoff

Der Handel mit Kakao ist ein bedeutender internationaler Wirtschaftsfaktor. 3,3 Millionen Tonnen wurden laut International Cocoa Organization in der Saison 2006/2007 geerntet. Kakaobohnen gehören nach Erdöl und Kaffee zu den meist gehandelten Rohstoffen der Erde. Diese riesige Branche ist auf wenige Hersteller und Verarbeiter konzentriert: Insgesamt sieben Länder produzieren 91 Prozent der weltweiten Ernte, sechs multinationale Konzerne beherrschen 80 Prozent des Schokoladenmarktes. In seinem ursprünglichen Herkunftsgebiet Mittel- und Südamerika wird heute allerdings nur mehr ein geringer Teil des weltweiten Kakaobedarfs produziert, etwa fünf Prozent. Den Löwenanteil mit mehr als zwei Dritteln oder 2,3 Millionen Tonnen liefert Afrika, und da hauptsächlich Ghana, Nigeria und die Elfenbeinküste. Letztere machte vor einigen Jahren schlimme Schlagzeilen, als aufgedeckt wurde, dass rund 600 000 minderjährige Kinder in den Kakaoplantagen des westafrikanischen Staates arbeiten müssen. Durch den daraus erwachsenen öffentlichen Druck entstand eine Initiative, die erreichen sollte, dass die Unternehmen eine Art freiwillige Verpflichtung zur Abschaffung der Kinderarbeit eingehen. Leider hatte sie bisher kaum Erfolg.

Das große Zukunftsgebiet ist auch beim Anbau Asien, wo von Oktober 2006 bis September 2007 (= ein Anbaujahr) 626 800 Tonnen Kakaobohnen produziert wurden, mit steigender Tendenz. Indonesien etwa hat 2007 allein rund 620 000 Tonnen Kakao produziert. Der größte Verarbeiter von Kakaobohnen sind die Niederlande, an zweiter Stelle liegen die USA und Platz drei gehört der Elfenbeinküste. Dominiert wird der Schokolademarkt von wenigen multinationalen Konzernen. Mars, Hershey (beide USA) sowie Cadbury, Nestlé, Kraft Foods und Ferrero (Europa) sind die »Big Players«.

Der Preis des Kakaos reguliert sich durch Angebot und Nachfrage an den Rohstoffbörsen von London und New York. Der Weltmarktpreis selbst kann dabei extremen Schwankungen unterliegen, so fiel der Preis für eine Tonne Kakao im November 2000 etwa auf den historischen Tiefststand von 714 US-Dollar. Zwei Jahre später im Oktober 2002 lag er bei 2335 US-Dollar, und im Februar 2008 erreichte er mit 2585 US-Dollar die höchste Marke seit 24 Jahren. Rohstoffverknappungen durch politische Unruhen in Erzeugerländern können dabei eine Rolle spielen, oft ist der Kakaopreis auch Gegenstand von Spekulationen. Die Leidtragenden sind vor allem die Produzenten, die für dieselbe aufwendige Arbeit plötzlich wesentlich weniger Lohn erhalten.

Eine kleine Warenkunde

Die verschiedenen Schokoladenarten im Überblick:

Schokoladenart	Kakaoanteil
Zart-/Halbbitterschokolade	mindestens 50 %
Edelbitterschokolade	60 % bis 100 %
Milchschokolade	mindestens 25 %

Es empfiehlt sich unbedingt, stets Schokolade mit Qualitätsbezeichnung, also Edelschokolade zu wählen. Edelschokoladen sind Schokoladen, die einen Edelkakaoanteil von mindestens 40 Prozent haben.

Massenware, sogenannte Konsumschokolade aus Konsumkakao erreicht nicht annähernd die Aromenvielfalt von Edelschokolade. Zudem achten kleine Chocolatiers nicht nur auf beste Qualität ihrer Schokoladen, sondern zahlen den Kakaobauern einen höheren Preis, garantieren über Jahre hinweg feste Abnahmemengen oder besitzen gar eigene Plantagen. So fördern sie vor Ort eine nachhaltige Entwicklung, bessere Lebensbedingungen und fairen Handel – auch Schokoladen mit Fairtrade-Siegel erfüllen diese Bedingungen.

Die Kakaosorten im Überblick:

Criollo

Der Criollo (sprich »criojo«) ist der edelste Kakao der Welt. Da er überaus selten ist, liegt sein Anteil an der Weltmarktproduktion bei gerade einmal 0,7 Prozent. Die wichtigste Unterart des Criollo ist der Porcelana, den Schokoladenkenner den »Criollo unter den Criollos« nennen. Seinen Namen verdankt er den weiß schimmernden an Porzellan erinnernden Bohnen.

Trinitario

Der Trinitario stammt von der Karibikinsel Trinidad und verdankt seine Entstehung einem Hurrikan, der große Teile der Criolloplantagen zerstörte. Für die Wiederaufforstung kreuzten die Kakaopflanzer Criollo und Forastero, woraus der Hybride Trinitario enstand. Sein Weltmarktanteil ist sehr gering.

Forastero

Der Forastero (»Fremdling«) stammt aus Südamerika. Dieser überaus robuste und ertragreiche Baum liefert heute mehr als 80 Prozent der weltweiten Kakaoernte. Konsumschokolade sowie Konsumkakao und Schokoladenprodukte wie Schokoladensauce, Schokoladenstreusel, Schokoladendekoration etc. werden meist aus Forastero hergestellt. Für den Forastero ist ein bitter-säuerliches Aroma kennzeichnend. Um Edelschokolade herzustellen, eignen sich Forasterobohnen nicht, denn ihnen mangelt es an der dafür nötigen Aromenvielfalt.

Nacional

Der Nacional, eine Unterart des Forastero, wächst ausschließlich in Ecuador. Da er aber viel aromenreicher ist als der Forastero – er zeichnet sich durch blumige und nussige Aromen aus –, kann er auch zu Edelschokolade verarbeitet werden.

Tipps für das Nachkochen der Rezepte

1 Einkauf
Bei Schokolade gibt es große Qualitätsunterschiede. Allein vom Kakaoanteil können aber noch keine Rückschlüsse auf die Qualität gezogen werden – er gibt allenfalls die Auskunft über den Bitterkeitsgrad: je geringer der Kakaoanteil, desto süßer die Schokolade. Ausschlaggebend für gute Qualität sind vielmehr die Art und Güte der Rohstoffe sowie die Sorgfalt in der Weiterverarbeitung. Verwenden Sie ausschließlich hochwertige Schokoladen und Kuvertüren, am besten aus dem Schokoladenladen. Lassen Sie sich beraten, welche Schokoladenart zu empfehlen ist.

2 Lagerung
Schokolade ist empfindlich. Bewahren Sie sie stets geschützt vor Feuchtigkeit, Wärme, Licht und fremden Gerüchen und luftdicht verschlossen auf. Lagern Sie Schokolade bei konstanter Temperatur, aber nicht im Kühlschrank. Die ideale Lagertemperatur liegt bei konstanten 12 bis 18 °C.

3 Verarbeitung
Die Verarbeitung von Schokolade und Kuvertüre steht und fällt mit der richtigen Temperatur. Schmelzen Sie Schokolade immer klein gehackt, vorsichtig und langsam bei geringer Hitze (max. 45 °C) über dem Wasserbad.
Will man sie für einen Überzug weiterverarbeiten, dann muss Schokolade temperiert werden, d. h. in die gewünschte Kristallform gebracht werden. Da sich die Kristalle der Schokolade bei ca. 35 °C auflösen und während des Abkühlens wieder aufbauen, bringt man die Schokolade durch die Impfmethode in die gewünschte Konsistenz bzw. Weiterverarbeitungstemperatur:
Zwei Drittel der gehackten Schokolade/Kuvertüre über dem Wasserbad schmelzen (max. 45 °C) und anschließend vom Wasserbad nehmen.
Ein Drittel der gehackten Schokolade/Kuvertüre nach und nach vorsichtig einrühren. Weiterverarbeitungstemperaturen: Milchschokolade: 30 °C bis 31 °C / Bitterschokolade: 31 °C bis 33 °C / weiße Schokolade: 29 °C bis 30 °C.
Sollte die geschmolzene Schokolade unter den genannten Weiterverarbeitungstemperaturen liegen, vorsichtig im Wasserbad erwärmen. Es empfiehlt sich also, mit einem speziellen Kuvertürethermometer zu arbeiten, um ein optimales Ergebnis zu erzielen.

Pikant

Samtsuppe von der roten Rübe mit Aperol-Schoko-Milch

Zutaten für 4 Personen

300 g rote Rüben
2 EL Walnussöl
1 rote Zwiebel
1,25 l Gemüsefond
etwas gemahlener Kümmel
Salz
schwarzer Pfeffer aus der Mühle
2 EL Rotweinessig
100 g kalte Butter
3 EL Crème fraîche
125 ml Schlagsahne
20 g weiße Kuvertüre
2 EL Aperol
2 EL reduzierter Aceto balsamico

Zubereitungszeit: ca. 40 Minuten

1 Die Rüben schälen, würfeln und leicht in dem Walnussöl anbraten. Die Zwiebel schälen, klein schneiden und zu den Rüben geben.

2 Die Rüben mit 1 l Gemüsefond ablöschen und weich kochen, dann mit dem Stabmixer pürieren. Die Suppe mit gemahlenem Kümmel, Salz, frisch gemahlenem schwarzen Pfeffer und dem Rotweinessig abschmecken.

3 Die Suppe mit der kalten Butter aufmontieren und der Crème fraîche verfeinern.

4 Die restlichen 250 ml Gemüsefond mit der Schlagsahne aufkochen, dann langsam die gehackte Kuvertüre hineinrühren. Mit Salz und frisch gemahlenem schwarzen Pfeffer abschmecken und mit dem Aperol abrunden. Mit dem Stabmixer aufschäumen.

5 Die Suppe in 4 tiefe Teller füllen und vorsichtig mit der Balsamicoreduktion ausgarnieren. Die Aperol-Schoko-Milch separat dazu reichen.

Thaisuppe mit Garnelen und Schokoladen-Nan

Zutaten für 4 Personen

Für die Thaisuppe

400 g rohe Garnelen in der Schale
2 EL Sesamöl
1 Stängel Zitronengras, grob geschnitten
3 Knoblauchzehen
2 EL Tomatenmark
1 l Fischfond
10 Cocktailtomaten
50 g Zuckerschoten
3 Kaffir-Zitronenblätter (erhältlich im Asialaden)
1–2 EL scharfes Currypulver
1 TL Kreuzkümmel

Für das Nan

500 g Weizenmehl, Type 405
1 Tütchen Trockenhefe
250 g Naturjoghurt
3 EL Milch
30 g Butter
1 TL Puderzucker
1 Ei
Salz
20 g dunkle Kuvertüre (80 % Kakaogehalt)
1 EL Schwarzkümmel (erhältlich im Asialaden)

Zubereitungszeit: ca. 50 Minuten

1. Die Garnelen schälen, vom Darm befreien, beiseite stellen.
2. Das Sesamöl in einer Pfanne erhitzen. Das grob geschnittene Zitronengras mit dem fein gehackten Knoblauch und den Garnelenschalen darin anbraten.
3. Das Tomatenmark dazugeben und kurz mitrösten, dann mit dem Fischfond ablöschen, aufkochen und ca. 30 Minuten leicht köcheln lassen, dann durch ein feines Sieb passieren.
4. Die in grobe Stücke geschnittenen Garnelen, Tomaten und Zuckerschoten in den Fond geben und erhitzen. Die grob geschnittenen Zitronenblätter, das Currypulver und den Kreuzkümmel dazugeben. Die Suppe nun nur noch ziehen, nicht kochen lassen, bis die Garnelen gar sind.
5. Für das Nan das Mehl mit der Trockenhefe vermischen.
6. Den Joghurt und die Milch mit der zerlassenen Butter und dem Puderzucker in einem Topf verrühren und erwärmen. Diese Mischung unter die Hefe-Mehl-Mischung rühren.
7. Das verquirlte Ei, das Salz und die gehackte Kuvertüre untermengen. Die Mischung in der Küchenmaschine mindestens 15 Minuten zu einem glatten Teig verarbeiten.
8. Den Teig 10 Minuten gehen lassen, dann zu kleinen Kugeln kneten, diese zu dünnen Scheiben (ca. $1/2$ cm dick, 15 cm Durchmesser) ausrollen, mit dem Schwarzkümmel bestreuen und ca. 18–20 Minuten im auf 200°C vorgeheizten Backofen knusprig backen.
9. Die Suppe mit Salz abschmecken und mit dem warmen Nan servieren.

Pikant

Fenchel im Rohr gebraten, mit Wurzelspeck und Schokobröseln

Zutaten für 4 Personen

800 g Fenchelknollen
2 EL Butterflocken
2 EL Olivenöl
1 Orange
Salz
schwarzer Pfeffer aus der Mühle
150 g Wurzelspeck
2 Zwiebeln
2 EL Butter
100 g Semmelbrösel
Salz
50 g Edelbitterschokolade (70 % Kakaogehalt)

Zubereitungszeit: ca. 40 Minuten

1. Die Fenchelknollen vom Strunk befreien und in eine gefettete feuerfeste Form legen. Die Butterflocken darübergeben, das Olivenöl und den Saft der Orange darüberträufeln und mit Salz und frisch gemahlenem schwarzen Pfeffer bestreuen.

2. Den Wurzelspeck fein würfeln. Die Zwiebeln schälen, fein würfeln und mit dem Speck über den Fenchel streuen. Den Fenchel im auf 175 °C vorgeheizten Backofen 20 Minuten backen.

3. Die Butter in einer Pfanne erhitzen, und die Semmelbrösel darin goldbraun rösten. Mit Salz abschmecken.

4. Die Edelbitterschokolade fein hacken und mit den Butterbröseln über den Fenchel streuen. Den Fenchel weitere 5 Minuten im Ofen gratinieren, dann heiß servieren.

Gemüsetajine mit Bitterschokolade, Nüssen und Couscous

Zutaten für 4 Personen

- 1 Zwiebel
- 2 Zucchini
- 100 g Kürbis (Hokkaido)
- 1 Knoblauchzehe
- 350 ml Gemüsefond
- 100 g gekochte Kichererbsen
- 5 Tomaten
- 1 EL gehacktes Koriandergrün
- 2 EL Pignoli (Pinienkerne)
- 2 EL Walnusskerne
- 2 EL geschälte Mandelkerne
- 1 Msp. Safran
- Salz
- schwarzer Pfeffer aus der Mühle
- 150 g Couscous
- 40 g Edelbitterschokolade (80 % Kakaogehalt)

Zubereitungszeit: ca. 50 Minuten

1. Die Zwiebel schälen und in grobe Stücke schneiden. Die Zucchini und das Kürbisfleisch in gleich große Würfel schneiden. Den Knoblauch schälen und fein hacken.

2. Eine Tajine (marokkanisches Schmorgefäß aus Lehm) mit 125 ml Gemüsefond, der Zwiebel, dem Knoblauch, den Zucchini, dem Kürbis und den Kichererbsen füllen.

3. Die Tomaten würfeln und mit dem gehackten Koriandergrün, den Pignoli, den Walnüssen, den Mandeln und dem Safran in die Tajine geben, dann mit Salz und frisch gemahlenem schwarzen Pfeffer würzen. Den Deckel aufsetzen, und die Tajine 40 Minuten im auf 200 °C vorgeheizten Backofen schmoren lassen.

4. Den restlichen Gemüsefond (225 ml) aufkochen, über das Couscous geben und zugedeckt ca. 10 Minuten quellen lassen, dann mit einer Gabel durchrühren und bei Bedarf nachsalzen.

5. Die Schokolade fein hacken. Die Tajine aus dem Backofen nehmen, den Deckel abheben, das Gemüse mit der gehackten Schokolade bestreuen. Die Tajine mit dem Couscous servieren.

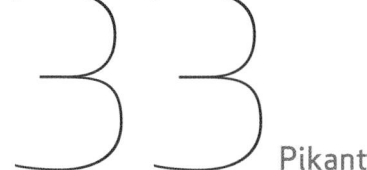

Pikant

Penne mit Radicchio, Pignoli und Schoko-Rotwein-Sauce

Zutaten für 4 Personen

250 ml Rotwein
1 Zweig Rosmarin
2 El Olivenöl
100 g Wurzelspeck
4 EL Pignoli (Pinienkerne)
300 g Radicchio
65 ml Portwein
Salz
schwarzer Pfeffer aus der Mühle
500 g Penne
2 EL gehackte Petersilie
50 g Edelbitterschokolade (70 % Kakaogehalt)
3 EL kalte Butter
2 Frühlingszwiebeln
3 EL frisch geriebener Parmesan

Zubereitungszeit: ca. 30 Minuten

1. Den Rotwein mit den Rosmarinnadeln aufkochen und auf $1/3$ der Menge reduzieren.

2. Das Olivenöl in einer Pfanne erhitzen. Den Wurzelspeck fein würfeln und in dem Olivenöl anbraten. Die Pignoli dazugeben und stetig rühren, damit sie nur leicht Farbe annehmen.

3. Den Radicchio in feine Streifen schneiden und zu den Pignoli in die Pfanne geben. Mit dem Portwein ablöschen, mit Salz und Pfeffer abschmecken.

4. Die Penne laut Packungsangabe al dente kochen.

5. Den Radicchio mit der frisch gehackten Petersilie und den Penne vermengen.

6. Die Rotweinreduktion durch ein Sieb geben, die gehackte Schokolade einrühren und nicht mehr kochen lassen. Mit Salz abschmecken und mit der kalten Butter aufmontieren.

7. Die Frühlingszwiebeln in feine Ringe schneiden. Die Penne mit der Schoko-Rotwein-Sauce anrichten und mit dem Parmesan und den Frühlingszwiebeln bestreuen.

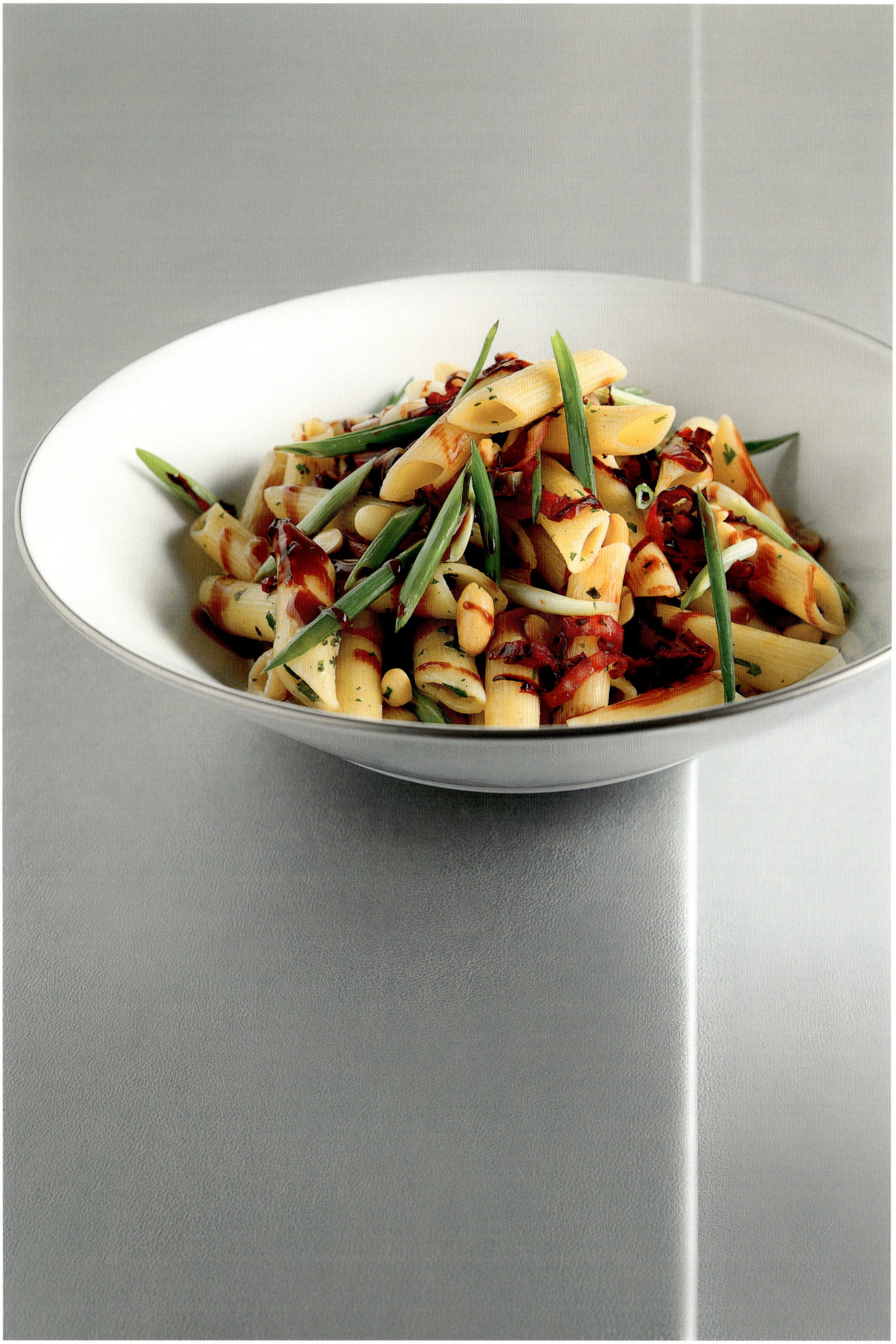

Calamari mit weißer Schoko-Mandel-Sauce und Petersilienpesto

Zutaten für 4 Personen

5 EL Olivenöl
600 g küchenfertig geputzte Calamari
Salz
2 EL Mandelöl
4 EL gehobelte Mandelkerne
2 Frühlingszwiebeln
1 Knoblauchzehe
125 ml Sahne
125 ml Geflügelfond
30 g weiße Kuvertüre
weißer Pfeffer aus der Mühle
4 EL gehackte Petersilie
1 TL grobes Meersalz

Zubereitungszeit: ca. 30 Minuten

1. 2 EL Olivenöl in einer Pfanne erhitzen. Die Calamari in Ringe schneiden und darin kurz scharf anbraten, dann salzen. Die Calamari aus der Pfanne nehmen und warm stellen.
2. Das Mandelöl in die Pfanne geben, und die gehobelten Mandelkerne darin anrösten.
3. Die Frühlingszwiebeln fein schneiden. Den Knoblauch schälen und fein hacken. Die Frühlingszwiebeln und den Knoblauch zu den Mandeln in die Pfanne geben und glasig dünsten, dann mit der Sahne und dem Geflügelfond ablöschen.
4. Die Calamari dazugeben und in ca. 10 Minuten weich schmoren.
5. Die Kuvertüre fein hacken und in die Pfanne geben, mit Salz und frisch gemahlenem weißen Pfeffer abschmecken.
6. Die gehackte Petersilie mit dem restlichen Olivenöl (3 EL) und dem Meersalz im Mörser zu einem Pesto verarbeiten.
7. Die Calamari mit der Schoko-Mandel-Sauce und dem Petersilienpesto servieren.

Kabeljau mit Schalotten-Schokoladen-Streusel-Tarte

Zutaten für 4 Personen

330 g TK-Blätterteig
100 g Schalotten
1 rote Zwiebel
1 Knoblauchzehe
2 Eier
70 ml Sahne
Salz
weißer Pfeffer aus der Mühle
2 EL Kakaopulver (100 % Kakaogehalt)
50 g weiche Butter
80 g Weizenmehl, Type 405
30 g Kristallzucker
4 Kabeljaufilets (à 120 g)
2 EL Olivenöl
1 Limette (Bio)
200 g Friséesalat

Zubereitungszeit: ca. 1 Stunde

1. Den aufgetauten Blätterteig ausrollen, eine gefettete Tarteform (24 cm Durchmesser) damit auskleiden und mit einer Gabel mehrmals einstechen. Den Tarteboden im auf 210 °C vorgeheizten Backofen 5 Minuten goldgelb backen.

2. Die Schalotten und die rote Zwiebel schälen und in feine Scheiben schneiden. Die Knoblauchzehe schälen und fein hacken.

3. Die Sahne mit dem Kakaopulver in einen Topf geben und langsam erwärmen. Dabei stetig rühren, sodass sich das Kakaopulver auflöst. Mit Salz und frisch gemahlenem weißen Pfeffer abschmecken, dann rasch die Eier einrühren.

4. Die Schalotten und die Zwiebel auf dem gebackenen Tarteboden verteilen. Dann die Kakaomischung darüberstreichen, und die Tarte weitere 5 Minuten in den Backofen schieben.

5. Die weiche Butter mit dem Mehl und dem Kristallzucker sowie etwas Salz vermengen. Den Teig zwischen den Fingern verreiben, sodass Streusel entstehen.

6. Die Streusel auf die Tarte geben und bei 200 °C im Backofen ca. 15 Minuten knusprig backen.

7. Die Kabeljaufilets salzen und pfeffern. Das Olivenöl in einer Pfanne erhitzen und die Kabeljaufilets darin von beiden Seiten je 4 Minuten braten, mit etwas Limettenabrieb und Limettensaft würzen. Den gezupften Frisée dazugeben.

8. Die Streuseltarte in Stücke schneiden und mit dem Fisch und dem Frisée servieren.

Pikant

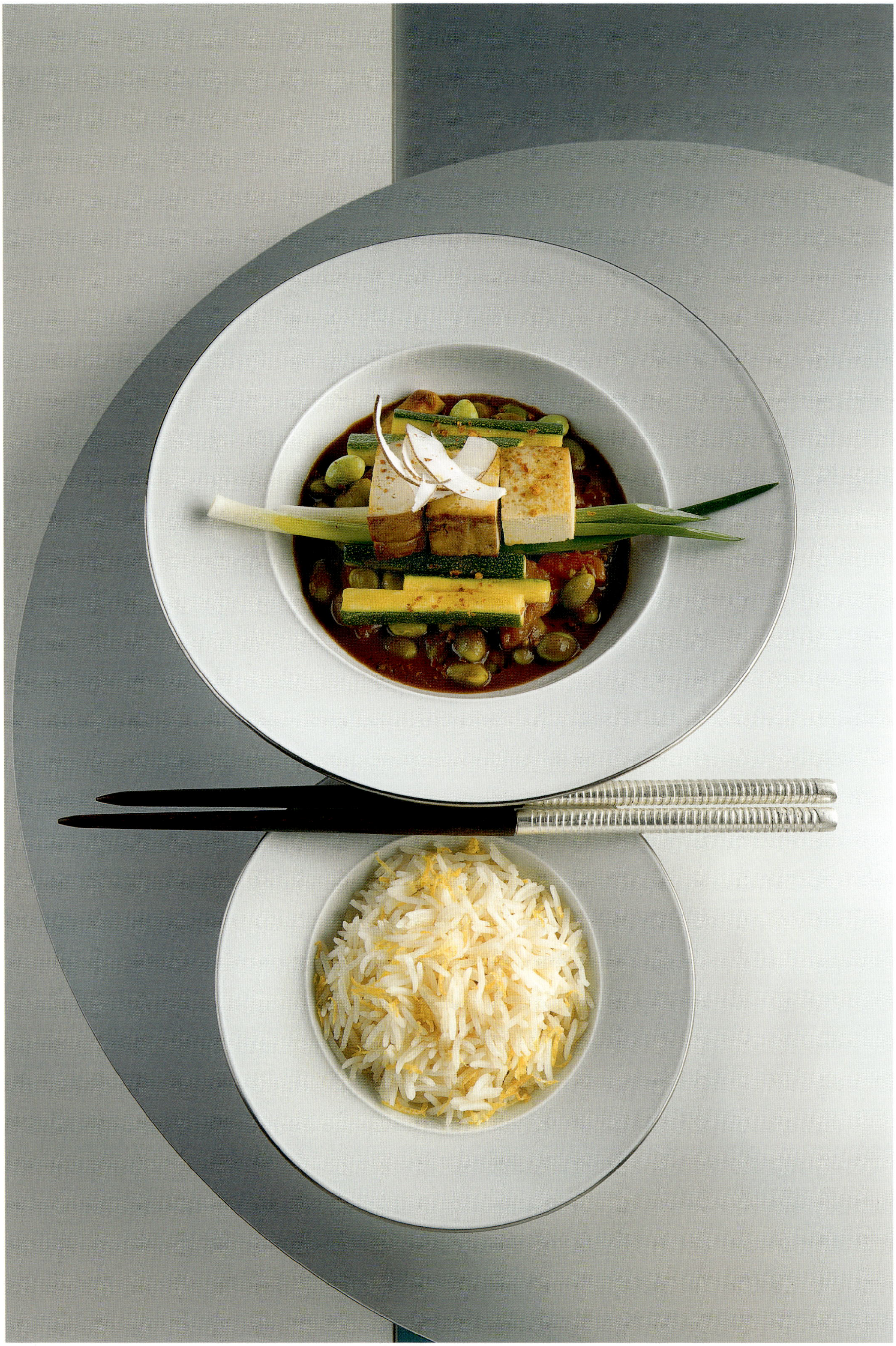

Tofu-Curry mit Bitterschokolade und Duftreis

Zutaten für 4 Personen

- 3 Zwiebeln
- 1 Knoblauchzehe
- 2 EL Sesamöl
- 500 g Räuchertofu
- 2–3 EL mildes Currypulver
- 2 EL Sojasauce
- 500 ml Gemüsefond
- 1 kleine Chilischote
- 60 g Edelbitterschokolade (70 % Kakaogehalt)
- 1 Zucchini
- 4 Tomaten
- 100 g Sojabohnen (TK-Ware)
- 200 g Duftreis
- 1 TL Fenchelsamen
- 1 Zitrone
- Salz
- schwarzer Pfeffer aus der Mühle
- 2 Frühlingszwiebeln
- 2 EL Kokosspäne zum Garnieren

Zubereitungszeit: ca. 40 Minuten

1. Die Zwiebeln und den Knoblauch schälen und in feine Würfel schneiden. Das Sesamöl in einem Topf erhitzen, und die Zwiebel- und Knoblauchwürfel darin anbraten.
2. Den Räuchertofu in grobe Würfel schneiden und in den Topf geben.
3. Das Currypulver unterrühren und mit der Sojasauce und dem heißen Gemüsefond auffüllen.
4. Die Chilischote aufschlitzen, von Kernen und Trennwänden befreien und fein hacken. Die Schokolade fein hacken und mit der gehackten Chilischote in den Fond geben.
5. Die Zucchini und die Tomaten in grobe Stücke schneiden, mit den Sojabohnen in das Curry rühren und bei geringer Hitze ca. 10 Minuten ziehen lassen.
6. Den Reis waschen und in der doppelten Menge Wasser mit den Fenchelsamen und dem Saft der Zitrone gar kochen, nach Belieben mit Salz abschmecken.
7. Das Curry nach Belieben mit Salz und frisch gemahlenem schwarzen Pfeffer abschmecken, mit Frühlingszwiebelstangen und den Kokosspänen garnieren. Den Duftreis separat dazu reichen.

Steinbeißer mit Orangen und Schokoladen-Polenta

Zutaten für 4 Personen

4 unbehandelte Orangen
1 EL Olivenöl
4 Steinbeißerfilets (à 140 g)
Salz
schwarzer Pfeffer aus der Mühle
250 ml trockener Weißwein
250 ml Gemüsefond
250 ml Milch
120 g Instant-Polentagrieß
50 g weiße Kuvertüre
20 g frisch geriebener Parmesan
3 EL Butter
10 Basilikumblätter

Zubereitungszeit: ca. 50 Minuten

1. Die Orangen dünn mit einem scharfen Messer schälen. Die Schalen in sehr feine Streifen schneiden. Die Orangen von den weißen Häuten befreien und filetieren.

2. Eine feuerfeste Form mit Olivenöl auspinseln. Die Steinbeißerfilets hineinlegen, salzen und pfeffern. Die Orangenfilets auf die Fischfilets legen und mit den Orangenschalenstreifen bestreuen.

3. Mit dem Weißwein angießen und ca. 10–12 Minuten in den auf 190 °C vorgeheizten Backofen geben.

4. Den Gemüsefond mit der Milch in einen hohen Topf geben, aufkochen, dann unter ständigem Rühren langsam den Polentagrieß einrieseln lassen. Die Polenta aufkochen, vom Herd nehmen und im geschlossenen Topf 5–10 Minuten ziehen lassen.

5. Die Kuvertüre fein hacken und mit dem Parmesan und 2 EL weicher Butter in die Polenta rühren. Die heiße Schokoladen-Polenta auf ein mit Olivenöl bepinseltes Backblech streichen, kurz abkühlen lassen, in Stücke schneiden und in der restlichen Butter anbraten.

6. Die Steinbeißerfilets aus dem Ofen nehmen und mit dem geschnittenen Basilikum sowie etwas Bratensaft anrichten und mit der Schokoladen-Polenta servieren.

Pikant

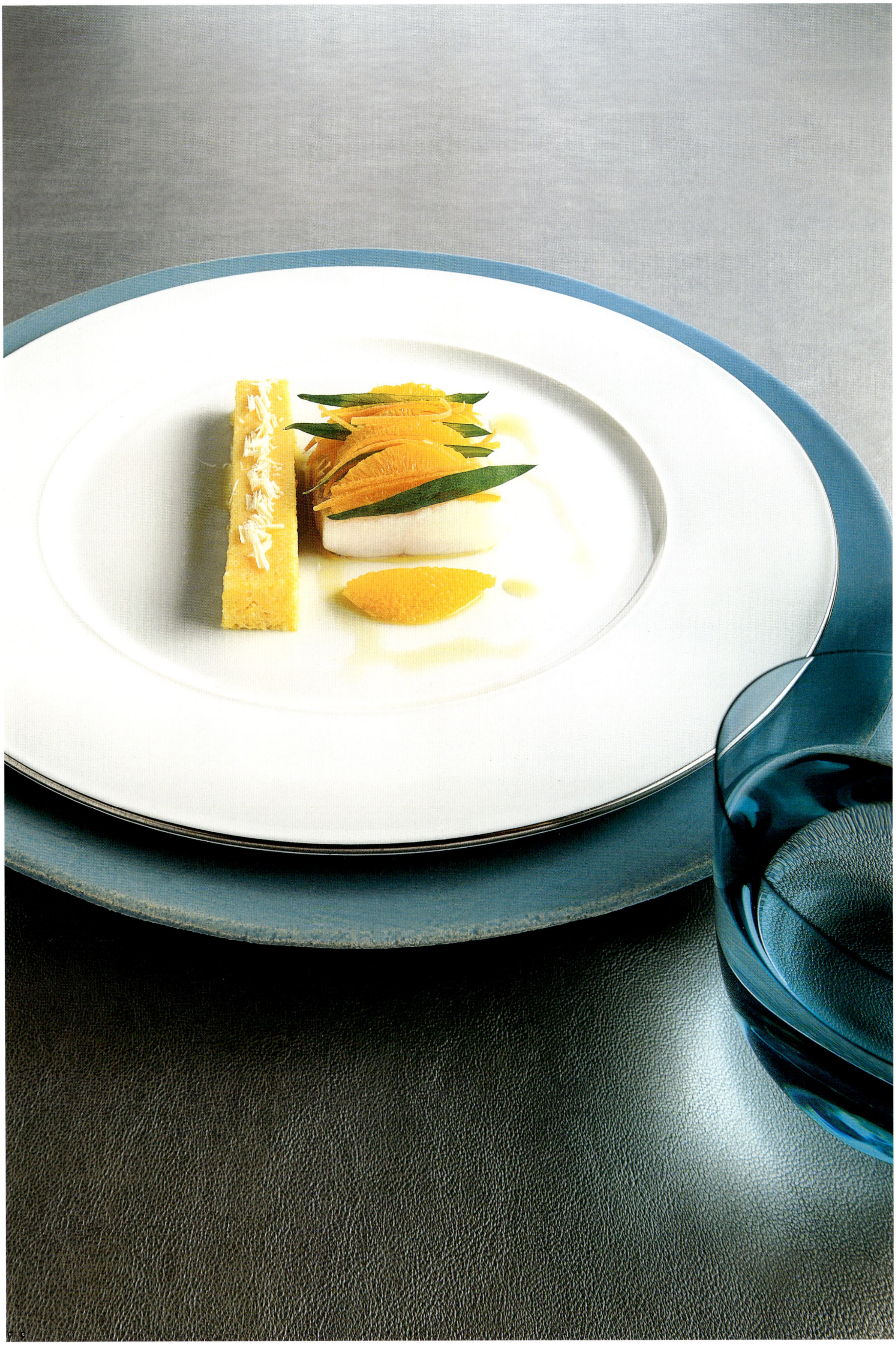

Saibling in Campari-Schokolade mit Süßkartoffeln

Zutaten für 4 Personen

2 Süßkartoffeln
Salz
1 EL Olivenöl
8 Saiblingsfilets (à 80 g, mit Haut)
weißer Pfeffer aus der Mühle
125 ml trockener Weißwein
30 g weiße Kuvertüre
2 cl Campari
2 EL Butter
1 EL gehackter Zitronenthymian
2 EL gehackte Petersilie
1 Limette

Zubereitungszeit: ca. 20 Minuten

1. Die Süßkartoffeln schälen, in kleine Würfel schneiden und ca. 10 Minuten in Salzwasser weich kochen.
2. Das Olivenöl in einer Pfanne erhitzen, und die Saiblingsfilets darin mit der Hautseite nach unten ca. 2 Minuten anbraten, dann mit Salz und frisch gemahlenem weißen Pfeffer würzen. Die Saiblingsfilets aus der Pfanne nehmen und warm stellen.
3. Den Bratensatz mit dem Weißwein ablöschen, dann die gehackte Kuvertüre und den Campari dazugeben. Alles ziehen lassen, bis sich die Kuvertüre aufgelöst hat.
4. Die Butter in einer Pfanne erhitzen, den Thymian und die Petersilie dazugeben und gut verrühren. Die garen Süßkartoffeln darin schwenken, bei Bedarf mit Salz abschmecken.
5. Die Saiblingsfilets mit dem Saft der Limette beträufeln, auf einem Spiegel der Campari-Schokoladen-Sauce anrichten und mit den Süßkartoffeln servieren.

Pikant

Steinbutt mit weißer Limetten-Schoko-Sauce und Koriander

Zutaten für 4 Personen

4 Steinbuttfilets (à 120 g)
Salz
weißer Pfeffer aus der Mühle
1 EL Olivenöl
1 kleine Stange Lauch
2 EL Butter
125 ml Weißwein
2 Limetten
50 g weiße Kuvertüre
1 EL gehacktes Koriandergrün
1 TL rosa Pfefferkörner

Zubereitungszeit: ca. 25 Minuten

1. Die Steinbuttfilets waschen, trocken tupfen und mit Salz und frisch gemahlenem weißen Pfeffer würzen.
2. Das Olivenöl in einer Pfanne erhitzen, und die Steinbuttfilets darin von beiden Seiten je $1/2$ Minute scharf anbraten. Die Steinbuttfilets aus der Pfanne nehmen, auf ein Backblech legen und im auf 80 °C vorgeheizten Backofen ziehen lassen.
3. Den Lauch waschen, putzen und in kleine Würfel schneiden. Die Butter in einem Topf erhitzen und den Lauch darin glasig schwitzen.
4. Den Lauch mit dem Weißwein ablöschen, dann den Saft der beiden Limetten unterrühren.
5. Die Kuvertüre fein hacken und unter Rühren zu dem Lauch geben, bis sie sich aufgelöst hat. Das Gemüse nun nicht mehr kochen lassen.
6. Das Koriandergrün und die zerstoßenen Pfefferkörner dazugeben und nach Belieben mit Salz abschmecken.
7. Die Steinbuttfilets aus dem Ofen nehmen und mit der Limetten-Schoko-Sauce servieren.

Zitronenkabeljau mit Fisolen und weißer Schokolade

Zutaten für 4 Personen

4 frische Kabeljaufilets (à 170 g)
3 EL Olivenöl
4 Zitronen
4 EL Butter
etwas grobes Meersalz
400 g Fisolen (grüne Bohnen)
70 g Prosciutto di Parma (Parmaschinken)
Salz
2 EL gehackter Thymian
1 Msp. Cayennepfeffer
40 g weiße Schokolade
einige Thymianblättchen zum Garnieren

Zubereitungszeit: ca. 40 Minuten

1. Die Kabeljaufilets in einen mit 1 EL Olivenöl gefetteten Dämpfeinsatz geben.

2. Den Topf mit Wasser und 3 grob geschnittenen Zitronen füllen. Die letzte Zitrone in Scheiben schneiden.

3. Die Kabeljaufilets mit der Butter belegen und etwas Meersalz bestreuen. Auf jedes Kablejaufilet 1 Zitronenscheibe legen und mit Küchengarn zu einem Päckchen binden. Das Wasser erhitzen, und die Kabeljaufilets im Dämpfeinsatz etwa 13 Minuten dämpfen.

4. Die Fisolen putzen, waschen und ca. 6 Minuten in siedendem Salzwasser bissfest kochen. Die garen Fisolen in Eiswasser abschrecken.

5. 2 EL Olivenöl in einer Pfanne erhitzen, und den Prosciutto darin anbraten. Mit Salz, Thymian und Cayennepfeffer abschmecken. Alles aus der Pfanne nehmen und warm stellen. Die Fisolen in der Pfanne erwärmen.

6. Die heißen Fisolen auf 4 Teller verteilen, mit den warmen Prosciuttoscheiben belegen und mit der gehackten Schokolade bestreuen. Den gedämpften Zitronenkabeljau danebensetzen und mit einigen Thymianblättchen garnieren.

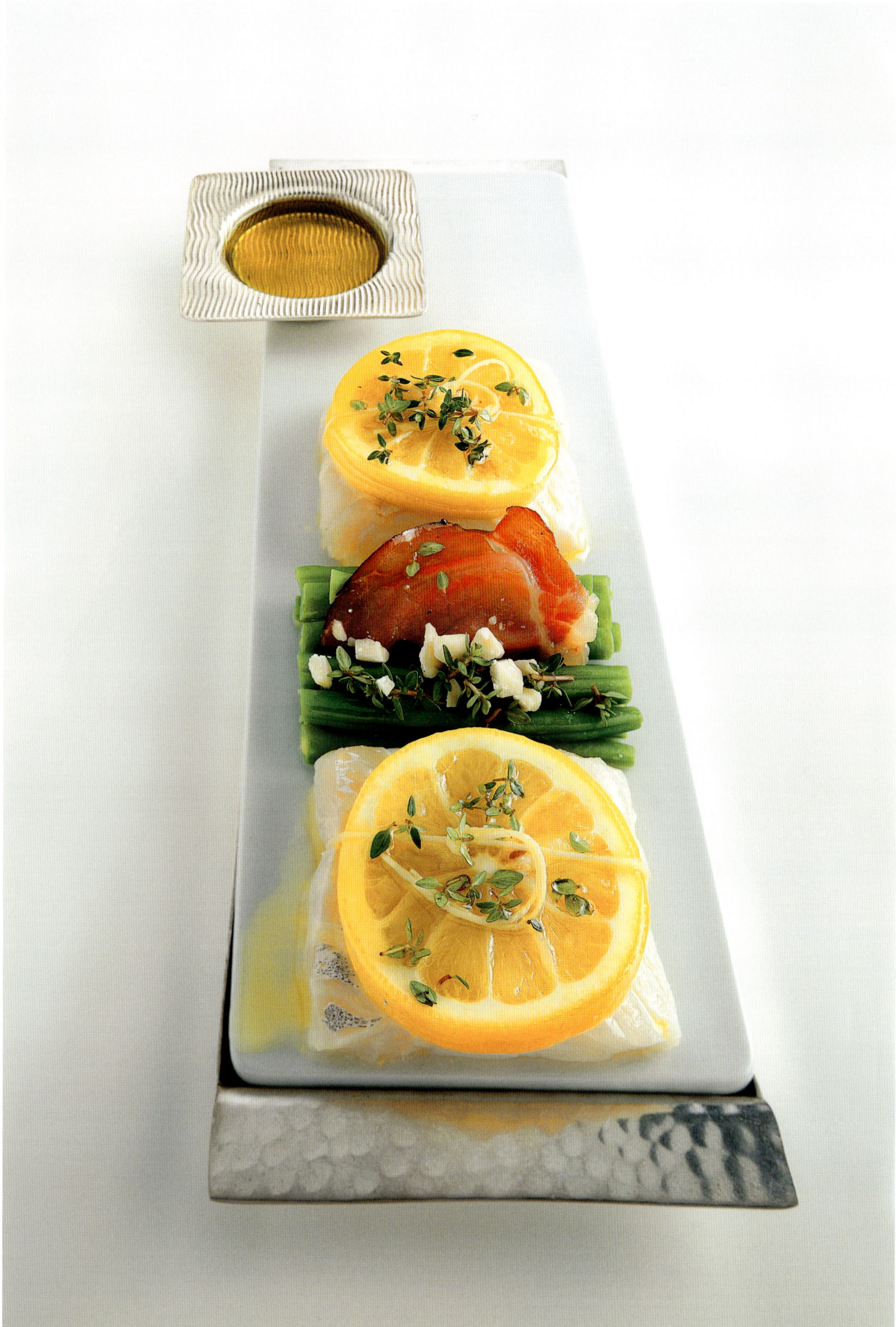

Knoblauchkarpfen mit Schokosauce und Kren

Zutaten für 4 Personen

4 Karpfenfilets (à 140 g)
Salz
schwarzer Pfeffer aus der Mühle
2 EL Olivenöl
6 Knoblauchzehen
1 TL Lebkuchengewürz
250 ml Weißwein
250 ml Sahne
50 g Edelbitterschokolade (80 % Kakaogehalt)
2 EL kalte Butter
etwas frischer Kren (Meerrettich)

Zubereitungszeit: ca. 30 Minuten

1. Die Karpfenfilets waschen, trocknen und mit Salz und frisch gemahlenem schwarzen Pfeffer würzen.
2. Das Olivenöl in einer ofenfesten Pfanne erhitzen, und die Karpfenfilets darin mit der Hautseite nach unten 3 Minuten anbraten.
3. Die Knoblauchzehen schälen und in sehr feine Scheiben schneiden.
4. Die Karpfenfilets mit dem Lebkuchengewürz bestreuen und mit den Knoblauchscheiben belegen, dann in den auf 160 °C vorgeheizten Backofen schieben und 15 Minuten garen.
5. Den Weißwein in einen Topf geben und aufkochen. Mit der Sahne auffüllen und nicht mehr kochen lassen. Die Schokolade fein hacken und in der warmen Weinsahne auflösen, dann mit Salz abschmecken, die kalte Butter hinzufügen und mit dem Stabmixer aufschäumen.
6. Die Karpfenfilets aus dem Ofen nehmen, auf 4 Tellern anrichten und mit dem Schokoschaum übergießen. Den frischen Kren darüberreiben und servieren.

Kaisergranat mit Grapefruit-Schoko-Gröstl und Basilikum

Zutaten für 4 Personen

500 g ausgelöstes Kaisergranatfleisch
Salz
weißer Pfeffer aus der Mühle
2 EL Butter
400 g festkochende Kartoffeln, gegart und geschält
1 EL Olivenöl
2 Frühlingszwiebeln
2 Grapefruits
2 EL gehacktes Basilikum
50 g Edelbitterschokolade (80 % Kakaogehalt)

Zubereitungszeit: ca. 40 Minuten

1. Das Kaisergranatfleisch salzen und pfeffern. Die Butter in einer Pfanne erhitzen, und das Kaisergranatfleisch darin von jeder Seite 2 Minuten anbraten, dann warm stellen.
2. Die Kartoffeln in 1 cm dicke Scheiben schneiden. Das Olivenöl in einer Pfanne erhitzen, und die Kartoffelscheiben darin knusprig braten.
3. Die Frühlingszwiebeln fein schneiden und zu den Kartoffeln in die Pfanne geben.
4. Die Grapefruits schälen, von den weißen Häuten befreien und filetieren. Die Grapefruitfilets vorsichtig unter das Gröstl mischen.
5. Das Gröstl mit Salz und Pfeffer abschmecken und mit dem gehackten Basilikum verfeinern. Das Gröstl auf 4 Teller verteilen, und das Kaisergranatfleisch darübergeben.
6. Die Schokolade fein hacken und darüberstreuen.

Perlhuhn mit Schokoladenlack und Steinpilzen

Zutaten für 4 Personen

600 g Brustfilets vom Perlhuhn (ohne Haut)
2 EL Honig
2 EL Walnussöl
50 g dunkle Kuvertüre (75 % Kakaogehalt)
1 TL Szechuanpfefferkörner
1 TL grobes Meersalz
400 g frische Steinpilze
2 Schalotten
2 EL Butter
1 EL Olivenöl
1 TL Zitronensaft
Salz
schwarzer Pfeffer aus der Mühle
1 EL gehackter Majoran
1 EL gehackte Petersilie

Zubereitungszeit: ca. 50 Minuten

1. Die Perlhuhnbrustfilets waschen, trocken tupfen und in eine gefettete feuerfeste Form legen.
2. Den Honig, das Walnussöl, die in Stücke gehackte Kuvertüre, die Pfefferkörner und das Meersalz zügig in einem Mörser zu einer Paste (»Schokolack«) verarbeiten.
3. Den Schokolack auf die Perlhuhnbrustfilets streichen und im auf 190 °C vorgeheizten Backofen etwa 20–25 Minuten braten.
4. Die Steinpilze putzen und in grobe Stücke schneiden. Die Schalotten schälen und fein würfeln.
5. Die Butter und das Olivenöl in einer Pfanne erhitzen, und die Steinpilze und Zwiebeln darin glasig dünsten.
6. Mit dem Zitronensaft, Salz und frisch gemahlenem schwarzen Pfeffer abschmecken. Mit dem gehackten Majoran und der Petersilie vollenden.
7. Die Perlhuhnbrustfilets aus dem Ofen nehmen, mit etwas des entstandenen Bratensafts anrichten und mit den Steinpilzen servieren.

Kapaun mit weißem Bohnen-Schokoladen-Püree und rotem Zwiebelconfit

Zutaten für 4 Personen

1 küchenfertiger Kapaun (ca. 2 kg)
Salz
schwarzer Pfeffer aus der Mühle
1 Knoblauchzehe
3 EL Olivenöl
4 rote Zwiebeln
5 EL Butter
2 EL roter Rübensaft (erhältlich im Reformhaus)
250 ml trockener Rotwein
1 EL Honig
125 ml Milch
50 g weiße Kuvertüre
300 g gekochte weiße Bohnen
1 EL gehackte Rosmarinnadeln

Zubereitungszeit: ca. 2 Stunden

1. Den Kapaun innen und außen mit Salz und Pfeffer würzen, die Knoblauchzehe schälen, halbieren und in den Kapaun geben.

2. Eine Fettpfanne mit Olivenöl auspinseln, den Kapaun hineingeben und im auf 160 °C vorgeheizten Backofen mindestens 90 Minuten braten. Dabei den Kapaun immer wieder mit dem entstehenden Bratensaft übergießen.

3. Die Zwiebeln schälen, in grobe Scheiben schneiden und in 2 EL Butter anschwitzen. Mit dem roten Rübensaft und dem Rotwein ablöschen. Die Zwiebelscheiben ca. 20 Minuten weich kochen, dabei etwas einreduzieren. Mit Salz, frisch gemahlenem schwarzen Pfeffer und dem Honig abrunden.

4. Die Milch mit 3 EL Butter in einen Topf geben und aufkochen.

5. Die Kuvertüre fein hacken, in die heiße Milch geben und unter Rühren auflösen. Die gekochten Bohnen und den Rosmarin dazugeben, alles mit dem Stabmixer pürieren, dann mit Salz und Pfeffer abschmecken.

6. Den Kapaun aus dem Ofen nehmen, tranchieren und mit dem weißen Bohnen-Schokoladen-Püree und dem roten Zwiebelconfit servieren.

Pikant

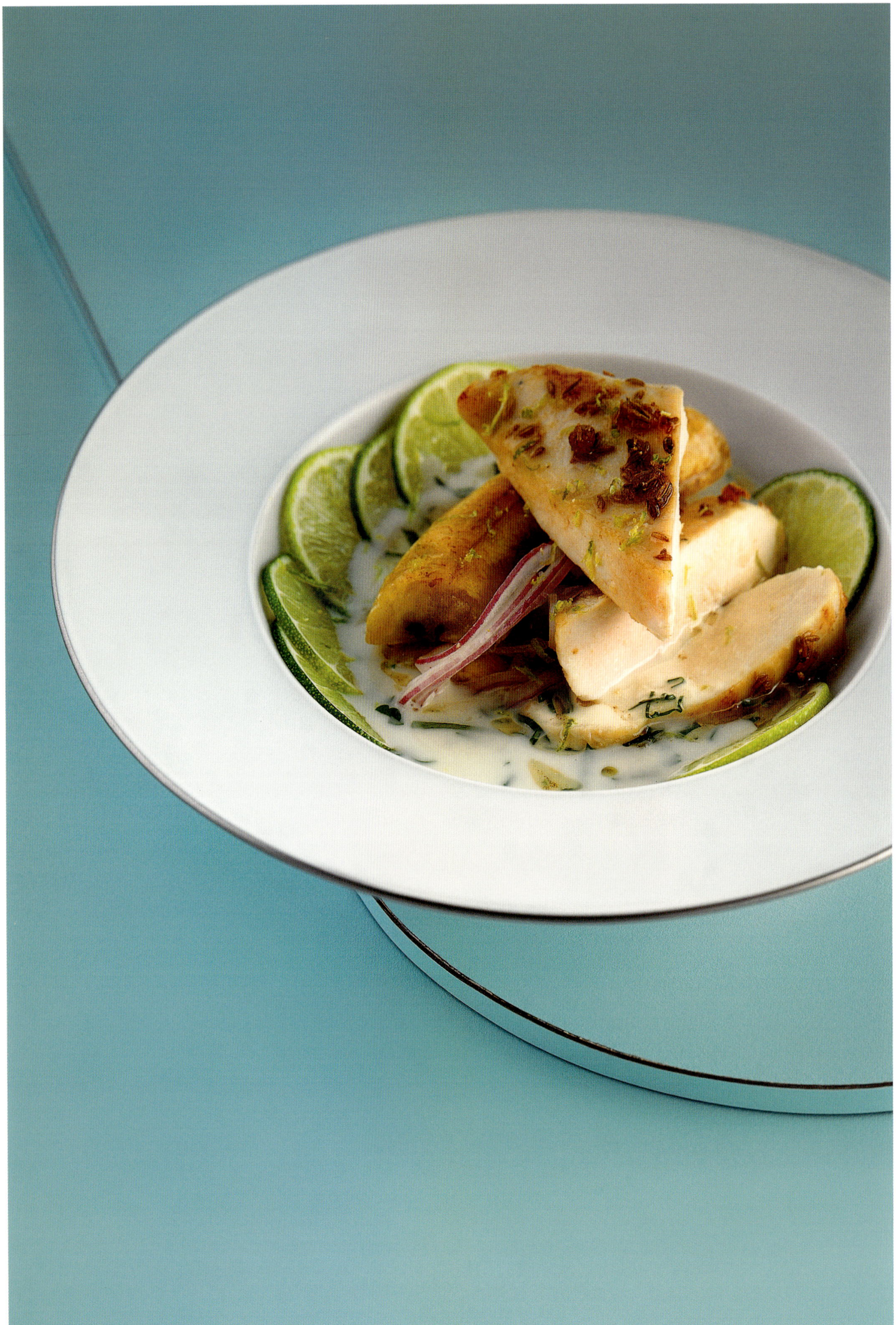

Hühnerbrustfilets mit Kreuzkümmel, Kokos-Schoko-Saft und Kochbananen

Zutaten für 4 Personen

- 2 EL Olivenöl
- 2 EL Kreuzkümmel
- Salz
- schwarzer Pfeffer aus der Mühle
- 4 Hühnerbrustfilets (à 170 g, ohne Haut)
- 6 Kochbananen
- 2 EL Sesamöl
- 3 rote Zwiebeln
- 250 ml Kokosmilch (ungesüßt)
- 50 g weiße Kuvertüre
- 2 Limetten
- 2 EL gehackte Petersilie
- 3 EL Butter

Zubereitungszeit: ca. 40 Minuten

1. Das Olivenöl mit dem Kreuzkümmel, Salz und Pfeffer verrühren, und die Hühnerbrustfilets darin marinieren.

2. Eine Pfanne erhitzen, und die Hühnerbrustfilets von beiden Seiten je 1 Minute anbraten.

3. Die angebratenen Hühnerbrustfilets in eine Fettpfanne geben und 12 Minuten im auf 190 °C vorgeheizten Backofen garen.

4. Die Kochbananen schälen und längs halbieren. Das Sesamöl in einer Pfanne erhitzen, die Kochbananen darin anbraten.

5. Die Zwiebeln schälen und in feine Ringe schneiden. Die Zwiebelringe zu den Kochbananen in die Pfanne geben und glasig schwitzen, dann mit der Kokosmilch auffüllen, erwärmen, aber nicht kochen lassen. Die Kuvertüre fein hacken und in dem Kokossaft auflösen.

6. Mit Salz, dem Saft einer halben Limette und Pfeffer abschmecken, dann die gehackte Petersilie untermengen.

7. Die Fettpfanne aus dem Ofen nehmen, die Hühnerbrustfilets herausnehmen und warm stellen. Den Bratensatz in der Fettpfanne mit der Butter lösen.

8. Die Hühnerbrustfilets mit den Kochbananen auf 4 Teller verteilen, mit dem Kokos-Schoko-Saft und etwas Bratfond anrichten und mit dünnen Limettenscheiben dekorieren.

Ente mit Orange und Äpfeln gefüllt mit Schoko-Servietten-Knödel und Wirsing

Zutaten für 4 Personen

1 küchenfertige Hausente (ca. 2 kg)
Salz
schwarzer Pfeffer aus der Mühle
2 Äpfel
1 unbehandelte Orange
1 EL frisch gehackter Majoran
125 ml Milch
2 EL flüssige Butter
50 g dunkle Kuvertüre (70 % Kakaogehalt)
2 Eigelb
400 g Brioche (Fertigprodukt)
200 g Wirsing
125 ml Sahne
1 Knoblauchzehe, geschält und gehackt
etwas gemahlener Kümmel

Zubereitungszeit: ca. 1 ¾ Stunden

1. Die Ente von innen und außen mit Salz und Pfeffer einreiben.
2. Die Äpfel und die Orange halbieren und mit dem Majoran in die Ente füllen. Die Ente in eine Fettpfanne legen und im auf 180 °C vorgeheizten Backofen etwa 80 Minuten braten.
3. Die Milch mit der flüssigen Butter, der gehackten Kuvertüre, den Eigelb und etwas Salz verquirlen.
4. Die Brioche in kleine Würfel schneiden und in die Milchmischung geben. Alles zu einem Knödelteig vermengen. Den Knödelteig auf ein gefettetes Stück Klarsichtfolie legen, zu einer Rolle formen, die Enden gut einschlagen, und die Rolle in Alufolie einwickeln. Den eingeschlagenen Teig in leicht wallendem Wasser 20 Minuten pochieren, dann herausnehmen und 5 Minuten ruhen lassen.
5. Den Wirsing in feine Streifen schneiden und in siedendem Salzwasser 5 Minuten blanchieren, dann in Eiswasser abschrecken.
6. Die Sahne mit der gehackten Knoblauchzehe in einen Topf geben und aufkochen, dann den Wirsing dazugeben und mit Salz, Pfeffer und etwas Kümmel abschmecken.
7. Den Schoko-Servietten-Knödel aus der Folie nehmen und in Scheiben schneiden.
8. Die gebratene Ente aus dem Rohr nehmen, tranchieren und mit den Äpfeln und der Orange (Füllung), dem aufgeschnittenen Serviettenknödel und dem Wirsing servieren.

Weihnachtspute mit Maronen, Honigsauce und Spekulatius-Schoko-Flan

Zutaten für 4 Personen

700 g Putenbrust (am Stück)
Salz
weißer Pfeffer aus der Mühle
1 Knoblauchzehe
1 Zimtstange
2 Gewürznelken
125 ml weißer Portwein
5 Eier
250 g Topfen (Quark, 40 % Fettgehalt)
3 EL Butter
2 EL Weizenmehl, Type 405
2 EL Maisstärke
200 g Spekulatius
200 g dunkle Kuvertüre (70 % Kakaogehalt)
200 g gekochte und geschälte Maronen
1 EL frisch gehackter Zitronenthymian
125 ml Weißwein
2 EL Honig

Zubereitungszeit: ca. 1 ½ Stunden

1. Die Putenbrust mit Salz und weißem Pfeffer aus der Mühle würzen und in eine gefettete feuerfeste Form legen.

2. Die Knoblauchzehe schälen und fein hacken, dann mit der zerbröselten Zimtstange und den Gewürznelken über die Putenbrust streuen. Den Portwein angießen.

3. Die Putenbrust im auf 120 °C vorgeheizten Backofen 30 Minuten braten. Dabei immer wieder mit dem Bratensaft begießen. (Bei Bedarf etwas heißes Wasser angießen.) Dann die Ofentemperatur auf 190 °C erhöhen, und die Putenbrust weitere 40 Minuten braten.

4. Wärenddessen die Eier trennen. Die Eiweiß zu steifem Schnee schlagen.

5. Die Eigelb mit dem Topfen, 2 EL geschmolzener Butter, dem Mehl und der Maisstärke glatt rühren.

6. Den Spekulatius und die Kuvertüre fein hacken und unter die Topfencreme mischen. Vorsichtig den Eischnee unterheben. Die Creme in 4 kleine gefettete Flanformen geben und die restlichen 20 Minuten Bratzeit zu der Putenbrust in den Ofen stellen.

7. Die Maronen in der restlichen Butter (1 EL) anschwitzen, dann den Zitronenthymian untermengen.

8. Die Putenbrust und die Flans aus dem Ofen nehmen. Die Putenbrust aufschneiden, mit den Maronen auf 4 Tellern anrichten und je einen Flan danebensetzen.

9. Den Bratensaft in der Form mit Weißwein lösen, mit dem Honig aufkochen und über die Putenbrustscheiben geben.

Pikant

Gänseleberpizza mit Bitterschokolade

Zutaten für 4 Personen

200 ml Milch
30 g frische Hefe
60 g Zucker
500 g Weizenmehl, Type 405
60 g Butter
3 EL Marillenmarmelade (Aprikosenmarmelade), mit Chilipulver gewürzt
2 EL brauner Rum
400 g Gänseleber
4 reife Marillen (Aprikosen)
60 g Edelbitterschokolade (70 % Kakaogehalt)

Zubereitungszeit: ca. 60 Minuten

1. Etwa 60 ml Milch leicht erwärmen. Die zerbröselte Hefe in die lauwarme Milch rühren, bis sie sich vollständig aufgelöst hat. 1 TL Zucker und 4 EL Mehl dazugeben und gut zu einem Vorteig verrühren. Den Vorteig mit etwas Mehl bestäuben und zugedeckt an einem warmen Ort gehen lassen, bis sich das Volumen verdoppelt hat.

2. Die restliche Milch mit der Butter und dem restlichen Zucker auf ca. 40 °C erwärmen. Das restliche Mehl in eine Schüssel sieben, den Vorteig und die Milch-Butter-Zucker-Mischung dazugeben und alles mit dem Rührgerät (Knethaken) zu einem zähen, aber weichen Teig abschlagen. (Der Teig sollte sich vom Rand der Rührschüssel lösen. Ist das nach längerem Abschlagen noch immer nicht der Fall, noch ein wenig Mehl dazugeben.)

3. Den Teig auf ein bemehltes Holzbrett legen, mit Mehl bestäuben, mit einem Tuch bedecken und an einem warmen Ort 30 Minuten ruhen lassen.

4. Den fertigen Teig zu 8 kleinen Pizzen formen, diese auf ein gefettetes Backblech legen und nochmals 5 Minuten gehen lassen.

5. Die Pizzen im auf 220 °C vorgeheizten Backofen 10 Minuten backen.

6. Die Marillenmarmelade mit dem Rum glatt rühren. Die Pizzen aus dem Ofen nehmen und damit bestreichen.

7. Die kalte Gänseleber in 2 cm dicke Scheiben schneiden. Die Marillen entsteinen und in Spalten schneiden. Die Pizzen mit der Gänseleber und den Marillen belegen.

8. Die Pizzen für weitere 2 Minuten in den Backofen geben.

9. Die Schokolade zu Spänen hobeln und kurz vor dem Servieren auf den Pizzen verteilen.

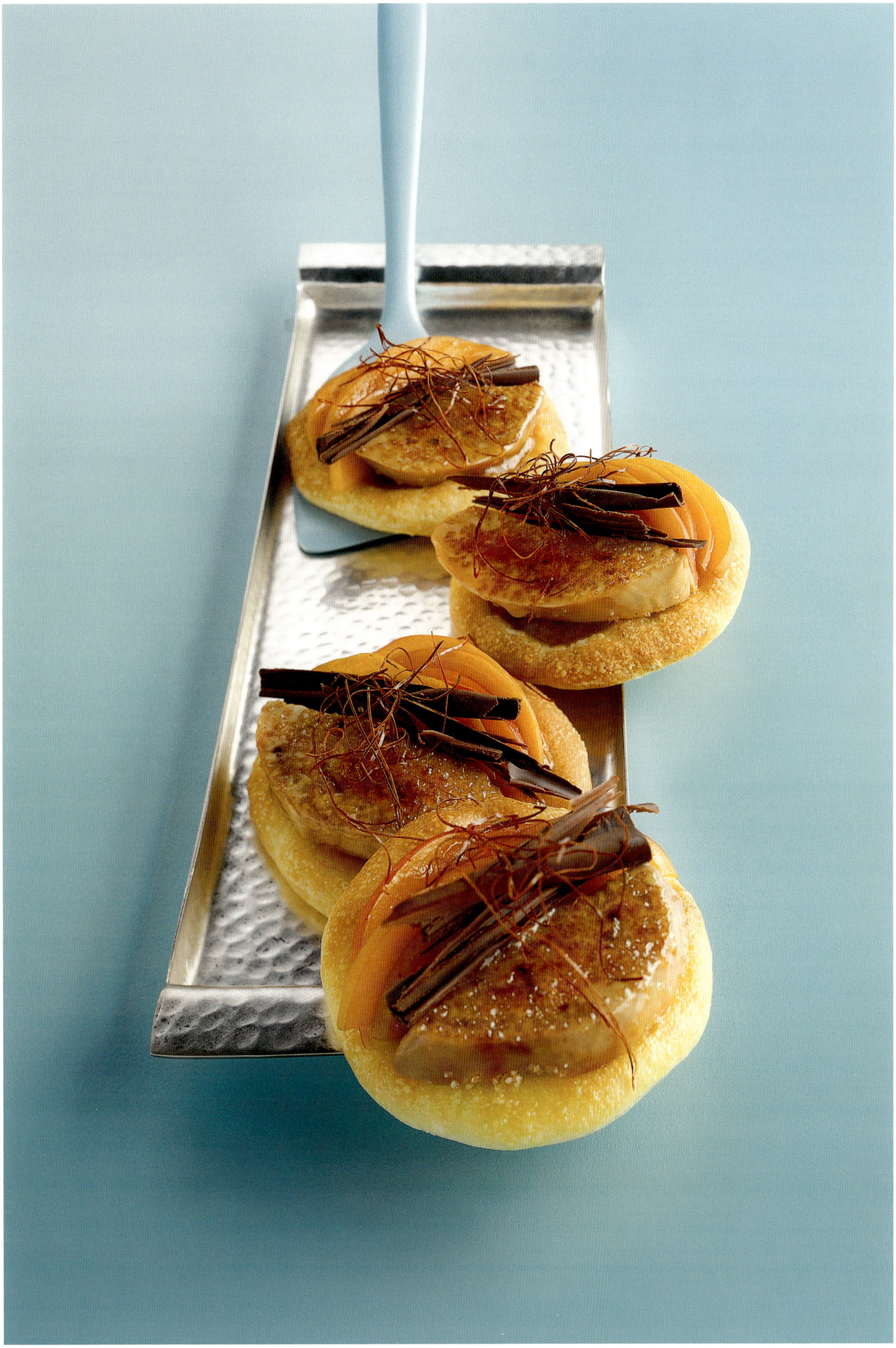

Rinderfilet mit Kakaobohnen-Walnuss-Kruste und Steinpilzen

Zutaten für 4 Personen

1 EL Olivenöl
4 Scheiben Rinderfilet (à 140 g)
Salz
schwarzer Pfeffer aus der Mühle
4 EL Butter
40 g Kakaobohnen oder Kakaobohnenbruch
100 g ganze Walnusskerne
1 EL Semmelbrösel
400 g frische Steinpilze
1 EL Walnussöl
1 rote Zwiebel
1 EL gehackte Petersilie

Zubereitungszeit: ca. 40 Minuten

1. Das Olivenöl in einer großen Pfanne erhitzen. Die Rinderfilets waschen, trocken tupfen, mit Salz und Pfeffer würzen und darin von beiden Seiten je 2 Minuten scharf anbraten.

2. 2 EL Butter in einem kleinen Topf unter Rühren schmelzen, dann die zerstoßenen Kakaobohnen hineingeben.

3. Die Walnusskerne grob hacken und mit den Semmelbröseln in die Butter-Kakaobohnen-Mischung rühren, dann mit Salz abschmecken.

4. Die Rinderfilets mit der Kakaobohnen-Walnuss-Creme bestreichen und im auf 190 °C Oberhitze vorgeheizten Backofen 12 Minuten gratinieren.

5. Die Steinpilze putzen und in Würfel schneiden. Die restliche Butter (2 EL) und das Walnussöl in einer Pfanne erhitzen, und die Steinpilze darin anbraten.

6. Die Zwiebel schälen, in feine Würfel schneiden und zu den Steinpilzen in die Pfanne geben. Die gehackte Petersilie dazugeben, und alles mit Salz und Pfeffer abschmecken.

7. Die gratinierten Rinderfilets aus dem Ofen nehmen und mit den Steinpilzen servieren.

Lammkrone mit Schoko-Kaviarlinsen und süßer Senfsauce

Zutaten für 4 Personen

700 g Lammkronen
(Lammkarree mit
Knochen)

Salz

schwarzer Pfeffer
aus der Mühle

2 EL Olivenöl

1 Knoblauchzehe

2–3 Zweige frischer
Rosmarin, gehackt

100 g Kaviarlinsen

500 ml Gemüsefond

1 Frühlingszwiebel

1 EL Aceto balsamico

4 EL Butter

50 g dunkle Kuvertüre
(70 % Kakaogehalt)

125 ml trockener Rotwein

1 EL Dijonsenf

2 EL Honig

Zubereitungszeit: ca. 50 Minuten

1. Die Lammkronen mit Salz und Pfeffer würzen.
2. Das Olivenöl in einer ofenfesten Pfanne erhitzen. Die Knoblauchzehe schälen und fein hacken. Die Lammkronen mit dem Knoblauch und dem Rosmarin von jeder Seite 2 Minuten scharf in dem Olivenöl anbraten. Die Pfanne dann in den auf 120 °C vorgeheizten Backofen schieben und die Lammkronen 20 Minuten braten.
3. Die Kaviarlinsen ca. 30 Minuten in dem Gemüsefond weich kochen, dann durch ein Sieb schütten.
4. Die Frühlingszwiebel fein schneiden und in die Linsen geben. Aus dem Aceto balsamico, 2 EL weicher Butter und der gehackten Kuvertüre eine Marinade rühren. Mit Salz und Pfeffer abschmecken und mit den Linsen vermengen.
5. Den Rotwein mit dem Dijonsenf und dem Honig in einen Topf geben, aufkochen, dann etwas reduzieren. Mit Salz abschmecken und mit der restlichen kalten Butter (2 EL) verfeinern.
6. Die garen Lammkronen aus dem Ofen nehmen und mit den Kaviarlinsen und der süßen Senfsauce servieren.

Straußensteak in Kakaobohnen gebraten, mit Zuckerschoten und Moosbeeren

Zutaten für 4 Personen

4 Straußensteaks (à 170 g)
Salz
schwarzer Pfeffer aus der Mühle
3 EL Olivenöl
3 EL Kakaobohnenbruch
125 ml roter Portwein
100 g frische Moosbeeren (Cranberrys)
1 Zweig Rosmarin
1 Msp. Chilipulver
4 EL kalte Butter
200 g Zuckerschoten
1 rote Zwiebel

Zubereitungszeit: ca. 40 Minuten

1. Die Straußensteaks mit Salz und Pfeffer würzen. 2 EL Olivenöl in einer Pfanne erhitzen, die Kakaobohnen und die Straußensteaks hineingeben. Die Steaks von beiden Seiten 4 Minuten scharf anbraten.

2. Die Steaks auf einen Grillrost legen, die Kakaobohnen darüberstreuen, und den Rost bis zum Servieren in den auf 80 °C vorgeheizten Backofen geben.

3. Den Bratensatz in der Pfanne mit dem Portwein lösen. Die Moosbeeren dazugeben, mit einigen Rosmarinnadeln und dem Chilipulver würzen und mit 3 EL kalter Butter binden.

4. 1 EL Olivenöl in einer Pfanne erhitzen. Die Zuckerschoten dazugeben. Die Zwiebel schälen, in feine Scheiben schneiden und zu den Zuckerschoten geben. Mit Salz abschmecken und mit 1 EL Butter vollenden.

5. Die Steaks mit der Moosbeerensauce und den Kakaobohnen anrichten und mit den Zuckerschoten servieren.

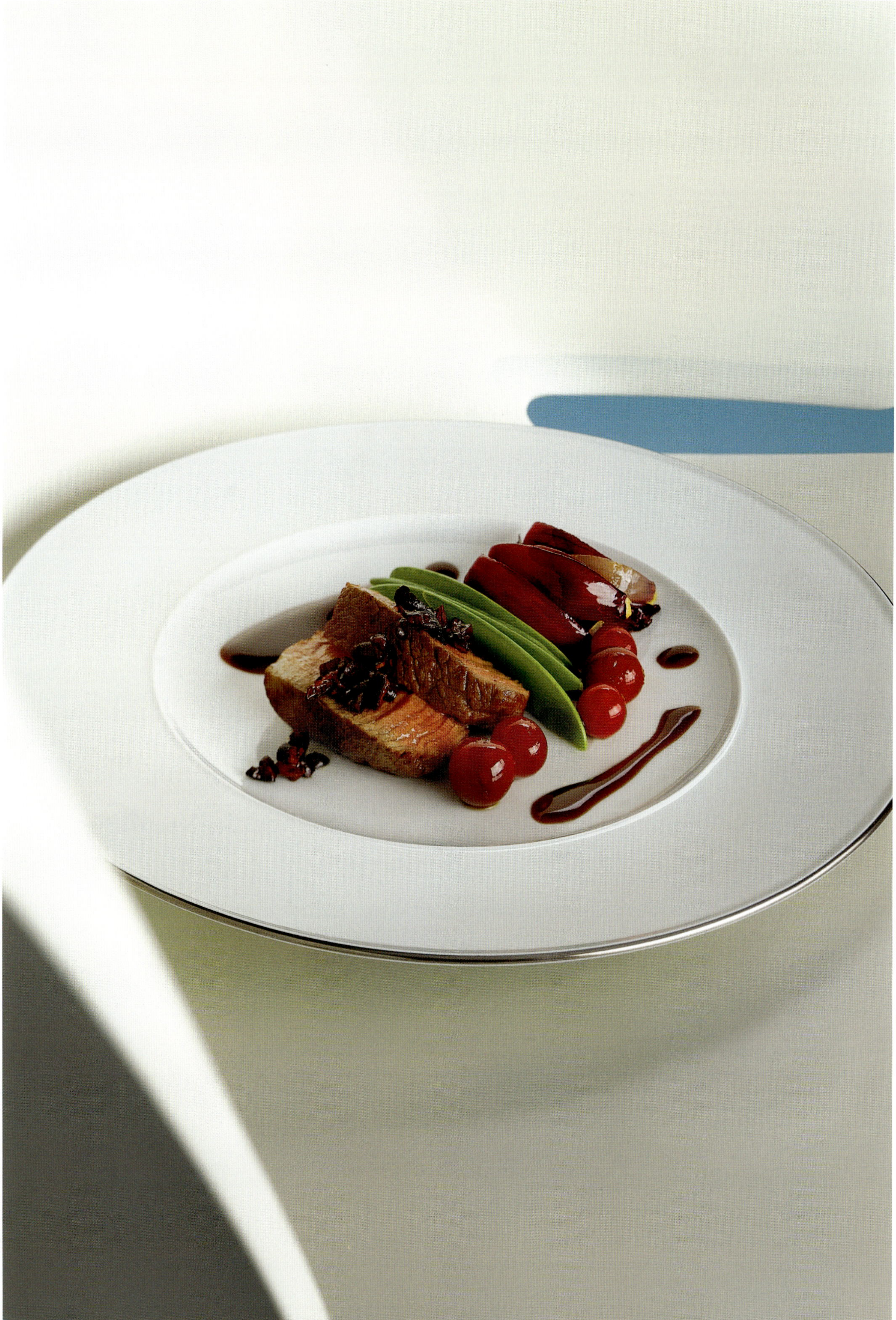

Beinschinken mit Bitterschokolade glasiert und Haselnuss-Erdäpfel-Püree

Zutaten für 4 Personen

- 2 EL Honig
- 2 EL Olivenöl
- 50 g Edelbitterschokolade (80 % Kakaogehalt)
- 1 TL schwarze Pfefferkörner, geschrotet
- 1 TL grobes Meersalz
- 700 g Beinschinken (in einem Stück)
- 500 g mehlig kochende Erdäpfel (Kartoffeln)
- 3 EL Butter
- 125 ml Milch
- 2 EL geröstete Haselnusskerne
- Salz
- weißer Pfeffer aus der Mühle

Zubereitungszeit: ca. 1 Stunde

1. Den Honig, das Olivenöl, die gehackte Schokolade, die geschroteten Pfefferkörner und das Meersalz im Mörser zu einer Paste verarbeiten.

2. Den Beinschinken mit der Paste bestreichen und im auf 170 °C vorgeheizten Backofen 40 Minuten braten.

3. Die Erdäpfel schälen, vierteln und in reichlich Salzwasser weich kochen. Die weichen Kartoffeln durch ein Sieb abschütten, dann durch eine Kartoffelpresse in einen Topf pressen.

4. Die Butter in einer Pfanne zerlassen, leicht bräunen, dann mit der Milch unter die gepressten Erdäpfel mischen und glatt rühren.

5. Die Haselnusskerne hacken und unter das Erdäpfelpüree mengen, mit Salz und frisch gemahlenem weißen Pfeffer abschmecken.

6. Den glasierten Beinschinken aus dem Ofen nehmen, aufschneiden, auf 4 Tellern anrichten und mit dem Haselnuss-Erdäpfel-Püree servieren.

Pikant

Schweinelende im Prosciuttomantel mit Rosenkohl und Whiskey-Schoko-Sauce

Zutaten für 4 Personen

500 g Schweinelende
Salz
schwarzer Pfeffer aus der Mühle
2 EL Olivenöl
10 Scheiben Prosciutto di Parma (Parmaschinken)
3 EL frisch geriebener Parmesan
300 g Rosenkohl
1 EL Walnussöl
etwas gemahlener Kümmel
50 g dunkle Kuvertüre (70 % Kakaogehalt)
125 ml trockener Rotwein
2 EL kalte Butter
4 cl Whiskey

Zubereitungszeit: ca. 1 1/2 Stunden

1. Die Schweinelende waschen, von allen Häuten befreien und mit Salz und frisch gemahlenem schwarzen Pfeffer würzen.

2. Das Olivenöl in einer Pfanne erhitzen, und die Schweinelende darin von allen Seiten scharf anbraten, dann aus der Pfanne nehmen.

3. Den Prosciutto dachziegelartig auf einer Arbeitsfläche verteilen. Den Parmesan darüberstreuen, und das Fleisch darin einrollen. Die Schweinelende in den auf 100 °C vorgeheizten Backofen geben.

4. Den Rosenkohl putzen, und die Blätter einzeln zupfen. Das Walnussöl in einer Pfanne erhitzen, und die Rosenkohlblätter darin anbraten. Mit Salz, frisch gemahlenem schwarzen Pfeffer und Kümmel abschmecken.

5. Die Kuvertüre in Stücke hacken, mit dem Rotwein in einen Topf geben und erwärmen. Die Kuvertüre unter Rühren in dem Rotwein auflösen. Mit Salz abschmecken, mit der kalten Butter aufmixen, dann den Whiskey hineinrühren.

6. Die Schweinelende nach ca. 1 Stunde Garzeit aus dem Ofen nehmen und mit dem Rosenkohl und der Whiskey-Schoko-Sauce servieren.

Pikant

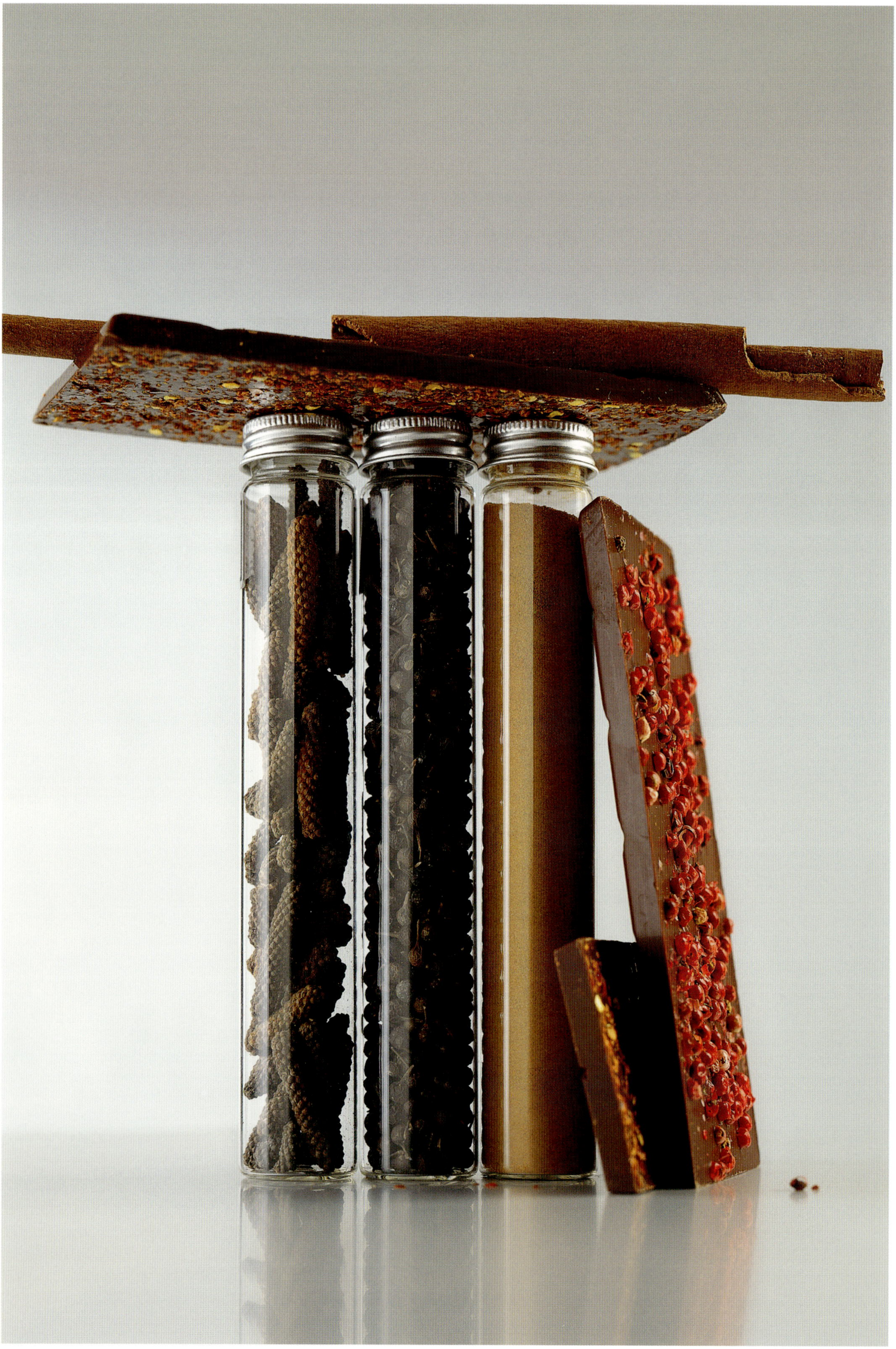

Geschmorte Rehkeule mit Rollgerste-Bitterschokoladen-Risotto und Preiselbeeren

Zutaten für 4 Personen

600 g ausgelöste Rehkeule
Salz
schwarzer Pfeffer aus der Mühle
4 EL Olivenöl
2 EL Butter
1 Karotte
50 g Knollensellerie
1 l Gemüsefond
1 l trockener Rotwein
4 Wacholderbeeren
1 Zwiebel
2 EL Walnussöl
100 g Rollgerste (Graupen)
125 ml trockener Weißwein
500 ml Geflügelfond
1 EL Crème fraîche
50 g Edelbitterschokolade (80 % Kakaogehalt)
3 EL Butter
150 g Preiselbeeren (aus dem Glas)

Zubereitungszeit: ca. 2 Stunden

1. Die Rehkeule waschen, trocken tupfen und mit Salz und Pfeffer einreiben. Das Olivenöl in einem großen Topf erhitzen, und die Rehkeule darin von allen Seiten scharf anbraten, dann die Butter darin aufschäumen. Die Rehkeule aus dem Topf nehmen und warm stellen.

2. Die Karotte und den Sellerie schälen, fein würfeln und in dem Bratentopf anbraten, dann mit dem Gemüsefond und dem Rotwein ablöschen.

3. Die Rehkeule wieder in den Topf geben, die Wacholderbeeren in den Fond geben, und das Fleisch im zugedeckten Topf ca. 45 Minuten weich schmoren.

4. Die Zwiebel schälen und fein würfeln. Das Walnussöl in einem Topf erhitzen, und die Zwiebel darin glasig schwitzen. Die Rollgerste dazugeben, dann mit dem Weißwein ablöschen, und mit dem heißen Geflügelfond aufgießen. Stetig rühren, und die Rollgerste ca. 30 Minuten köcheln lassen.

5. Sobald die Rollgerste weich wird, den Topf vom Herd nehmen. Mit der Crème fraîche, der gehackten Schokolade und der kalten Butter vollenden.

6. Die Rehkeule aus dem Topf nehmen, die Sauce auf $1/3$ reduzieren, und die Preiselbeeren unterrühren.

7. Die Rehkeule in Scheiben schneiden und mit der Sauce und dem Rollgerste-Schoko-Risotto servieren.

Pikant

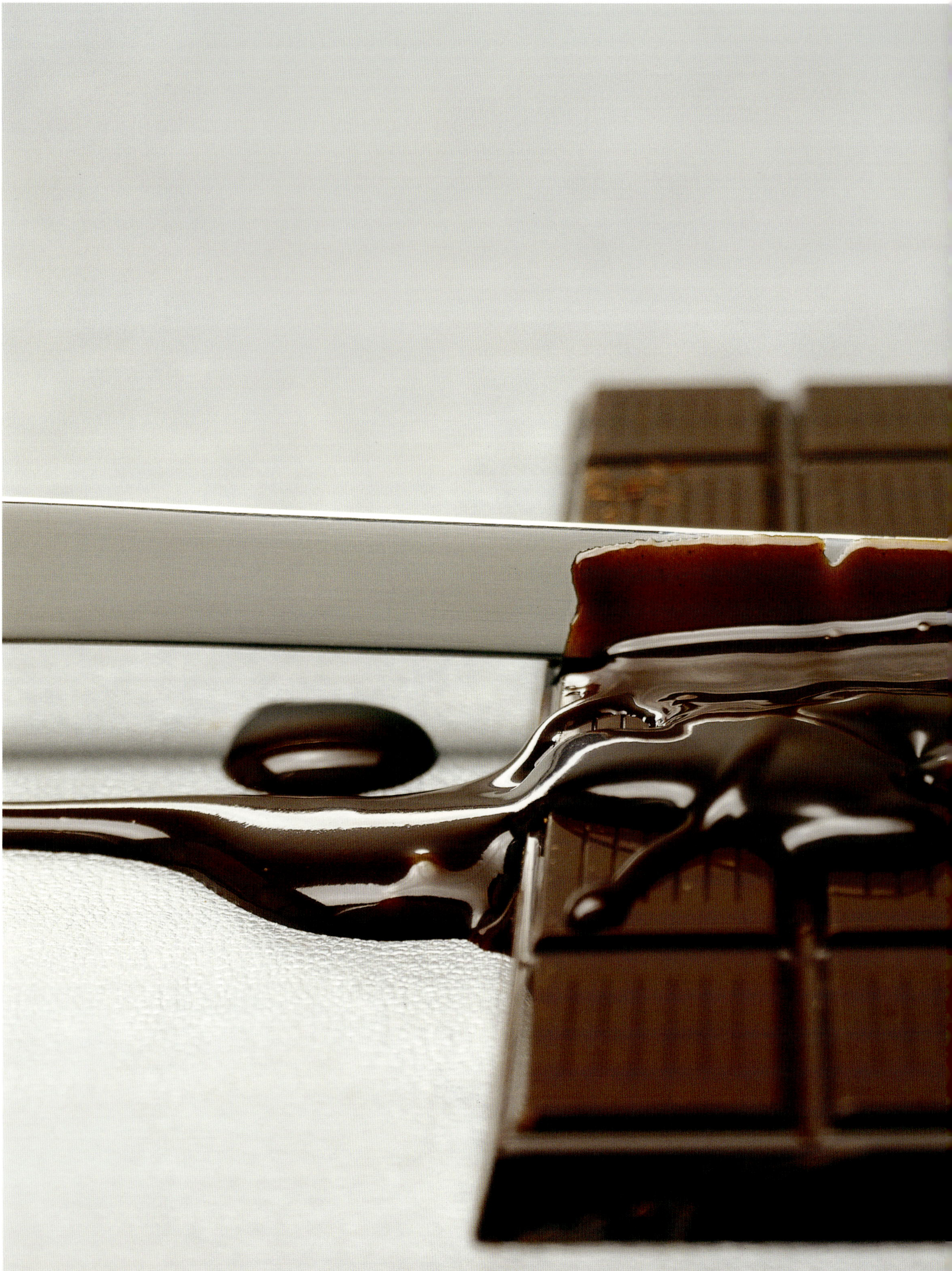

Scharf

Geeiste Joghurt-Schoko-Cayenne-Suppe mit Rinderfilet

Zutaten für 4 Personen

1 Knoblauchzehe
750 ml griechischer Joghurt (3,6 % Fettgehalt)
1 Frühlingszwiebel
1 rote Paprika
Salz
schwarzer Pfeffer aus der Mühle
1 TL Cayennepfeffer
50 g Edelbitterschokolade (80 % Kakaogehalt)
400 g Rinderfilet
4 EL fruchtiges Olivenöl

Zubereitungszeit: ca. 30 Minuten plus 30 Minuten Kühlzeit

1. Die Knoblauchzehe schälen, fein hacken und mit dem Joghurt verrühren.

2. Die Frühlingszwiebel putzen und fein hacken. Die Paprikaschote waschen, trocknen, halbieren, von den Scheidewänden und Kernen befreien und ebenfalls fein hacken. Die Frühlingszwiebel und die Paprika in den Joghurt rühren. Mit Salz, frisch gemahlenem schwarzen Pfeffer und Cayennepfeffer abschmecken.

3. Die Schokolade fein hacken und ebenfalls in die Joghurtsuppe mischen. Die Joghurtsuppe 30 Minuten im Tiefkühlfach erkalten lassen.

4. Das Rinderfilet mit Salz und frisch gemahlenem schwarzen Pfeffer einreiben. 2 EL Olivenöl in einer Pfanne erhitzen, und das Rinderfilet darin von jeder Seite 2 Minuten scharf anbraten, dann die Pfanne vom Herd nehmen, und das Fleisch 10 Minuten ruhen lassen.

5. Die geeiste Joghurtsuppe auf 4 gekühlte Suppenteller verteilen. Das Rinderfilet in Scheiben schneiden und dazu reichen. Alles mit je $1/2$ EL Olivenöl toppen.

Kürbiscremesuppe mit Blätterteig-Chili-Schokoladen-Stangerl

Zutaten für 4 Personen

400 g Butternusskürbis, geschält und entkernt
2 Zwiebeln
1 Knoblauchzehe
2 EL Butter
2 EL Olivenöl
250 ml Weißwein
1 l Gemüsefond
Salz
schwarzer Pfeffer aus der Mühle
1 EL gemahlener Kümmel
1 Packung TK-Blätterteig (330 g)
40 g dunkle Kuvertüre (70 % Kakaogehalt)
1 rote Chilischote
250 ml Sahne

Zubereitungszeit: ca. 50 Minuten

1. Das Kürbisfleisch in feine Würfel schneiden. Die Zwiebeln schälen und ebenfalls fein würfeln. Die Knoblauchzehe schälen und fein hacken. Die Butter und das Olivenöl in einem Topf erhitzen, und die Kürbis-, Zwiebel- und Knoblauchwürfel darin anbraten, dann mit dem Weißwein ablöschen und mit dem Gemüsefond auffüllen. Mit Salz, frisch gemahlenem schwarzen Pfeffer und dem Kümmel abschmecken und köcheln lassen, bis der Kürbis weich ist.

2. Den aufgetauten Blätterteig ausrollen und in 3 cm dicke Streifen schneiden.

3. Die Kuvertüre fein hacken. Die Chilischote aufschlitzen, entkernen, fein hacken, mit der gehackten Kuvertüre vermengen, und alles über die Blätterteigstangen streuen. Die Blätterteigstangen im auf 220 °C vorgeheizten Backofen 10–12 Minuten knusprig backen.

4. Die Kürbissuppe mit der Sahne verfeinern und mit dem Stabmixer aufmixen. Die Suppe auf 4 tiefe Teller verteilen und mit den Stangerl servieren.

Maiscremesuppe mit Miesmuscheln, Chili und Schokolade

Zutaten für 4 Personen

- 2 Zwiebeln
- 1 Knoblauchzehe
- 2 EL Olivenöl
- 500 g küchenfertige Miesmuscheln
- 250 ml Weißwein
- 200 g Maiskörner aus der Dose
- 500 ml Gemüsefond
- 250 ml Sahne
- Salz
- schwarzer Pfeffer aus der Mühle
- 1 Chilischote
- 70 g dunkle Kuvertüre (80 % Kakaogehalt)
- einige Minimaiskolben zum Garnieren
- etwas Petersilie zum Garnieren

Zubereitungszeit: ca. 50 Minuten

1. Die Zwiebeln schälen und in kleine Würfel schneiden. Den Knoblauch schälen und fein würfeln.

2. Das Olivenöl in einem Topf erhitzen, und die Zwiebel- und Knoblauchwürfel darin anrösten.

3. Offene Miesmuscheln wegwerfen, sie sind ungenießbar. Die Miesmuscheln in den Topf geben und kurz mitrösten, dann mit dem Weißwein ablöschen und zugedeckt 10 Minuten dünsten.

4. Die Miesmuscheln aus den Schalen lösen, dabei geschlossene Muscheln wegwerfen. Einige Muscheln beiseite legen. Den Muschelfond durch ein Sieb passieren.

5. Den Muschelfond mit dem Mais, Gemüsefond und der Sahne aufkochen. Mit Salz und Pfeffer abschmecken, dann mit dem Stabmixer aufmixen.

6. Die Chilischote halbieren, entkernen, von den Scheidewänden befreien und fein hacken. Die Schokolade ebenfalls fein hacken.

7. Die Miesmuscheln mit etwas Chili und Schokolade auf 4 Suppenteller verteilen und mit der Suppe begießen. Mit einigen Minimaiskolben und den restlichen Muscheln dekorieren. Mit etwas Petersilie garnieren und servieren.

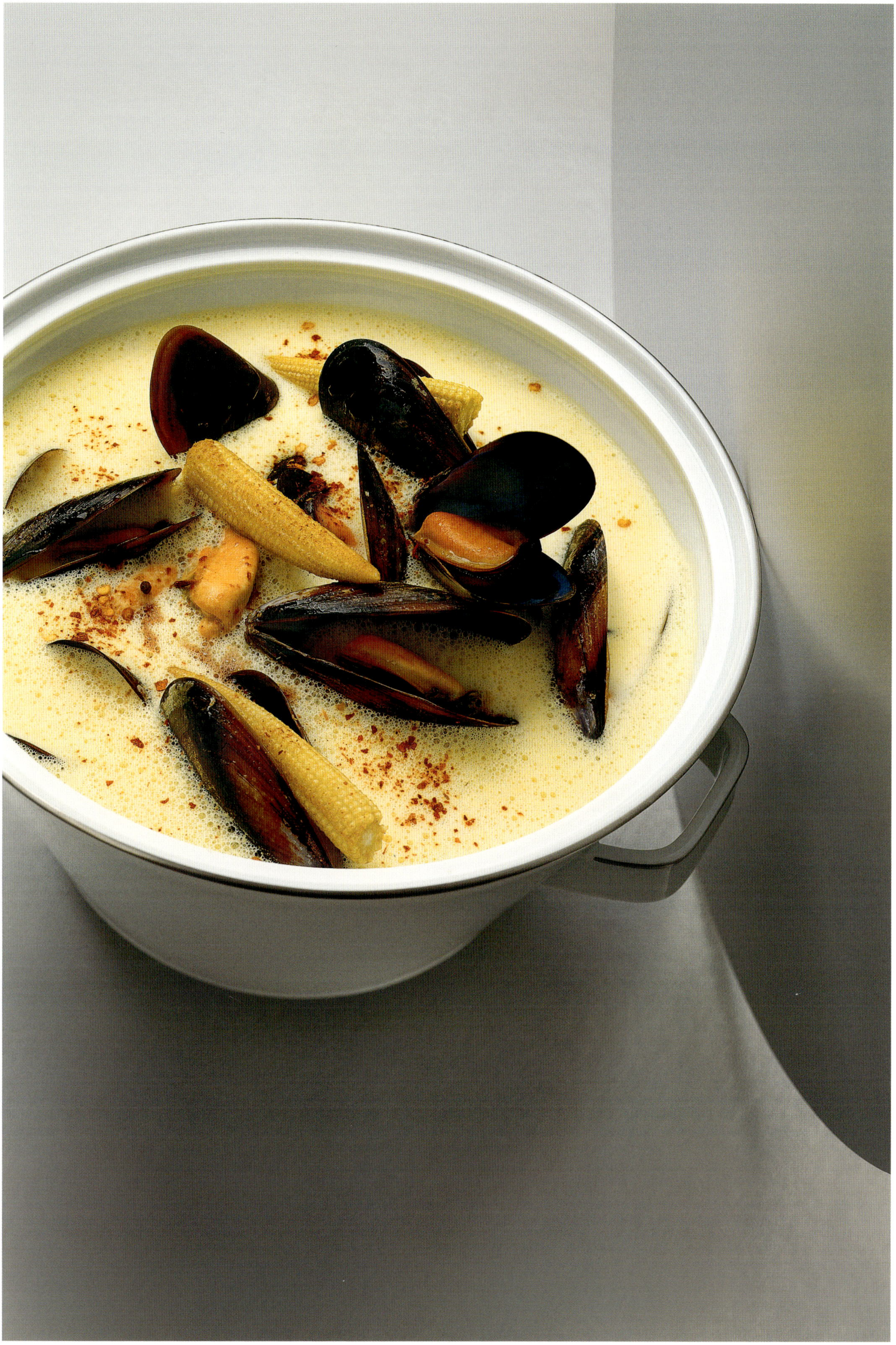

Steinpilzrisotto mit Schoko-Chili-Chips

Zutaten für 4 Personen

2 Zwiebeln
2 EL Olivenöl
300 g Risottoreis (z. B. Arborio)
250 ml trockener Weißwein
750 ml Gemüsefond
300 g frische Steinpilze
4 EL Butter
2 Chilischoten
50 g dunkle Kuvertüre (70 % Kakaogehalt)
300 g frisch geriebener Parmesan
2 EL gehackte Petersilie

Zubereitungszeit: ca. 40 Minuten

1. Die Zwiebeln schälen, halbieren und in kleine Würfel schneiden.
2. Das Olivenöl in einem großen Topf erhitzen, und die Zwiebeln darin glasig dünsten.
3. Den Risottoreis in den Topf geben und unter Rühren mitschwitzen, ohne dass er Farbe annimmt.
4. Nach ca. 2 Minuten den Weißwein und 1 Schöpfkelle heißen Gemüsefond angießen. Den Risotto stetig rühren und stets heiße Brühe angießen, wenn der Reis die vorhandene Flüssigkeit aufgenommen hat.
5. Die Steinpilze putzen und grob schneiden. 2 EL Butter in einer Pfanne erhitzen, und die Steinpilze darin 2–3 Minuten anbraten, dann in den fast garen Risotto rühren.
6. Die Chilischoten aufschlitzen, entkernen und fein hacken. Die Kuvertüre ebenfalls fein hacken.
7. Die Hälfte des Parmesans in eine heiße beschichtete Pfanne streuen. Die gehackten Chilischoten und die Kuvertüre dazugeben. Die Mischung auf beiden Seiten knusprig braten, dann erkalten lassen und in Stücke brechen.
8. Den garen Risotto mit der restlichen Butter (2 EL) und dem restlichen Parmesan (150 g) vollenden.
9. Den Risotto mit der gehackten Petersilie bestreuen und mit den Schoko-Chili-Chips servieren.

Scharf

Tomaten-Chili-Salat mit Schokodressing

Zutaten für 4 Personen

4 reife Tomaten
1 kleine Salatgurke
2 Frühlingszwiebeln
etwas grobes Meersalz
50 g Edelbitterschokolade (80 % Kakaogehalt)
2 EL alter Aceto balsamico
4 EL Olivenöl
1 Limette
Salz
1–2 Chilischoten

Zubereitungszeit: ca. 20 Minuten

1. Die Tomaten waschen, trocknen und in 2 cm dicke Scheiben schneiden. Die Gurke schälen, entkernen und fein würfeln. Die Frühlingszwiebeln putzen und fein würfeln. Alles mit dem Meersalz in eine Schüssel geben und vermengen.

2. Die Schokolade fein hacken und mit dem Aceto balsamico, dem Olivenöl und dem Saft der Limette zu einem Dressing rühren. Das Dressing mit Salz abschmecken.

3. Die Chilischoten aufschlitzen, entkernen, fein hacken und unter den Tomatensalat mengen. Das Dressing darübergeben und vorsichtig vermischen. 10 Minuten ziehen lassen, dann servieren.

Paprika-Pfefferoni-Risotto mit Orangenschokolade

Zutaten für 4 Personen

1 Zwiebel

1 EL Olivenöl

250 g Risottoreis (z. B. Arborio)

250 ml Weißwein

700 ml heiße Gemüsebrühe

2 rote Paprikaschoten

2 grüne Pfefferoni (Peperoni)

2 unbehandelte Orangen

50 g Edelbitterschokolade (80 % Kakaogehalt)

2 EL Butter

3 EL frisch geriebener Parmesan

Zitronenthymian zum Garnieren

Zubereitungszeit: ca. 50 Minuten

1. Die Zwiebel schälen und in kleine Würfel schneiden. Das Olivenöl in einem Topf erhitzen, und die Zwiebelwürfel darin glasig schwitzen.

2. Den Risottoreis dazugeben und unter stetigem Rühren glasig schwitzen. Nach 2 Minuten den Weißwein angießen.

3. Nach und nach unter ständigem Rühren die Gemüsebrühe angießen – immer so viel, dass der Reis gerade bedeckt ist. Wenn der Reis die Flüssigkeit aufgenommen hat, erneut Gemüsebrühe angießen.

4. Die Paprika und die Pfefferoni in grobe Würfel schneiden und in den Risotto geben.

5. Die Orangen mit dem Zestenreißer schälen, die Zesten fein hacken, und die Hälfte mit der grob gehackten Schokolade vermischen. Die geschälten Orangen auspressen, den Saft aufheben.

6. Den Topf von der Herdplatte nehmen. Die weiche Butter, den Saft der Orangen und den Parmesan unterrühren.

7. Den Risotto mit der Schoko-Orangen-Mischung bestreuen und mit den restlichen Orangenzesten und dem Zitronenthymian garnieren.

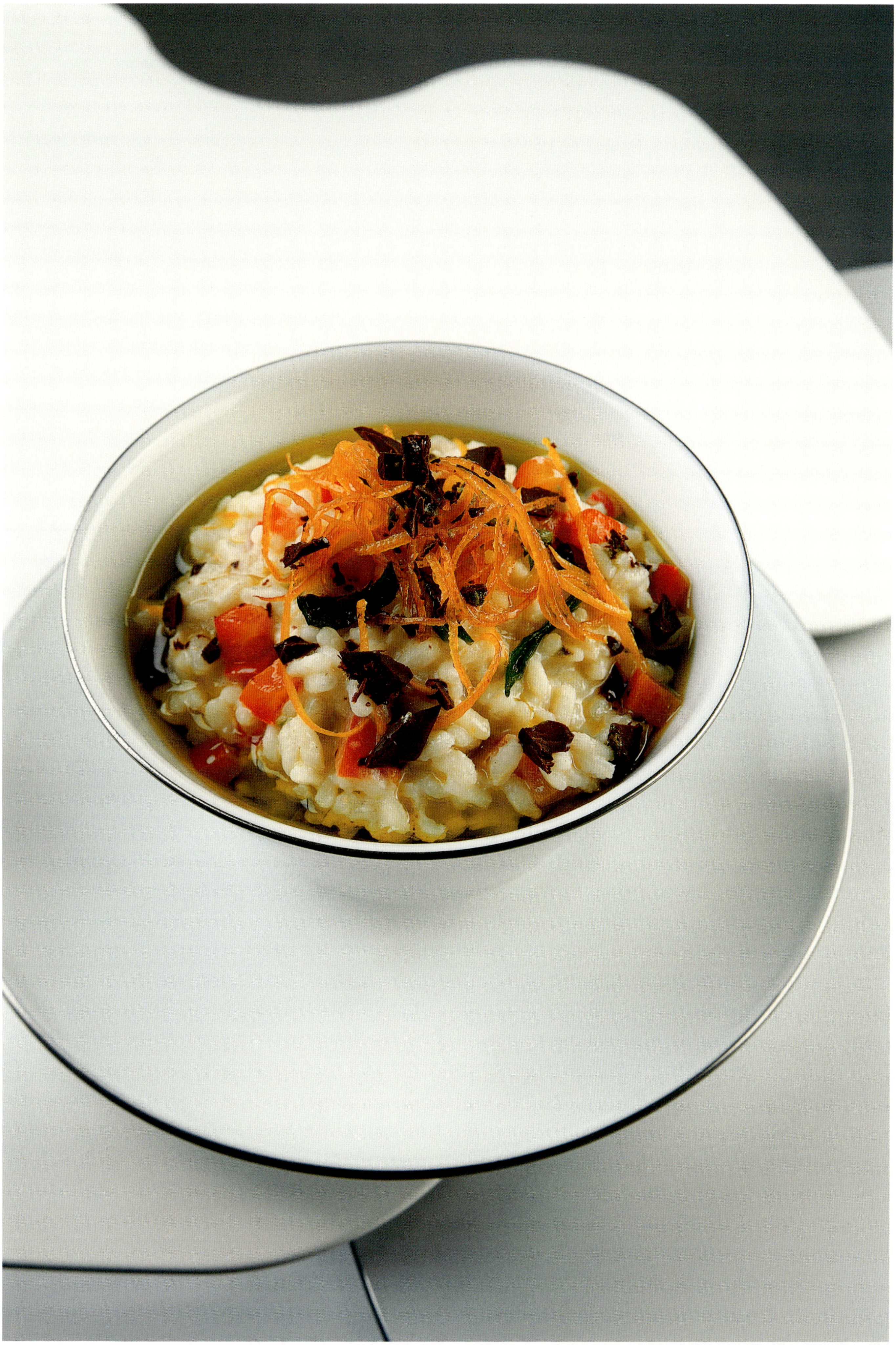

Tom Yum mit Kakao und Steinbutt

Zutaten für 4 Personen

3 Stängel Zitronengras (erhältlich im Asialaden)
1–2 Korianderwurzeln (erhältlich im Asialaden)
4 Thaichilischoten
1 Stück Galgant (ca. 3 cm lang)
4 Zitronenblätter (erhältlich im Asialaden)
700 ml kaltes Wasser
6 Tiger Prawns (Riesengarnelen), geschält und entdarmt
200 g frische Strohpilze (erhältlich im Asialaden)
1 EL Nam Prik Pao (geröstete Chilipaste, erhältlich im Asialaden)
2 Limetten
1 EL Fischsauce
4 EL Kokosmilch
1 Prise Zucker
3 Stängel Koriandergrün
2 Frühlingszwiebeln, grob geschnitten
200 g frisches Steinbuttfilet
1 EL Kakaopulver (100 % Kakaogehalt)

Zubereitungszeit: ca. 1 1/2 Stunden

1. Das Zitronengras, die Korianderwurzeln und die Thaichilis mit dem Mörser aufknacken. Den Galgant aufschneiden. Alles mit den Zitronenblättern in 700 ml kaltem Wasser aufsetzen, und 1 Stunde köcheln lassen, bis ein duftender Sud entstanden ist.

2. Die Riesengarnelen in den Sud geben. Die Strohpilze vierteln und ebenfalls in den Sud geben. Alles ca. 3 Minuten kochen lassen, bis die Pilze gar sind.

3. Die Nam Prik Pao, den Saft der beiden Limetten und die Fischsauce in den Sud rühren, dann den Topf vom Herd nehmen. Die Kokosmilch einrühren und mit dem Zucker abschmecken.

4. Das Koriandergrün fein hacken und die Frühlingszwiebeln fein schneiden, alles in die Suppe rühren.

5. Das rohe Steinbuttfilet fein würfeln und auf 4 Servierschalen verteilen. Mit dem Kakaopulver bestäuben, die heiße Suppe darüberschöpfen und servieren.

Gambas mit Mojo rojo und Schokolade

Zutaten für 4 Personen

4 reife Fleischtomaten
8 milde Pfefferschoten
6 Knoblauchzehen
etwas grobes Meersalz
einige Semmelbrösel zum Binden
50 ml Olivenöl
125 ml Weißweineinessig
12 küchenfertige, geschälte Gambas (Garnelen)
Salz
50 g Edelbitterschokolade (80 % Kakaogehalt)
1 TL scharfes Paprikapulver

Zubereitungszeit: ca. 20 Minuten

1. Die Tomaten von den Stielansätzen befreien, kreuzförmig einritzen, überbrühen, enthäuten, entkernen und würfeln. Die Pfefferschoten aufschlitzen, entkernen und würfeln. Beides mit den geschälten Knoblauchzehen und dem Meersalz in einem Mörser zu einer feinen Paste (Mojo rojo) verarbeiten. Falls nötig, mit Semmelbröseln binden. 2 EL Olivenöl dazugeben, dann den Weinessig hineinrühren.
2. Das restliche Olivenöl in einer Pfanne erhitzen. Die Gambas salzen und darin anbraten.
3. Den Mojo rojo in die Pfanne rühren, erwärmen, und die Gambas darin ziehen lassen.
4. Die Schokolade fein hacken und mit dem Paprikapulver unter den Mojo rojo rühren, dann servieren.

Info: Mojo rojo ist eine rote Sauce (Dip) aus Tomaten, Knoblauch und Chilischoten von den Kanarischen Inseln.

Scharf

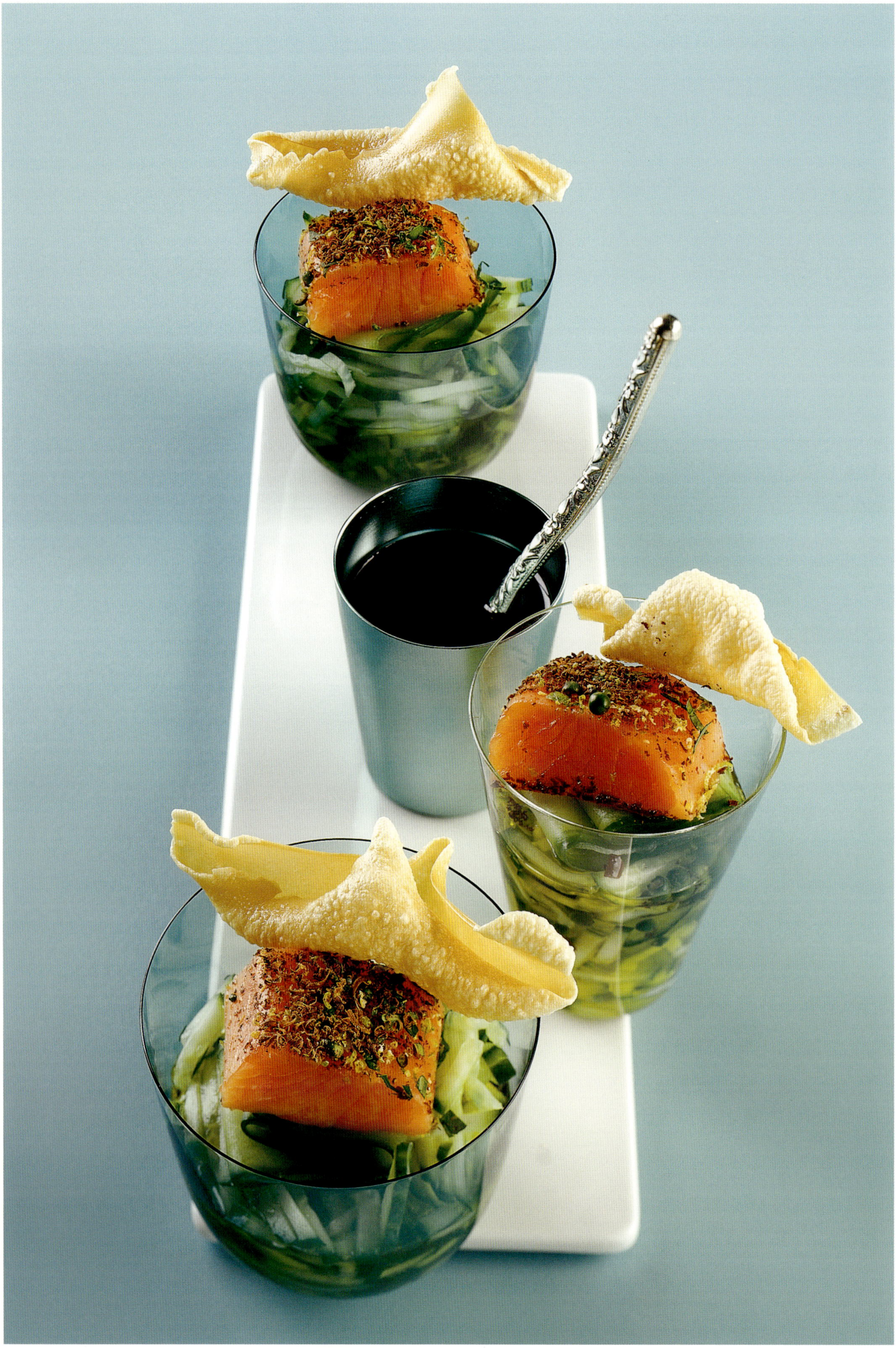

Japanischer Gurkensalat mit Schokolachs

Zutaten für 4 Personen

2 rote Zwiebeln
1 Knoblauchzehe
2 EL gehacktes Koriandergrün
3 EL gehackte Edelbitterschokolade (85 % Kakaogehalt)
2 Limetten
3 EL trockener Weißwein
Salz
schwarzer Pfeffer aus der Mühle
500 g frischer schottischer Wildlachs
3 EL Reisweinessig (erhältlich im Asialaden)
1 EL Honig
3 EL Erdnussöl
1 Salatgurke

Zubereitungszeit: ca. 30 Minuten plus 12 Stunden Marinierzeit

1. Die Zwiebeln und den Knoblauch schälen und fein würfeln. Die Zwiebel- und Knoblauchwürfel mit dem Koriandergrün, der fein gehackten Schokolade, dem Saft der Limetten und dem Weißwein zu einer Marinade rühren. Mit Salz und Pfeffer abschmecken.

2. Den Lachs in eine tiefe Schale geben, und die Marinade darauf verteilen. Den Lachs über Nacht im Kühlschrank ziehen lassen.

3. Aus dem Reisweinessig, dem Honig und dem Erdnussöl eine Marinade rühren. Mit Salz und Pfeffer abschmecken.

4. Die Gurke waschen und ungeschält in feine Stifte schneiden. Die Gurkenstifte 10 Minuten in der Honigmarinade ziehen lassen, bei Bedarf nachsalzen.

5. Den Lachs in 2 cm breite Streifen schneiden, mit seiner Marinade bedecken und mit den Gurken servieren.

Tipp: Dazu passen frittierte Wan-Tan-Blätter.

Chilihummer mit weißer Portwein-Schokoladen-Sauce

Zutaten für 4 Personen

etwas gemahlener Kümmel
2 gehackte Chilischoten
2 lebende Hummer (à 500 g)
2 EL Olivenöl
125 ml weißer Portwein
Salz
weißer Pfeffer aus der Mühle
1 TL Kreuzkümmelsamen
1/2 Limette
40 g weiße Kuvertüre
2 EL Butter

Zubereitungszeit: ca. 40 Minuten

1. In einem großen Topf 2 l Salzwasser zum Sieden bringen, dann den Kümmel und die gehackten Chilischoten hineinstreuen.

2. Die lebenden Hummer mit dem Kopf voran in das siedende Wasser geben, mit einem Holzlöffel unter Wasser halten und 6 Minuten kochen. Die gekochten Hummer aus dem Topf nehmen, in kaltem Wasser abschrecken, und das Fleisch aus den Schalen brechen.

3. Das Olivenöl in einer hohen Pfanne erhitzen, und die Hummerschwänze und -scheren 3–4 Minuten darin anbraten, leicht salzen, dann herausnehmen und warm stellen.

4. Den Bratensatz in der Pfanne mit dem Portwein loskochen, dann 1/4 des Hummerkochfonds dazugeben und mit Salz, frisch gemahlenem weißen Pfeffer, den Kreuzkümmelsamen und dem Saft der halben Limette abschmecken.

5. Die Kuvertüre fein hacken und mit der weichen Butter in den Fond rühren, dann mit dem Stabmixer aufmixen.

6. Den Hummer auf 4 Teller verteilen, mit der heißen Portwein-Schokoladen-Sauce anrichten und servieren.

Scharf

Kabeljaubällchen mit Schoko-Pfefferoni-Sauce

Zutaten für 4 Personen

400 g frisches Kabeljaufilet
1/2 Zitrone
1 Eiweiß
Salz
weißer Pfeffer aus der Mühle
2 EL Semmelbrösel
2 EL Olivenöl
1 rote Zwiebel
3 EL Butter
2 grüne Pfefferoni (Peperoni)
500 ml trockener Weißwein
60 g weiße Schokolade
2 EL gehackter Zitronenthymian

Zubereitungszeit: ca. 50 Minuten

1. Die eiskalten Kabeljaufilets in kleine Stücke schneiden. Die Fischstücke mit dem Saft der halben Zitrone und dem kalten Eiweiß in der Küchenmaschine zu einer Fischfarce verarbeiten. Die Fischfarce salzen, etwas weißen Pfeffer hineinmahlen, dann die Semmelbrösel untermischen.

2. Das Olivenöl in einer Pfanne erhitzen. Aus der Fischfarce kleine Bällchen formen, diese in dem heißen Öl rundherum scharf anbraten, dann bei geringer Hitze langsam gar ziehen lassen.

3. Die Zwiebel schälen und fein würfeln. 1 EL Butter in einem Topf erhitzen und die Zwiebelwürfel darin glasig dünsten.

4. Die Pfefferonis fein hacken, zu den Zwiebeln geben und mit dem Weißwein ablöschen. Den Fond um die Hälfte einkochen, dann vom Herd nehmen.

5. Die fein gehackte Schokolade und den Zitronenthymian dazugeben. Alles mit 2 EL kalter Butter aufmixen und mit Salz abschmecken.

6. Die Kabeljaubällchen mit der Sauce anrichten.

Erdnuss-Thai-Sauce mit Schokopute

Zutaten für 4 Personen

- 600 g Putenfilet (am Stück) oder Putenbrust
- Salz
- weißer Pfeffer aus der Mühle
- 2 EL Olivenöl
- 60 g dunkle Kuvertüre (80 % Kakaogehalt)
- 100 g gehackte Erdnusskerne (ungeröstet und ungesalzen)
- 250 ml Kokosmilch (ungesüßt)
- 2 EL rote Currypaste (erhältlich im Asialaden)
- 1 TL Kreuzkümmelsamen
- 2 EL gehacktes Koriandergrün

Zubereitungszeit: ca. 40 Minuten

1. Das Putenfilet mit Salz und frisch gemahlenem weißen Pfeffer einreiben.
2. Das Olivenöl in einer ofenfesten Pfanne erhitzen, und das Putenfilet darin von allen Seiten je 2 Minuten scharf anbraten, dann in den auf 170 °C vorgeheizten Backofen geben und 30 Minuten gar braten.
3. Die Kuvertüre grob hacken und 10 Minuten vor Ende der Bratzeit über das Putenfilet streuen.
4. Die Erdnusskerne in einer heißen Pfanne ohne Fettzugabe goldgelb rösten, dann mit der Kokosmilch auffüllen. Die Currypaste und die Kreuzkümmelsamen zufügen, mit Salz abschmecken und aufkochen.
5. Das gare Putenfilet in Scheiben schneiden, auf 4 Teller geben, mit der Erdnuss-Thai-Sauce anrichten, mit dem gehackten Koriandergrün bestreuen und servieren.

Scharf

In Vanille geräucherte Taubenbrust mit Sauté vom Pfirsich, Pfefferkaramell und Schokolade

Zutaten für 4 Personen

8 Taubenbrustfilets (à 70–80 g)
2 Vanilleschoten
250 g Buchenholzspäne (erhältlich im Baumarkt)
Salz
schwarzer Pfeffer aus der Mühle
2 EL Haselnussöl
4 Pfirsiche
2 EL Butter
1 EL Honig
125 ml trockener Weißwein
1 EL getrocknete grüne Pfefferkörner
50 g Edelbitterschokolade (80 % Kakaogehalt)

Zubereitungszeit: ca. 1 Stunde

1. Die Taubenbrustfilets mit dem ausgekratzten Mark der Vanilleschoten und den Buchenholzspänen in einem Räucherofen (im Laden für Anglerbedarf erhältlich) 10 Minuten lauwarm räuchern.

2. Die geräucherten Taubenbrustfilets mit Salz und frisch gemahlenem schwarzen Pfeffer würzen. Das Haselnussöl in einer Pfanne erhitzen, und die Taubenbrustfilets darin von beiden Seiten je 2 Minuten scharf anbraten, dann im auf 80 °C vorgeheizten Backofen 15 Minuten garen.

3. Die Pfirsiche waschen, trocknen, halbieren, entsteinen und in Spalten schneiden. Die Butter in einem kleinen Topf erhitzen, die Pfirsichspalten darin andünsten, dann den Honig zufügen und karamellisieren. Den Karamell mit dem Weißwein auffüllen, salzen, dann die Pfefferkörner hineinrühren.

4. Die Schokolade fein hacken.

5. Die Taubenbrustfilets auf 4 Teller verteilen, mit den karamellisierten Pfirsichspalten und dem Pfefferkaramell anrichten und mit der fein gehackten Schokolade bestreuen.

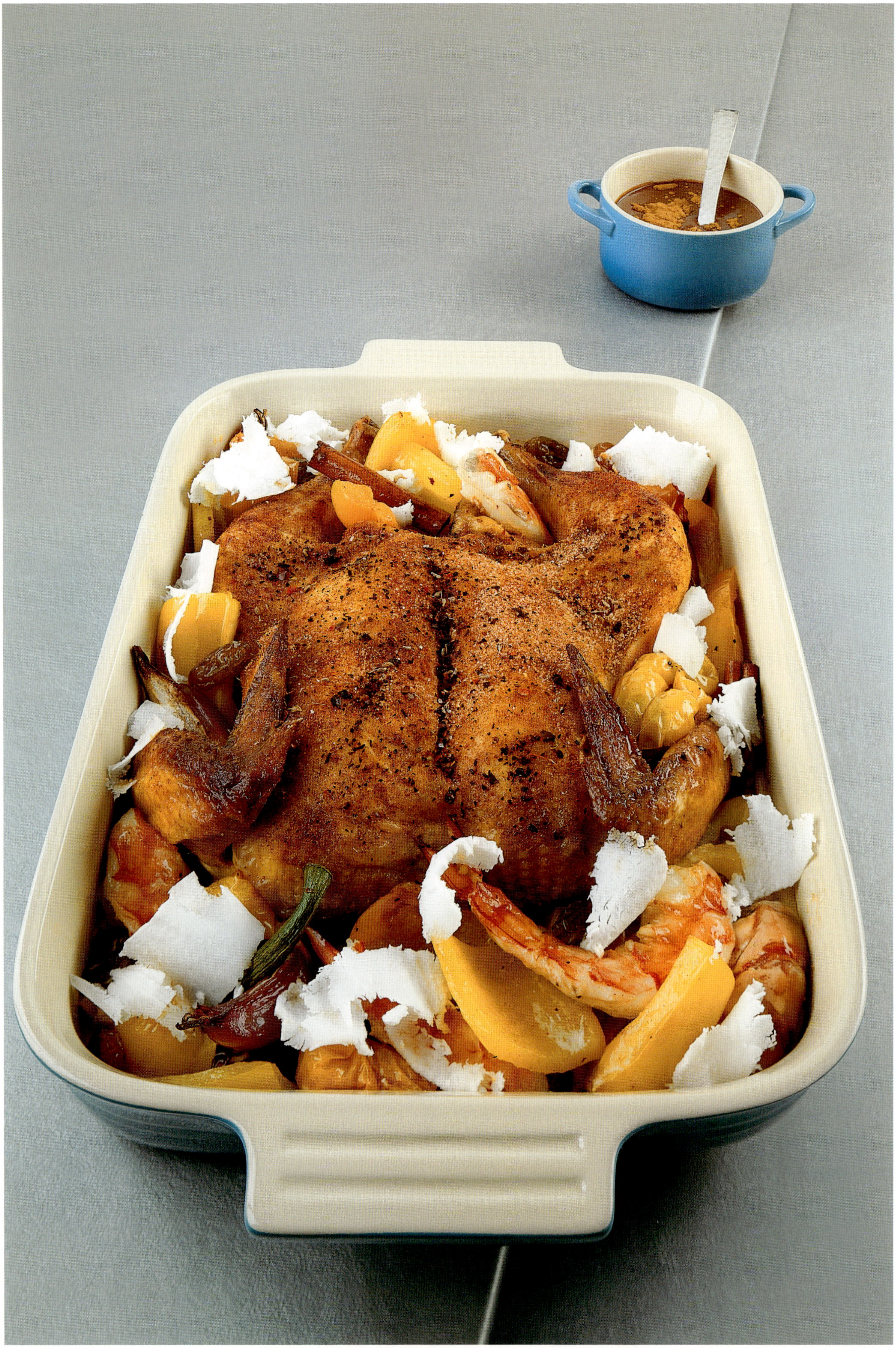

Kreolisches Landhuhn mit Zimtschokolade

Zutaten für 4 Personen

1 küchenfertiges Huhn (ca. 1 1/2 kg)
2 EL Olivenöl
Salz
weißer Pfeffer aus der Mühle
2 gelbe Paprikaschoten
2 rote Zwiebeln
2 Knoblauchzehen
8 große rohe Garnelen
1 Chilischote
1 EL Tomatenmark
250 ml Geflügelfond
125 ml ungesüßte Kokosmilch
2 Pimentkörner
125 ml Sahne
1 cl Rum
1 TL gemahlener Zimt
50 g Edelbitterschokolade (80 % Kakaogehalt)
4 EL frisch geraspelte Kokosflocken

Zubereitungszeit: ca. 1 Stunde

1. Das Huhn mit einem scharfen Messer oder einer Geflügelschere aufschneiden, innen und außen mit Salz und frisch gemahlenem weißen Pfeffer einreiben und etwas platt drücken, dann mit der Hautseite nach oben auf ein tiefes Backblech legen.

2. Die Paprikaschoten halbieren, von den Kernen und Scheidewänden befreien und in grobe Stücke schneiden. Die Zwiebeln schälen und ebenfalls in grobe Stücke schneiden. Den Knoblauch schälen und grob hacken. Die Paprika, die Zwiebeln und den Knoblauch zu dem Huhn auf das Backblech geben und im auf 180 °C vorgeheizten Backofen etwa 20 Minuten braten.

3. Nach 20 Minuten die ungeschälten Garnelen dazugeben und mitbraten. Die Chilischote halbieren, entkernen, von den Scheidewänden befreien, fein hacken und hinzufügen.

4. Das Tomatenmark mit dem Geflügelfond, der Kokosmilch und den Pimentkörnern in einen Topf geben, aufkochen, 5–6 Minuten köcheln lassen, dann um das Gemüse im Ofen geben und weitere 20 Minuten braten.

5. Die Sahne mit dem Rum und dem Zimt aufkochen, dann die gehackte Schokolade einrühren (nun nicht mehr kochen lassen) und mit Salz abschmecken.

6. Das Huhn aus dem Ofen nehmen und mit frisch geraspelten Kokosflocken bestreuen und mit der Zimtschokolade servieren. Nach Belieben Reis dazu reichen.

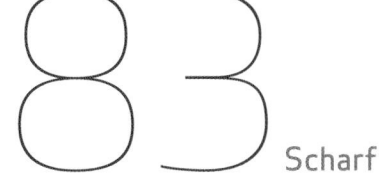

Ganslbrust mit Chilirotkraut und Erdäpfel-Schoko-Knödel

Zutaten für 4 Personen

2 Ganslbrustfilets (Gänsebrustfilets, à 300 g)
Salz
weißer Pfeffer aus der Mühle
300 g frisches Rotkraut
1 EL Olivenöl
1 Chilischote
250 ml Rotwein
1 EL Powidl (Pflaumenmus)
400 g gegarte, mehlig kochende Erdäpfel (Kartoffeln)
1 Ei
1 Eigelb
2 EL Hartweizengrieß
2 EL Kartoffelstärke
2 EL gehackte dunkle Kuvertüre (80 % Kakaogehalt)
2 EL braune Butter
etwas Kakaopulver

Zubereitungszeit: ca. 1 Stunde

1. Die Ganslbrustfilets mit Salz und Pfeffer würzen. Eine ofenfeste Pfanne ohne Fettzugabe erhitzen, und die Ganslbrustfilets darin mit der Hautseite nach unten anbraten. Die Pfanne in den auf 150 °C vorgeheizten Backofen geben, und die Ganslbrustfilets 40 Minuten braten.

2. Das Rotkraut fein schneiden. Das Olivenöl in einem Topf erhitzen, und das Rotkraut darin andünsten. Die Chilischote halbieren, entkernen, von den Scheidewänden befreien und hinzufügen. Das Rotkraut mit dem Rotwein ablöschen. Den Powidl dazugeben, dann mit Salz und Pfeffer abschmecken, und das Kraut weich dünsten.

3. Die gekochten, abgekühlten Erdäpfel durch eine Kartoffelpresse drücken und mit dem Ei, dem Eigelb, dem Weizengrieß, der Kartoffelstärke und der grob gehackten Kuvertüre zu einem glatten, festen Teig vermengen. Aus dem Teig ca. 16 kleine Knödel formen.

4. Die Knödel ca. 20 Minuten in reichlich Salzwasser gar ziehen lassen, mit einem Schaumlöffel herausnehmen, in der braunen Butter schwenken und in dem Kakaopulver wälzen.

5. Die Ganslbrustfilets wenden, im abgeschalteten Ofen 5 Minuten ruhen lassen, aufschneiden und mit dem Kraut und den Knödeln servieren.

Scharf

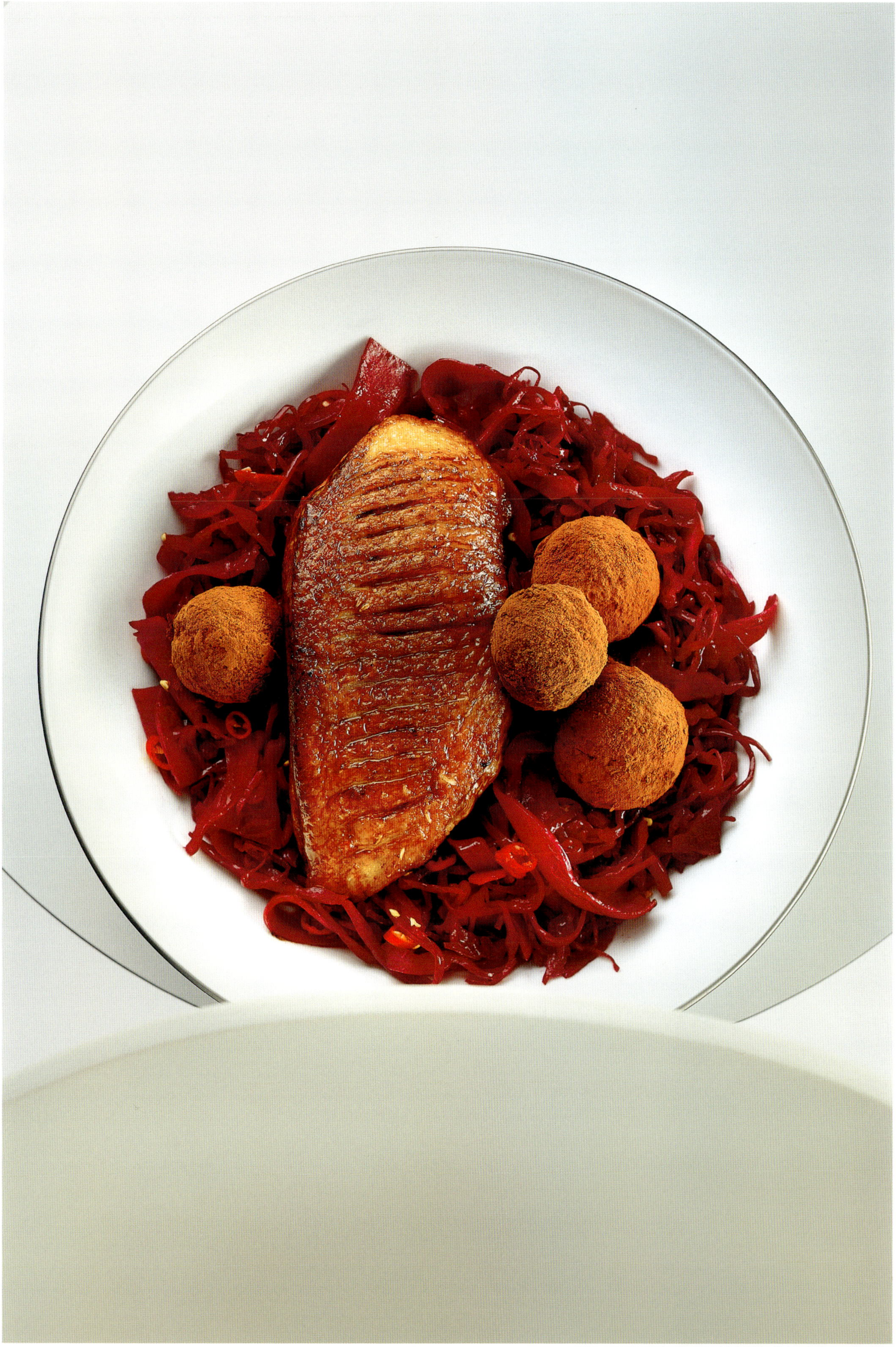

Geschmorte Schweineschulter mit Chili-Powidl-Schoko-Sauce

Zutaten für 4 Personen

1 kg Schweineschulter (ohne Knochen)
Salz
schwarzer Pfeffer aus der Mühle
etwas gemahlener Kümmel
2 Karotten
1 Stange Staudensellerie
500 ml Fleischbrühe
500 ml Weißwein
125 ml Starkbier
3 Knoblauchzehen
2 Chilischoten
40 g dunkle Kuvertüre (80 % Kakaogehalt)
2 EL Powidl (Pflaumenmus)

Zubereitungszeit: ca. 2 Stunden

1. Die Schweineschulter mit Salz, frisch gemahlenem schwarzen Pfeffer und gemahlenem Kümmel einreiben und in eine feuerfeste Form legen.

2. Die Karotten schälen, den Staudensellerie putzen, alles grob würfeln und in die Form geben.

3. Die Form in den auf 200 °C vorgeheizten Backofen schieben. Nach 10 Minuten Bratzeit mit der Fleischbrühe, dem Weißwein und dem Starkbier auffüllen. Die Knoblauchzehen fein hacken und ebenfalls dazugeben. Die Ofentemperatur auf 140 °C reduzieren, und die Schweineschulter 90 Minuten braten, dabei immer wieder mit dem Bratensaft beschöpfen. Das gare Fleisch aus dem Ofen nehmen und warm stellen. Den Bratensaft durch ein Sieb passieren und auf $1/3$ reduzieren.

4. Die Chilischoten aufschlitzen, entkernen und fein hacken. Die Kuvertüre ebenfalls fein hacken und mit den gehackten Chilischoten vermengen. Die Chili-Schoko-Mischung mit dem Powidl verrühren und in den reduzierten Bratenfond geben.

5. Die Schweineschulter in Scheiben schneiden, auf 4 Tellern anrichten und mit der Chili-Powidl-Schoko-Sauce servieren.

Schokoladen-Panettone mit Speck und Pfefferoni

Zutaten für 4 Personen

350 g Weizenmehl, Type 405
1 Päckchen Trockenhefe
100 g Zucker
1 Prise Salz
½ Zitrone
2 Vanilleschoten
100 g Butterflocken
6 Eigelb
125 ml lauwarmes Wasser
50 g gehacktes Zitronat
50 g Korinthen
50 g Sultaninen
80 g Frühstücksspeck, fein gewürfelt
50 g dunkle Kuvertüre (70 % Kakaogehalt)
80 g scharfe eingelegte Pfefferoni (Peperoni)
etwas zerlassene Butter zum Bepinseln

Zubereitungszeit: ca. 3 Stunden plus Zeit zum Abkühlen

1. 300 g Mehl in eine große Schüssel sieben. Die Trockenhefe, den Zucker, das Salz, die abgeriebene Zitronenschale, das ausgekratzte Mark der Vanilleschoten hinzufügen und vermengen.

2. Die Butterflocken, die Eigelb und das lauwarme Wasser hinzufügen, und alles zu einem glatten Teig verkneten. Die Schüssel zudecken, und den Teig an einem warmen Ort 30 bis 40 Minuten gehen lassen. Dann das Zitronat, die Korinthen, die Sultaninen und den fein gewürfelten Frühstücksspeck untermengen.

3. Die Kuvertüre fein hacken. Die Pfefferoni aufschlitzen, entkernen und fein hacken. Die Kuvertüre und die Pfefferoni mit dem restlichen Mehl in den Teig kneten. Den Teig wieder zudecken und weitere 20 Minuten gehen lassen.

4. Eine Panettonebackform oder eine hohe runde Ofenform einfetten und mit Backpapier auskleiden. Den Teig in die Form füllen, zudecken und so lange gehen lassen, bis er mindestens 20 cm hoch ist. Dann die Oberfläche kreuzweise einritzen. Den Panettone im auf 180 °C vorgeheizten Backofen 20 Minuten goldbraun backen. Dann die Oberfläche mit etwas zerlassener Butter einpinseln und weitere 30–40 Minuten in den Backofen schieben. Bräunt die Oberfläche zu stark, mit einem Stück Alufolie abdecken. Den fertigen Panettone aus dem Ofen nehmen, in der Form abkühlen lassen, dann herauslösen und servieren.

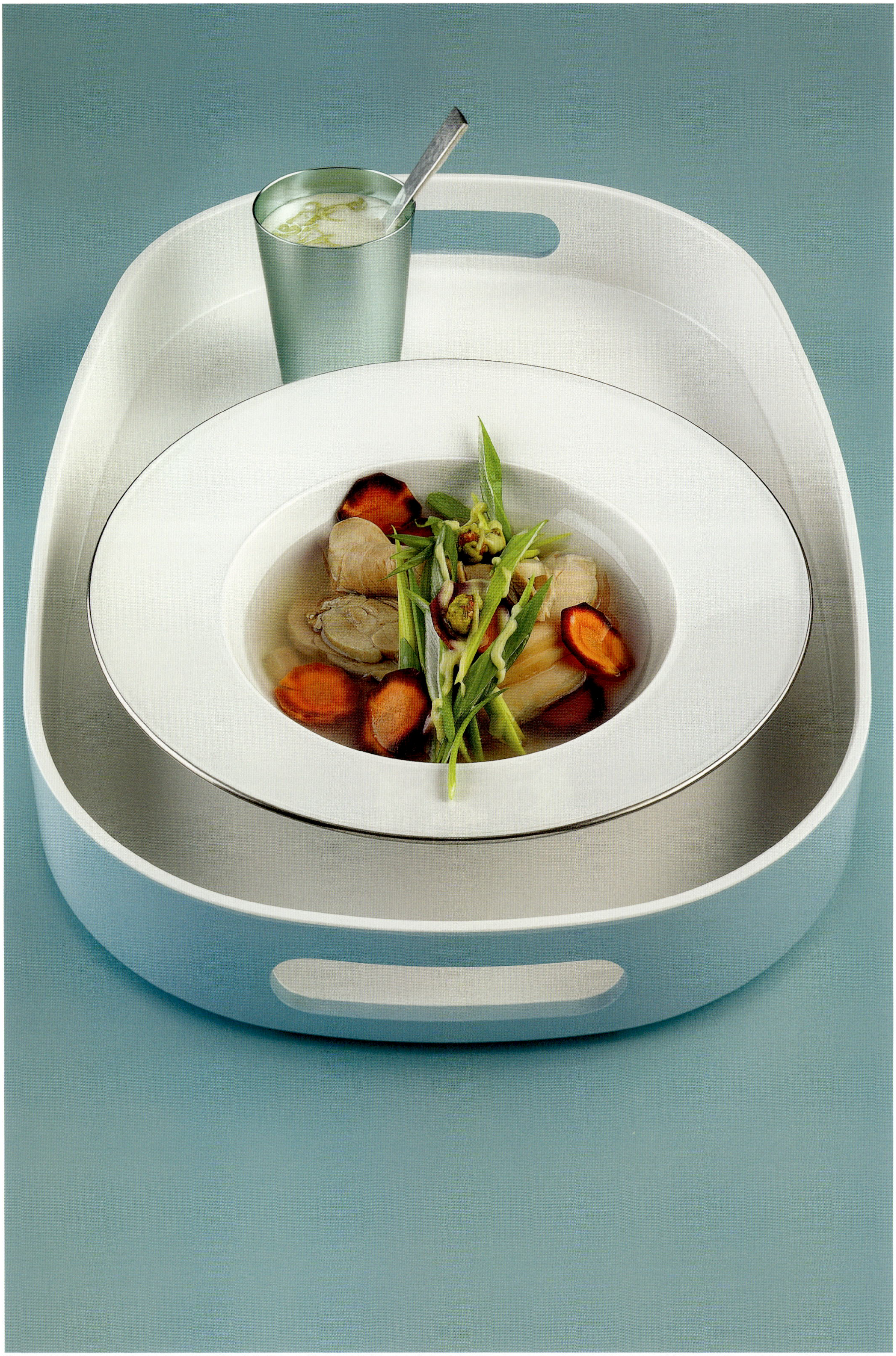

Steirisches Wurzelfleisch mit weißem Schoko-Wasabi-Schaum

Zutaten für 4 Personen

1,2 kg Schopf (Nacken) vom Mangalizaschwein (vom Neusiedler See) oder vom Spanferkel
250 ml Weißwein
250 ml Weißweinessig
2 Lorbeerblätter
4 Pfefferkörner
2 Wacholderbeeren
2 Knoblauchzehen
Salz
4 Karotten
2 violette Karotten
100 g Staudensellerie
2 Frühlingszwiebeln
250 ml Sahne
50 g weiße Schokolade
1 TL Wasabipaste (erhältlich im Asialaden)
weißer Pfeffer aus der Mühle

Zubereitungszeit: ca. 1 1/2 Stunden

1. Das Schweinefleisch in einen Topf mit kaltem Wasser legen und langsam zum Kochen bringen. Den Weißwein und den Weißweinessig hinzufügen, dann die Lorbeerblätter, die Pfefferkörner, die Wacholderbeeren und die geschälten, zerdrückten Knoblauchzehen dazugeben. Die Brühe salzen.
2. Die Karotten, die violetten Karotten, den Staudensellerie und die Frühlingszwiebeln schälen und in Streifen schneiden. Das Gemüse nach der Hälfte der Kochzeit (nach ca. 30 Minuten) in den Fond geben und langsam köcheln lassen, bis das Fleisch weich ist.
3. Das Fleisch aus dem Fond nehmen, 250 ml des Fonds abmessen und mit der Sahne und der gehackten Schokolade aufkochen. Die Wasabipaste hineinrühren und mit Salz und Pfeffer abschmecken, dann aufmixen.
4. Das Schweinefleisch in Scheiben schneiden, auf 4 Teller verteilen und mit dem gekochten Gemüse belegen.
5. Jede Portion mit etwas heißem Fond begießen und mit Schoko-Wasabi-Schaum anrichten.

Chili con Carne mit Schokolade

Zutaten für 4 Personen

2 Zwiebeln
4 EL Olivenöl
2 Knoblauchzehen
2 Thaichilischoten
100 g Hühnerbrustfilet
100 g Kalbsfilet
100 g Rinderfilet
100 g Schweinefilet
Salz
1 Dose Schältomaten
1 EL edelsüßes Paprikapulver
100 g rote Bohnen aus der Dose
100 g Maiskörner aus der Dose
5 EL gehackte Edelbitterschokolade (70 % Kakaogehalt)

Zubereitungszeit: ca. 40 Minuten

1. Die Zwiebeln schälen und grob würfeln. Das Olivenöl in einem Topf erhitzen, und die Zwiebeln darin glasig dünsten. Den Knoblauch schälen, ausdrücken und in den Topf geben. Die Chilischoten im Ganzen dazugeben.

2. Das Fleisch komplett in gleich große Würfel schneiden und kurz mitdünsten, dann salzen.

3. Die Schältomaten (mit dem Saft) und das Paprikapulver dazugeben. Dabei die Tomaten zerdrücken.

4. Die Bohnen untermengen, wenn nötig mit etwas Wasser aufgießen. Das Chili bei geringer Hitze 10–12 Minuten köcheln lassen, bis das Fleisch weich ist.

5. Die Maiskörner dazugeben und einige Minuten erwärmen.

6. Das Chili bei Bedarf nochmals mit Salz abschmecken und die gehackte Schokolade untermengen.

Scharf

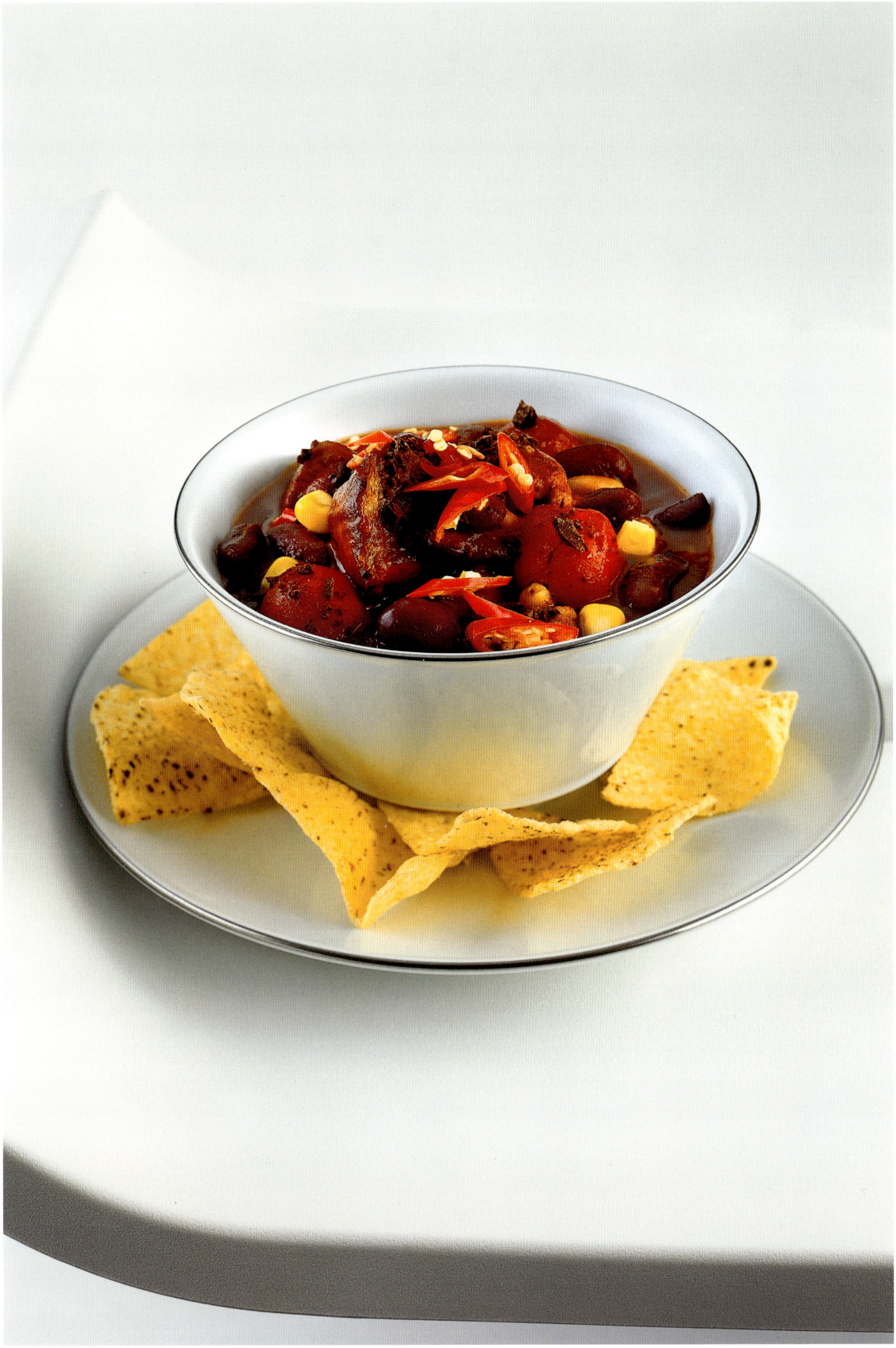

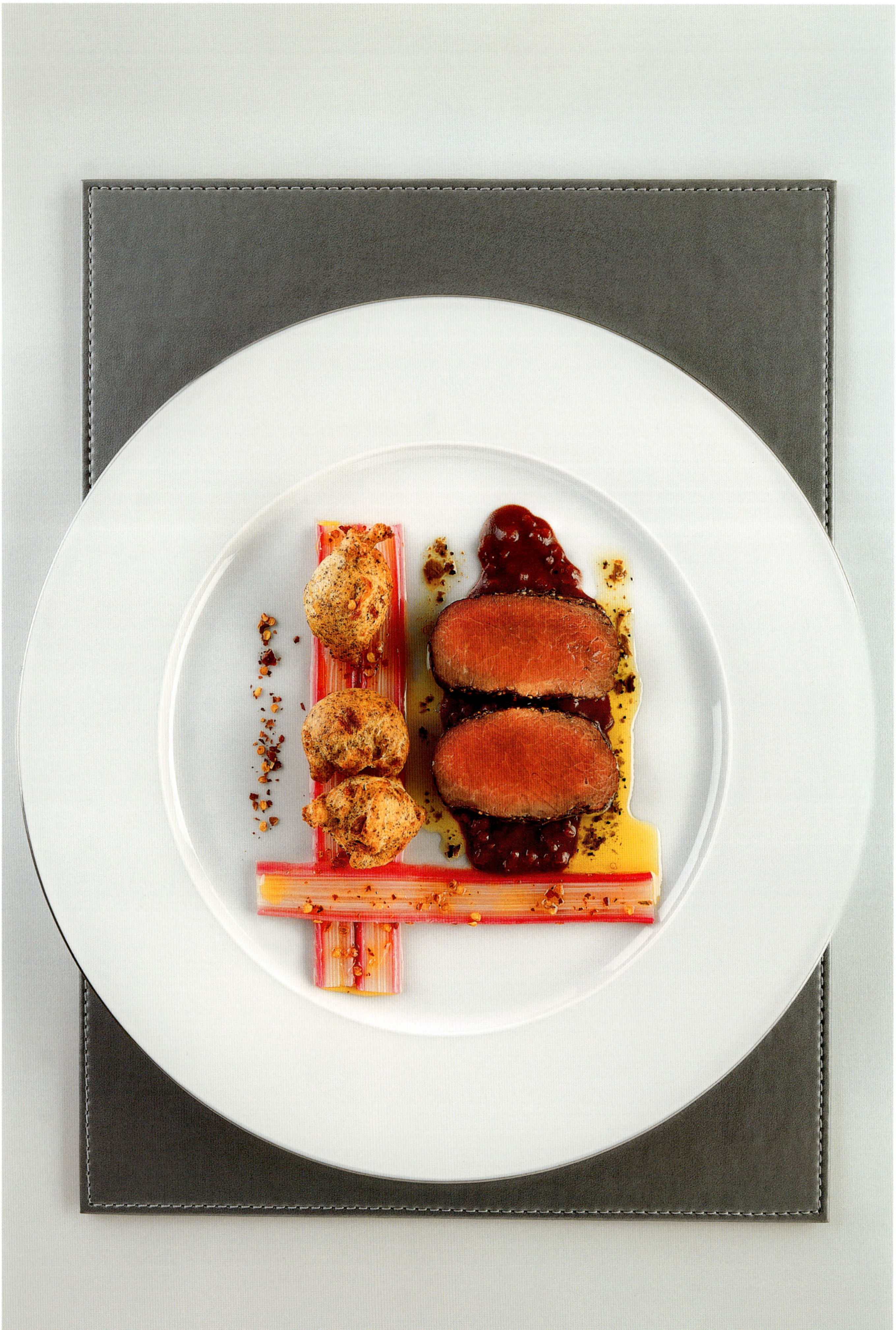

Hirschrücken mit Wurzelsauce und Mohn-Chili-Schoko-Krapfen

Zutaten für 4 Personen

Für die Krapfen

250 ml Milch
1 Würfel frische Hefe
500 g Weizenmehl, Type 405
2 Eier
2 Eigelb
40 g Zucker
50 g Butter
1 Chilischote, entkernt und gehackt
2 EL gemahlene Mohnsamen
2 EL fein gehackte dunkle Kuvertüre (70 % Kakaogehalt)
1 Prise Salz
reichlich Butterschmalz

Für den Hirschrücken

1 kg ausgelöster Hirschrücken
Salz, schwarzer Pfeffer aus der Mühle
2 EL Olivenöl
250 ml trockener Rotwein
1 Zwiebel, geschält und fein gewürfelt
1 Karotte, geschält und fein gewürfelt
100 g Staudensellerie, geputzt und fein gewürfelt
3 Wacholderbeeren, zerdrückt
2 EL Butter

Zubereitungszeit: ca. 80 Minuten

1. Für den Krapfenteig 100 ml Milch erwärmen, bis sie lauwarm ist. Die Hefe hineinbröseln und unter Rühren auflösen. 150 g Mehl hinzufügen, und alles zu einem Vorteig verarbeiten. Diesen mit etwas Mehl bestäuben und zugedeckt an einem warmen Ort ca. 25 Minuten ruhen lassen.

2. Die Eier, die Eigelb und den Zucker schaumig rühren. Diese Mischung mit dem Vorteig, der restlichen leicht warmen Milch, dem restlichen Mehl, der weichen Butter, der gehackten Chilischote, den Mohnsamen, der klein gehackten Kuvertüre und 1 Prise Salz zu einem glatten Teig verkneten. Diesen zugedeckt weitere ca. 25 Minuten ruhen lassen.

3. Den Teig in Stücke von je 30 g teilen und zu Kugeln formen. Die Kugeln leicht flach drücken und zugedeckt 45 Minuten ruhen lassen, bis sich ihr Volumen verdoppelt hat.

4. Das Butterschmalz in einem großen Topf auf 170 °C erhitzen. Die Krapfen portionsweise auf beiden Seiten goldgelb ausbacken. Die fertigen Krapfen mit einem Schaumlöffel herausnehmen und auf Küchenkrepp abtropfen lassen.

5. Den Hirschrücken in 4 gleich große Stücke schneiden, salzen und pfeffern.

6. Das Olivenöl in einer Pfanne erhitzen, und das Fleisch darin von allen Seiten je 1–2 Minuten scharf anbraten.

7. Das Fleisch aus der Pfanne nehmen, auf ein Gitter legen und im auf 140 °C vorgeheizten Backofen ca. 15 Minuten garen.

8. Den Bratensatz in der Bratpfanne mit Rotwein lösen. Die Zwiebel- und Karottenwürfel in die Pfanne geben und mitdünsten. Dann den Staudensellerie und die Wacholderbeeren dazugeben. Die Sauce mit der kalten Butter montieren.

9. Das Fleisch aus dem Backofen nehmen, in Scheiben schneiden und mit der Wurzelsauce und den Krapfen servieren.

Scharf

Grapefruit in Schokolade mit Jalapeños

Zutaten für 4 Personen

4 Grapefruits
3 EL Honig
2 Jalapeños (grüne Chilischoten)
3 cl Rum
250 ml Sahne
50 g Edelbitterschokolade (70 % Kakaogehalt)
Salz
einige Blättchen frische Minze

Zubereitungszeit: ca. 20 Minuten

1. Die Grapefruits schälen, von den weißen Häuten befreien und in Scheiben schneiden.
2. Den Honig in einer kleinen Pfanne karamellisieren, die Grapefruitscheiben hineinlegen und wenden, sodass sie ganz mit dem Karamell bedeckt sind, dann aus der Pfanne nehmen.
3. Die Jalapeños aufschlitzen, entkernen und fein hacken, dann in den Karamell geben und mit dem Rum ablöschen, dann mit der Sahne aufgießen. Gut verrühren.
4. Die Schokolade fein hacken und in den Karamell rühren.
5. Die Grapefruits leicht salzen, dann auf 4 Teller verteilen, mit der Karamellsauce anrichten und etwas frischer Minze dekorieren.

Tipp: Reichen Sie die Grapefruits zu gegrilltem oder kurz gebratenem Lammfleisch.

Karamellisierte Orangen mit Wasabi und Schokoschaum

Zutaten für 4 Personen

4 große Orangen
3 EL Zucker
2 cl Grand Marnier
125 ml Orangensaft
2 EL kalte Butterflocken
1 TL Wasabipulver
(erhältlich im Asialaden)
250 ml Sahne
40 g Edelbitter-
schokolade
(80 % Kakaogehalt)

Zubereitungszeit: ca. 30 Minuten

1. Die Orangen schälen, von den weißen Häuten befreien und in Scheiben schneiden.
2. Den Zucker in einer kleinen Pfanne karamellisieren. Die Orangenscheiben in den Karamell legen und wenden, sodass sie ganz mit Karamell bedeckt sind. Mit dem Grand Marnier ablöschen.
3. Den Orangensaft unter den Karamell rühren, den Karamell dann mit den kalten Butterflocken und dem Wasabipulver vollenden.
4. Die Sahne in einen kleinen Topf geben und aufkochen, dann die fein gehackte Schokolade vorsichtig darin auflösen (nicht mehr kochen) und mit dem Stabmixer aufschäumen.
5. Die Orangenscheiben auf 4 Teller verteilen, mit dem Karamell beträufeln und mit dem Schokoschaum dekorieren.

Jalapeños im Backteig gefüllt mit Cheddar und Schokobruch

Zutaten für 4 Personen

- 16 Jalapeños (grüne Chilischoten)
- 60 g dunkle Kuvertüre (80 % Kakaogehalt)
- 200 g Cheddar
- 4 EL Semmelbrösel
- Salz
- 250 ml Wasser
- 100 g Weizenmehl, Type 405
- 2 Eier
- 2 cl Tequila
- neutrales Pflanzenöl zum Frittieren
- 6 EL griffiges Mehl (z. B. Wiener Griessler)

Zubereitungszeit: ca. 50 Minuten

1. Von den Jalapeños den Deckel mit Strunk einschneiden (aber nicht ganz abschneiden), die Schoten entkernen und von den Scheidewänden befreien.
2. Die Kuvertüre grob hacken. Den Cheddar fein reiben. Die Kuvertüre mit dem Cheddar, den Semmelbröseln und etwas Salz vermengen. Die Mischung in die Jalapeños füllen, den Deckel mit Strunk schließen und kalt stellen.
3. Das Wasser, das Weizenmehl, die Eier und den Tequila zu einem Backteig verrühren.
4. Das Pflanzenöl in einem hohen Topf erhitzen. Die Jalapeños in dem griffigen Mehl wenden, dann durch den Backteig ziehen und sofort schwimmend in dem heißen Öl ausbacken.
5. Die fertigen Jalapeños mit einem Schaumlöffel aus dem Fett nehmen, kurz auf Küchenkrepp abtropfen lassen und heiß servieren.

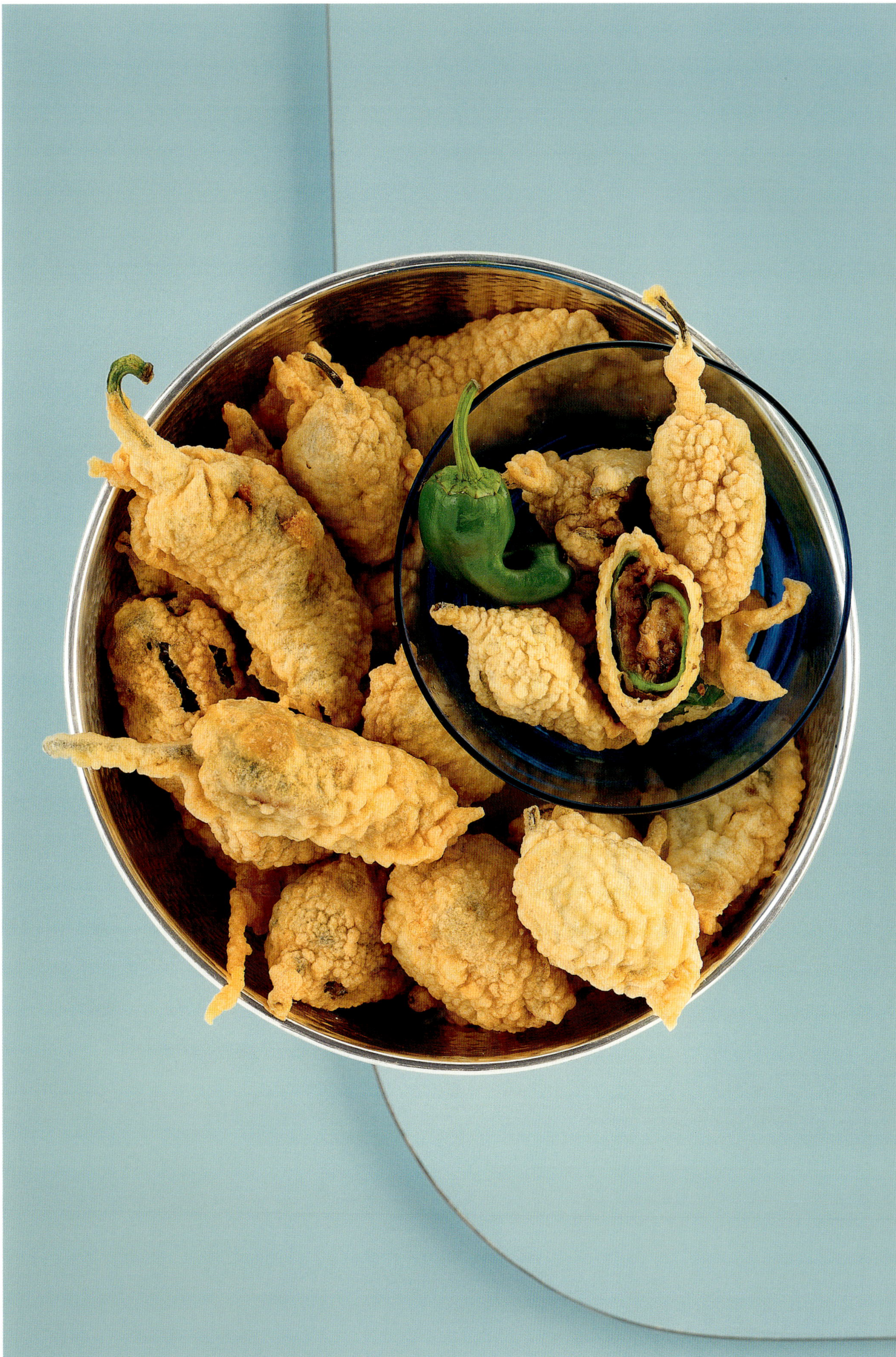

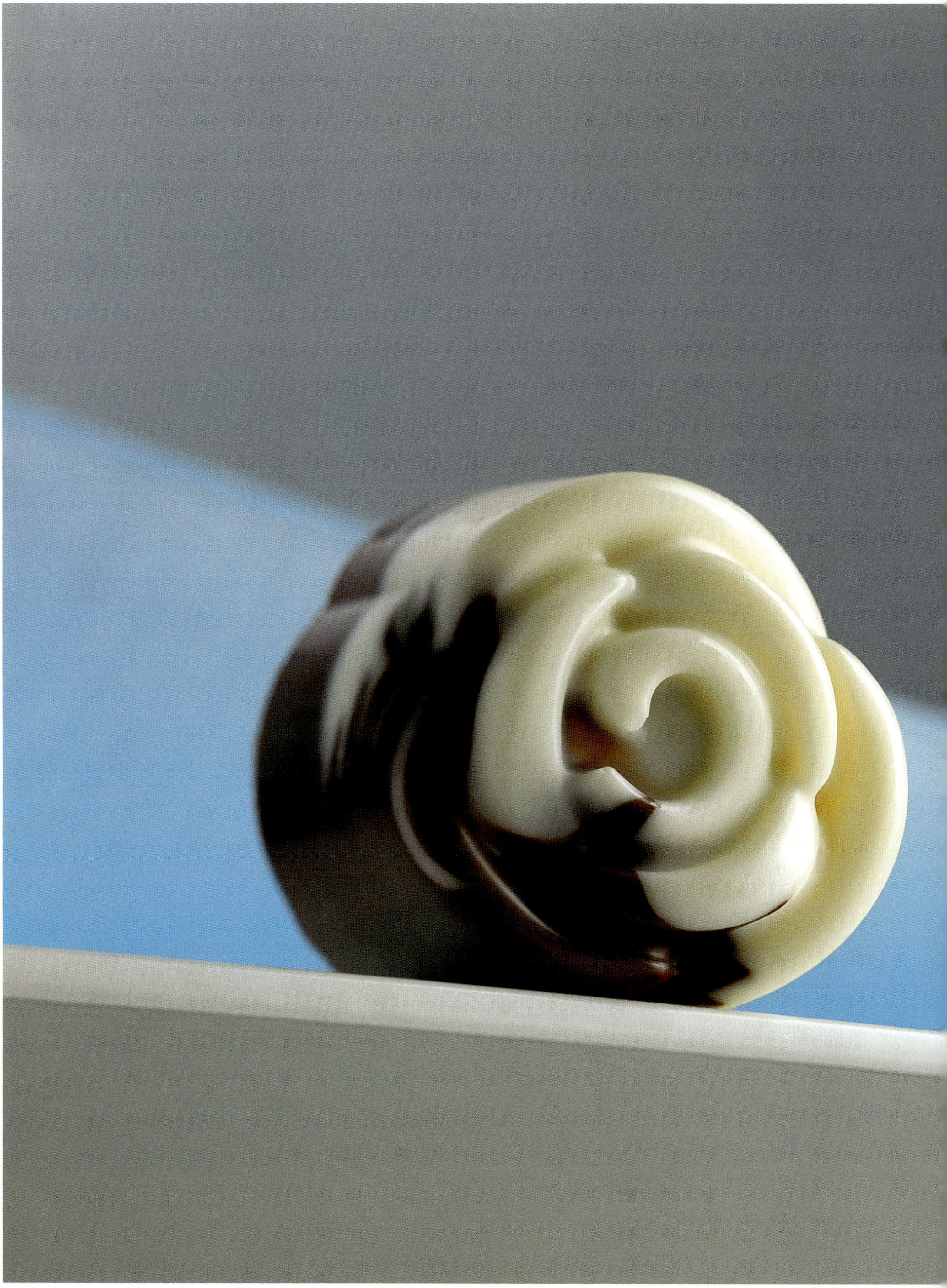

Süß

Schoko-Rahm-Dalken mit Portweinpowidl

Zutaten für 4 Personen

30 g frische Hefe
1 TL Zucker
500 g glattes Weizenmehl, Type 550
250 ml Milch
2 Eigelb
etwas Salz
100 g Butter
etwas geriebene Zitronenschale
30 g gehackte dunkle Kuvertüre (60 % Kakaogehalt)
30 g Kakaopulver
100 g Puderzucker
Butterschmalz zum Ausbacken
200 g Powidl (Pflaumenmus)
125 ml roter Portwein
Puderzucker zum Bestäuben

Zubereitungszeit: ca. 1 1/2 Stunden

1. Die Hefe in eine Tasse bröseln. Den Zucker und wenig Mehl hinzufügen, mit 4 EL lauwarmer Milch begießen und an einem warmen Ort 15 Minuten gehen lassen.

2. Die Eigelb und das Salz mit der weichen Butter und der restlichen Milch verquirlen.

3. Das restliche Mehl, die geriebene Zitronenschale, die gehackte Kuvertüre, das Kakaopulver und den Puderzucker in einer Schüssel vermengen, dann mit der Eigelb-Butter-Milch-Mischung verrühren.

4. Die angesetzte Hefe hinzufügen, und alles zu einem glatten Teig verarbeiten. Die Schüssel zudecken und den Teig bei Zimmertemperatur weitere 30–40 Minuten gehen lassen. (Bis er sein Volumen verdoppelt hat.)

5. Den fertigen Teig zu einer 30 cm langen Rolle drehen, diese in ca. 30 Scheiben schneiden.

6. Das flüssige Butterschmalz in eine Fettpfanne geben (darauf achten, dass die Pfanne gut mit Schmalz gefüllt ist), und die Dalken schwimmend im auf 170 °C vorgeheizten Backofen ca. 20 Minuten ausbacken, dabei einmal wenden.

7. Den Powidl mit dem Portwein glatt rühren. Die fertigen Dalken mit dem Portweinpowidl bestreichen und mit etwas Puderzucker bestäuben.

Schokoladenpizza

Zutaten für 6–8 Personen

500 g Weizenmehl, Type 405
5 Eier
40 g Zucker
20 g frische Hefe
10 ml Wasser
10 g Salz
25 g Kakaopulver
500 g Butter
120 g Rohrzucker
125 ml Sahne
150 g gehackte Edelbitterschokolade (70 % Kakaogehalt)

Zubereitungszeit: ca. 2 Stunden

1. Das Mehl mit den Eiern, dem Zucker, der Hefe, dem Wasser, dem Salz und dem Kakaopulver vermengen, dann in der Küchenmaschine mit Knethaken zu einem Teig verarbeiten. Dabei stückchenweise 350 g weiche Butter einarbeiten. Den Teig so lange kneten, bis er sich vom Schüsselrand löst.
2. Die Schüssel zudecken, und den Teig bei Zimmertemperatur so lange gehen lassen, bis er sein Volumen verdoppelt hat. Dann den Teig nochmals durchkneten.
3. Den fertigen Teig auf einem Backblech zu einem Boden ausrollen, nochmals kurz gehen lassen.
4. Den Teig mit dem Rohrzucker und den haselnussgroßen restlichen Butterstücken bestreuen, dann im auf 170 °C vorgeheizten Backofen 20–30 Minten backen.
5. Nach der Hälfte der Backzeit die Pizza mit der Sahne begießen.
6. Die fertige Pizza mit der gehackten Schokolade bestreuen und servieren.

Tipp: Dazu passt Vanilleeis.

»Gundel Palatschinken 2009«

Zutaten für 4 Personen

5 Eier
250 ml Milch
100 g Weizenmehl, Type 405
1 EL Zucker
200 g Bitterschokolade mit Nüssen (70 % Kakaogehalt)
2 cl brauner Rum
475 ml Schlagsahne
3–4 EL Butter zum Ausbacken
50 g gehackte Walnusskerne
8 EL Schlagsahne
etwas Schokoladensauce zum Verzieren

Zubereitungszeit: ca. 40 Minuten plus 2 Stunden Kühlzeit

1. 4 Eier mit der Milch, dem gesiebten Mehl und dem Zucker zu einem Palatschinkenteig verrühren und 10 Minuten ruhen lassen.
2. Die Nussschokolade in Stücke brechen, in einen kleinen Topf geben und über dem warmen Wasserbad schmelzen lassen.
3. Das letzte Ei mit dem Rum verquirlen und zügig unter die flüssige Schokolade rühren, dann abkühlen lassen.
4. 350 ml Sahne steif schlagen und unter die Schokoladencreme heben. Die Creme 2 Stunden im Kühlschrank erkalten lassen.
5. Die restlichen 125 ml Sahne steif schlagen.
6. Die Butter in einer Pfanne erhitzen, und nacheinander 8 Palatschinken darin ausbacken.
7. Die Palatschinken mit der Schokoladencreme bestreichen und zusammenfalten. Mit den gehackten Walnusskernen bestreuen und mit je 1 EL Schlagsahne und etwas Schokoladensauce verzieren.

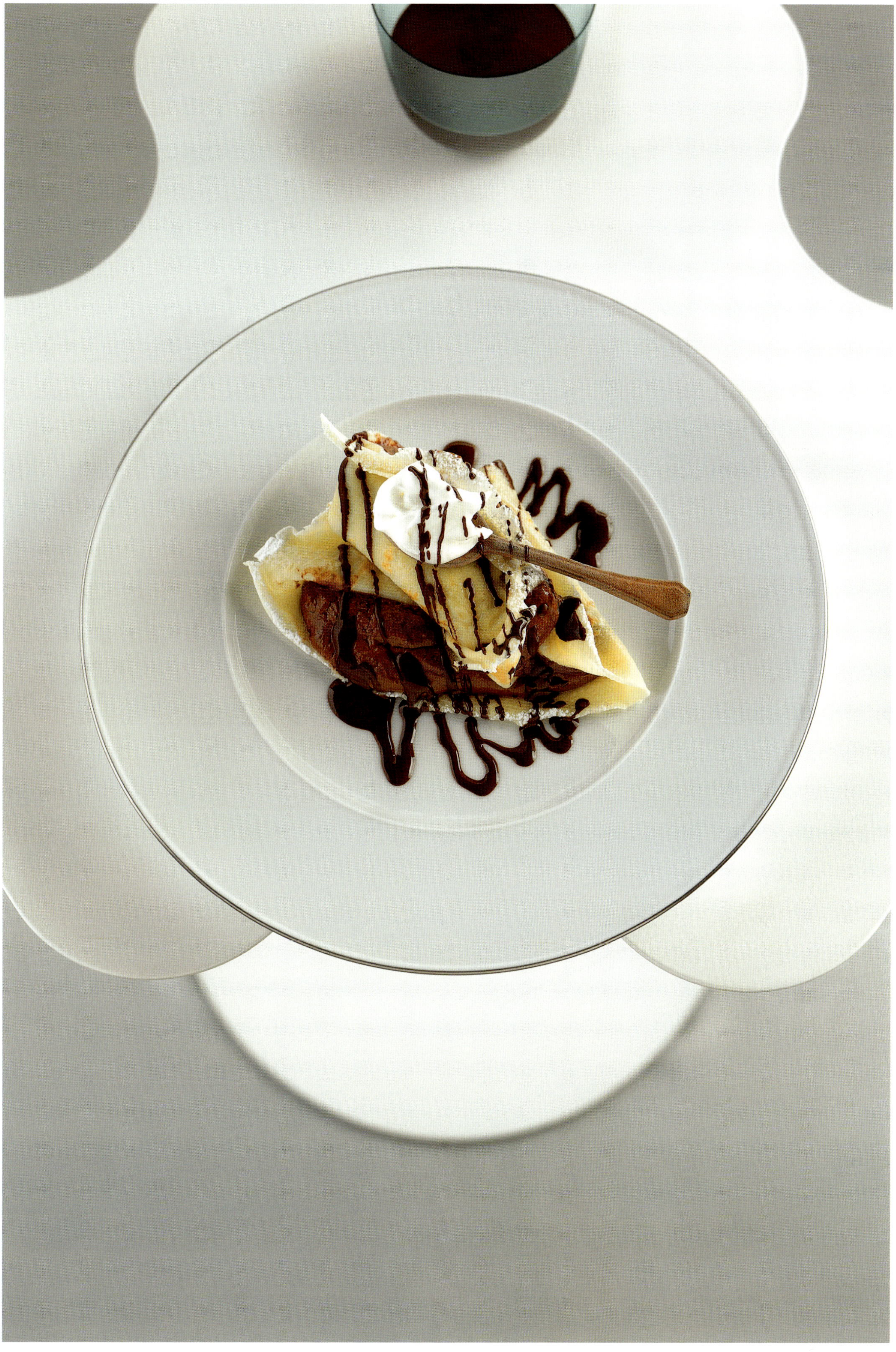

Nuss-Schmarrn mit Zimt-Schoko-Sauce

Zutaten für 4 Personen

4 Eier
375 ml Milch
3 EL Kristallzucker
4 EL grob gehackte Walnusskerne
70 g Weizenmehl, Type 405
6 EL Butter
2 Zimtstangen
250 ml Sahne
50 g Edelbitterschokolade (65 % Kakaogehalt)
1 EL Rohrzucker
Puderzucker zum Bestäuben

Zubereitungszeit: ca. 50 Minuten

1. Die Eier trennen. Die Eigelb mit 125 ml Milch verquirlen.
2. Die Eiweiß mit dem Kristallzucker steif schlagen.
3. Die gehackten Walnusskerne in einer Pfanne ohne Fettzugabe goldbraun rösten.
4. Die gerösteten Walnüsse und das Mehl mit der Eigelb-Milch-Mischung verrühren. Dann den Eischnee vorsichtig darunterheben, sodass ein Schmarrnteig entsteht.
5. Von der Butter 3 EL beiseite stellen. Den Rest in einer ofenfesten Pfanne zerlaufen lassen, dann den Schmarrnteig in die Pfanne füllen. Den Schmarrn 12 Minuten im auf 175 °C vorgeheizten Backofen backen.
6. Die Zimtstangen in der Mitte auseinanderbrechen und mit der restlichen Milch (250 ml) und der Sahne aufkochen. Den Topf vom Herd nehmen und die Zimtmilch 10 Minuten ziehen lassen. Dann die Zimtstangen herausnehmen.
7. Die gehackte Schokolade und den Rohrzucker in die Zimtmilch geben und mit dem Stabmixer aufmixen.
8. Den Schmarrn aus dem Rohr nehmen, mit 2 Gabeln in Stücke reißen und mit Puderzucker und den restlichen 3 EL Butter karamellisieren.
9. Den Nuss-Schmarrn mit der Zimt-Schoko-Sauce servieren.

Baumkuchenschnitte mit Haselnuss-Schoko-Creme und Krokant

Zutaten für 6–8 Personen

200 g Butter
200 g Zucker
1 Päckchen Vanillinzucker
3 Eier
150 g Weizenmehl, Type 405
75 g Maisstärke
4 EL Milch
4 EL Zitronensaft
100 g dunkle Kuvertüre (60 % Kakaogehalt)
150 g Nougatmasse
70 g geröstete, gehackte Haselnusskerne
80 g Haselnusskrokant (Fertigprodukt)
400 g Sahne

Zubereitungszeit: ca. 2 Stunden plus 2 1/2 Stunden Kühlzeit

1. Die weiche Butter in einer großen Rührschüssel mit dem Handrührgerät auf höchster Stufe schaumig schlagen, dann den Zucker und den Vanillinzucker unterrühren.

2. Die Eier einzeln langsam in den Teig rühren. (Jedes Ei etwa 1 Minute.) Das Mehl mit der Maisstärke mischen, durchsieben und esslöffelweise in den Teig rühren. Die Milch und den Zitronensaft in den Teig rühren, bis er reißend vom Löffel fällt.

3. Eine dünne Schicht (1 mm) des Teigs in eine mit Backpapier ausgelegte Kastenform streichen. Den Teigboden im auf 220 °C vorgeheizten Backofen (Oberhitze) 6–7 Minuten goldbraun backen.

4. Auf den fertigen Boden eine zweite dünne Teigschicht streichen, und diese erneut im auf 220 °C vorgeheizten Backofen (Oberhitze) goldbraun backen. Auf diese Weise weitermachen, bis der Teig verbraucht ist.

5. Die Kuvertüre in Stücke hacken und mit der zerbröckelten Nougatmasse in einem kleinen Topf über dem warmen Wasserbad schmelzen. Die Haselnüsse und den Krokant in die geschmolzene Kuvertüre rühren und abkühlen lassen.

6. Die Sahne halb steif schlagen und unter die Haselnuss-Schoko-Creme heben. Die Creme 90 Minuten kalt stellen.

7. Den fertigen Baumkuchen der Länge nach in drei Teile schneiden, mit der Haselnuss-Schoko-Creme bestreichen, 1 Stunde kalt stellen, dann aufschneiden und servieren.

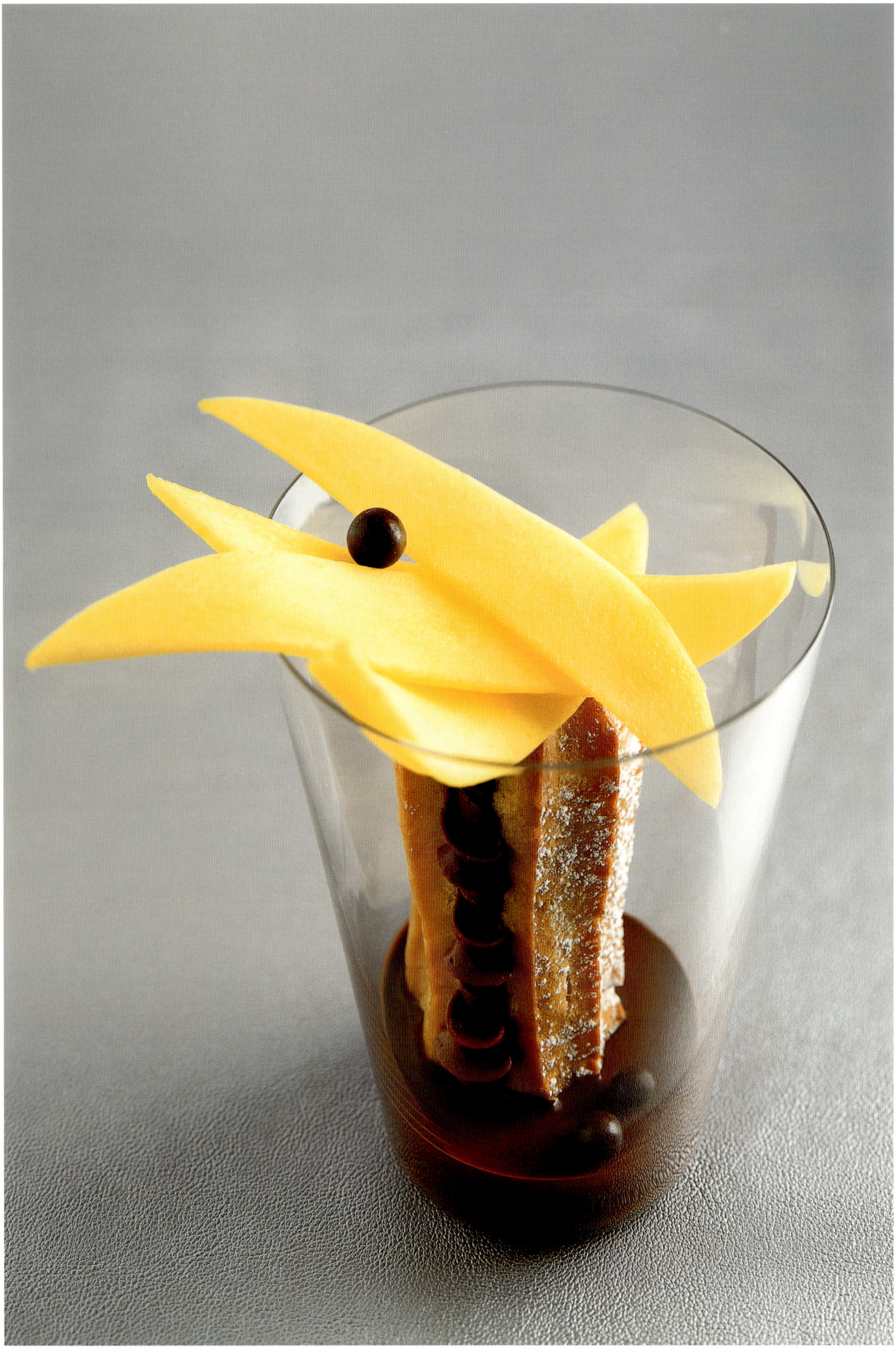

Schokoladen-Mango-Eclairs

Zutaten für ca. 16 Eclairs

250 ml Wasser
50 g Butter
1 Prise Salz
200 g Weizenmehl, Type 550
5 Eier
1 Packung Schokoladenpuddingpulver
500 ml Milch
50 g Zucker
125 g Crème fraîche
2 reife Mangos
100 g Edelbitterschokolade (80 % Kakaogehalt)

Zubereitungszeit: ca. 50 Minuten

1. Das Wasser mit der Butter und dem Salz in einen breiten Topf geben und sprudelnd aufkochen, dann vom Herd nehmen. Das Mehl in die heiße Flüssigkeit sieben und mit dem Schneebesen schnell glatt rühren, damit es nicht klumpt.

2. Den Topf wieder auf die Herdplatte stellen, und den Teig bei geringer Hitze zu einem Klumpen rühren.

3. Den Topf erneut vom Herd nehmen, und das erste Ei in den Teigkloß rühren. Den Teig 5 Minuten abkühlen lassen, dann einzeln die restlichen Eier hineinrühren. (Jedes Ei muss ganz verarbeitet sein, bevor das nächste eingerührt wird.) Den Brandteig auf diese Weise fertigstellen.

4. Den Teig in einen Spritzbeutel mit weiter Tülle füllen und in fingerlangen Streifen (Eclairs) auf ein mit Backpapier belegtes Backblech spritzen.

5. Die Eclairs im auf 220 °C vorgeheizten Backofen ca. 35 Minuten backen. Während der ersten 20 Minuten darf der Backofen nicht geöffnet werden, da der Teig sonst zusammenfällt. Die Eclairs herausnehmen, abkühlen lassen.

6. Den Schokoladenpudding mit der Milch und dem Zucker laut Packungsangabe zubereiten, dann abkühlen lassen und gut umrühren, dann mit der Crème fraîche verquirlen.

7. Beide Mangos schälen, die Kerne lösen. 1 Mango in Spalten schneiden und beiseite stellen. Die andere Mango fein würfeln. Die Mangowürfel unter den Pudding rühren.

8. Die Eclairs mit einem scharfen Messer der Länge nach durchschneiden. Die Hälfte der Eclairs mit dem Schokoladen-Mango-Pudding bestreichen, dann die unbestrichenen Eclairs daraufsetzen. Die Eclairs mit der geschmolzenen Schokolade und den Mangospalten servieren.

Pinienkern-Schokoladen-Tarte mit Dörrmarillen

Zutaten für 1 Tarte

250 g dunkle Kuvertüre (70 % Kakaogehalt)
200 g Butter
5 Eier
70 g Zucker
3 EL Pinienkerne
80 g Dörrmarillen (Trockenaprikosen)
200 g TK-Blätterteig

Zubereitungszeit: ca. 1 Stunde

1. Die Kuvertüre in Stücke hacken, mit der Butter in eine Schüssel geben und über dem warmen Wasserbad unter ständigem Rühren schmelzen.

2. Die Eier und den Zucker unter die geschmolzene Kuvertüre rühren, bis eine glatte Creme entsteht.

3. Die Pinienkerne in eine Pfanne geben und ohne Fettzugabe goldbraun rösten.

4. Die Dörrmarillen fein hacken und mit den gerösteten Pinienkernen unter die Schokoladencreme mengen.

5. Den aufgetauten Blätterteig in eine gefettete Springform (ca. 20–22 cm Durchmesser) legen, mit einer Gabel mehrmals einstechen und im auf 220 °C vorgeheizten Backofen ca. 6–8 Minuten backen.

6. Die Schokoladencreme auf den Blätterteigboden geben, glatt streichen und bei 180 °C im Backofen (Umluft) ca. 30 Minuten fertig backen. Warm servieren.

Tartelette von der Himbeere und Orangenschokolade

Zutaten für 6 Personen

330 g TK-Blätterteig
300 g dunkle Kuvertüre (60 % Kakaogehalt)
200 g Butter
4 Eier
3 Eigelb
1 Orange (unbehandelt)
1 EL Weizenmehl, Type 405
200 g TK-Himbeeren

Zubereitungszeit: ca. 1 Stunde

1. Den aufgetauten Blätterteig ausrollen, in eine Springform (ca. 24 cm Durchmesser) legen und mit einer Gabel mehrmals einstechen. Den Teig im auf 220 °C vorgeheizten Backofen ca. 6 Minuten goldbraun backen.
2. Die Kuvertüre in Stücke hacken, mit der Butter in eine Schüssel geben und über dem warmen Wasserbad unter Rühren schmelzen.
3. Die Eier und die Eigelb mit Saft und den fein gehackten Zesten der Orange unter die Kuvertüre-Butter-Mischung geben. Dann das Mehl hineinstäuben und verrühren.
4. Die aufgetauten und abgetropften Himbeeren auf dem Blätterteig verteilen, dann die Schokocreme darüberstreichen.
5. Die Tartelette im auf 220 °C vorgeheizten Backofen ca. 12 Minuten backen, dann lauwarm servieren.

Schoko-Praliné-Tarte

Zutaten für 14–16 Stück

neutrales Öl zum Bestreichen der Form
500 ml Sahne
1 Prise Salz
250 g Edelbitterschokolade (70 % Kakaogehalt)
250 g Edelbitterschokolade mit cremiger dunkler Ganachefüllung (70 % Kakaogehalt)
80 g weiche Butter
2 Eigelb
1 Prise Zimt
1 Vanilleschote
etwas Abrieb von der Tonkabohne
Kakaopulver zum Bestreuen

Zubereitungszeit: ca. 30 Minuten plus 5 Stunden Kühlzeit

1. Eine Tortenspringform (ca. 24 cm Durchmesser, am besten mit Glas- oder Keramikboden) dünn mit Öl bepinseln und bis zum Einfüllen des Teigs kalt stellen.
2. Die Sahne mit einer Prise Salz in einen Topf geben und langsam erwärmen.
3. Beide Schokoladen grob hacken, und in der warmen Sahne schmelzen, dabei gut umrühren.
4. Den Topf von der Herdplatte nehmen, die weiche Butter zugeben, etwas schmelzen lassen und dann verrühren.
5. Die Eigelb (sie sollten Zimmertemperatur haben) einzeln unterziehen.
6. Die Schokocreme mit dem Zimt, dem ausgekratzten Vanillemark und dem Tonkabohnenabrieb würzen.
7. Die Creme leicht abkühlen lassen, in die vorbereitete Tortenform füllen, zudecken und mindestens 4 bis 5 Stunden (am besten über Nacht) kalt stellen.
8. Den Tortenrand lösen, die Tarte mit Kakaopulver bestreuen und mit einem in warmes Wasser getauchten Messer in kleine Portionsstücke schneiden.

Tipp: Dazu passen Espressosahne (Schlagsahne, mit Instant-Espressopulver verfeinert) oder eingelegte Rumfrüchte.

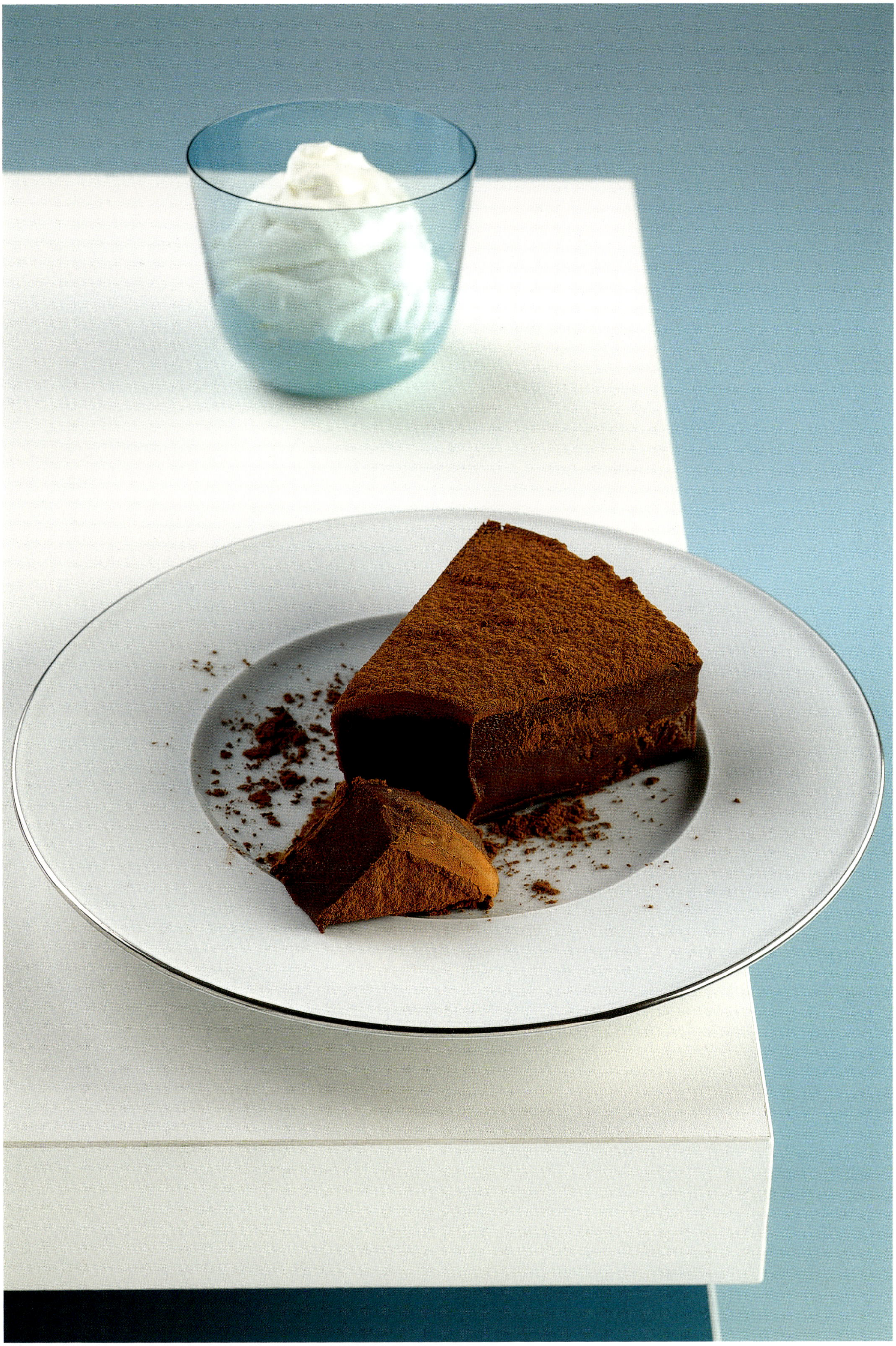

Karamell-Schokoladen-Cremeschnitte

Zutaten für 8 Personen

330 g TK-Blätterteig
200 g Edelbitterschokolade (70% Kakaogehalt)
3 Blatt weiße Gelatine
60 g brauner Zucker
100 ml Milch
1 Ei
500 ml Schlagsahne
etwas Puderzucker zum Bestäuben

Zubereitungszeit: ca. 40 Minuten plus 2 Stunden Kühlzeit

1. Den aufgetauten Blätterteig in 15 x 2,5 cm große Stangen schneiden. (Es sollen 16 Stücke sein.)
2. Die Blätterteigstangen auf ein mit Backpapier belegtes Blech legen, im auf 200 °C vorgeheizten Backofen etwa 10–12 Minuten knusprig backen, dann erkalten lassen.
3. Die Schokolade in Stücke brechen, in einen kleinen Topf geben und über dem warmen Wasserbad schmelzen lassen.
4. Die Gelatine in kaltem Wasser einweichen.
5. Den Zucker ohne Fettzugabe in einem kleinen Topf karamellisieren.
6. Die Milch unter den Karamell rühren, und alles zu einer dickflüssigen Creme einkochen. Die Gelatine ausdrücken und in der Creme auflösen.
7. Den Karamell vorsichtig mit der geschmolzenen Schokolade verrühren, dann das verquirlte Ei unterziehen.
8. Die Schlagsahne halb steif schlagen und vorsichtig unter die Creme heben. Die Creme mindestens 2 Stunden im Kühlschrank kalt stellen.
9. Die Hälfte der Blätterteigstücke dick mit der kalten Creme bestreichen, je 1 Blätterteigstück daraufsetzen und mit Puderzucker bestäuben.

Brownies

Zutaten für 4 Personen

- 200 g Butter
- 180 g Zucker
- 1 Päckchen Vanillinzucker
- 4 Eier
- 225 g dunkle Kuvertüre (70 % Kakaogehalt)
- 80 g Weizenmehl, Type 405
- ½ TL Backpulver
- ½ TL Salz
- 150 g Walnusskerne

Zubereitungszeit: ca. 1 Stunde

1. Die weiche Butter mit dem Zucker, dem Vanillinzucker und den Eiern schaumig schlagen.
2. 75 g der Kuvertüre in Stücke hacken, in eine Schüssel geben und über dem warmen Wasserbad schmelzen. Die geschmolzene Kuvertüre schnell unter die Buttermischung rühren.
3. Das Mehl mit dem Backpulver und dem Salz vermischen, sieben und unter den Schokoteig rühren.
4. 100 g Walnusskerne grob hacken und unter den Schokoteig heben.
5. Den Teig in eine gefettete Kastenform geben und im auf 175 °C vorgeheizten Backofen ca. 35 Minuten backen. Den fertigen Kuchen aus dem Ofen nehmen und erkalten lassen, dann in kleine Quadrate schneiden.
6. Die restliche Kuvertüre (150 g) in Stücke hacken, in eine Schüssel geben und über dem warmen Wasserbad schmelzen. Die erkalteten Brownies damit überziehen und mit den restlichen gehackten Walnusskernen (50 g) bestreuen.

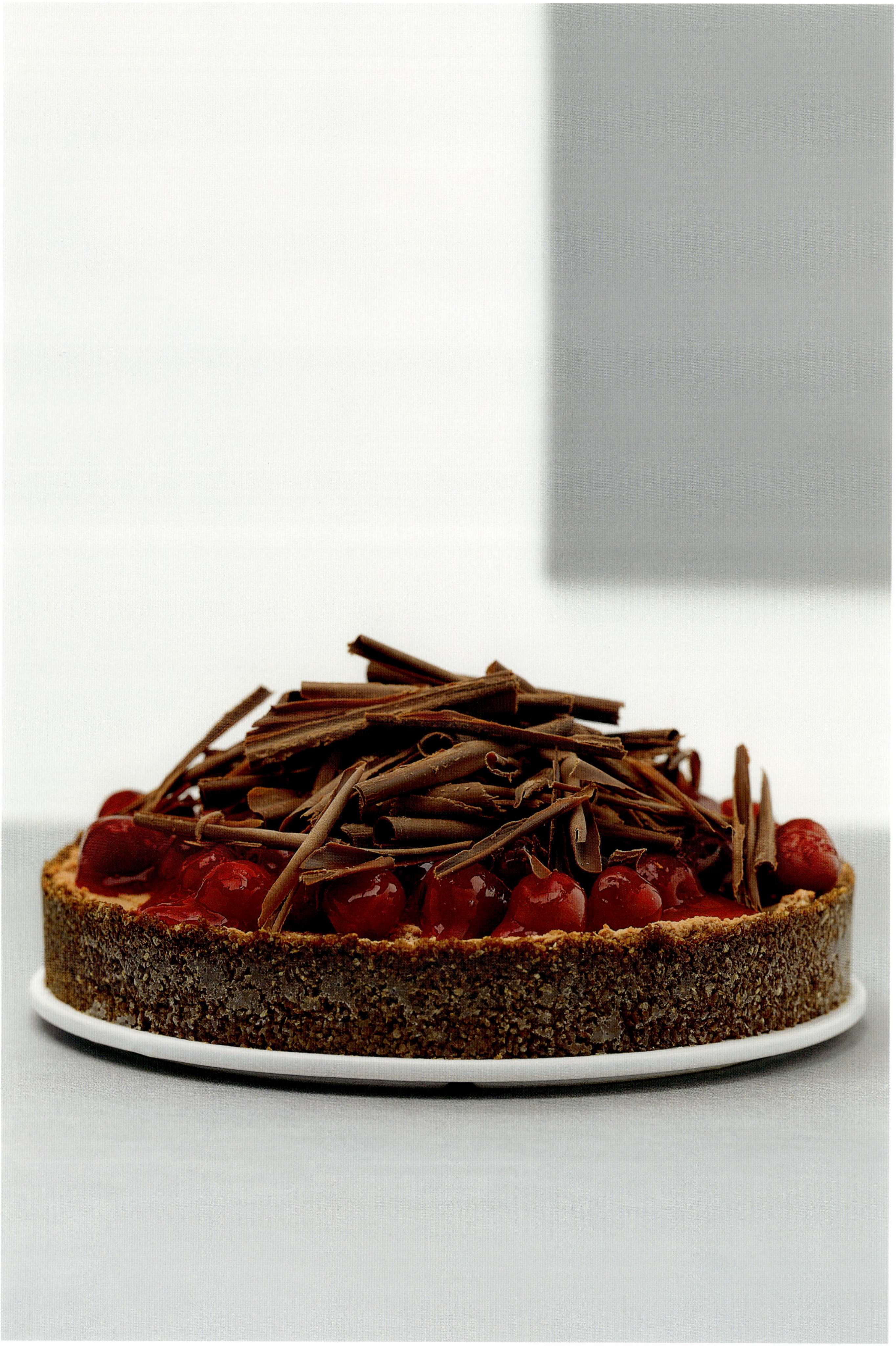

Pumpernickel-Schokoladen-Tarte

Zutaten für ca. 12 Stück

300 g Pumpernickel
200 g Butter
300 g Vollmilchkuvertüre
1 Ei
500 ml Schlagsahne
5 Blatt weiße Gelatine
300 g Sauerkirschen (aus dem Glas)
60 ml roter Portwein
1 TL Orangenzesten
50 g Zucker
100 g dunkle Kuvertüre (80 % Kakaogehalt)

Zubereitungszeit: ca. 45 Minuten plus 2 Stunden Kühlzeit

1. Den Pumpernickel in der Küchenmaschine fein zerkleinern.
2. Die weiche Butter mit dem Pumpernickel vermengen und in eine Springform (ca. 24 cm Durchmesser) füllen. Dabei einen ca. 2 cm hohen Rand formen. Den Boden 25 Minuten im auf 190 °C vorgeheizten Backofen backen. Dann aus dem Ofen nehmen und erkalten lassen.
3. Die Vollmilchkuvertüre vorsichtig über dem heißen Wasserbad schmelzen, dann das verquirlte Ei hineinrühren und die halb steif geschlagene Sahne unterheben.
4. Die Schokoladencreme auf den erkalteten Pumpernickelboden streichen und mindestens 1 Stunde einfrieren.
5. Die Gelatine in kaltem Wasser einweichen.
6. Die Kirschen in ein Sieb gießen, 250 ml des Safts auffangen und mit dem Portwein und den Orangenzesten aufkochen.
7. Die eingeweichten Gelatineblätter in dem Kirsch-Portwein-Saft auflösen.
8. Die Kirschen und den Zucker in den Kirsch-Portwein-Saft rühren und abkühlen lassen.
9. Die Kirsch-Portwein-Creme vor dem Gelieren auf die Schokoladencreme streichen, und die Tarte mindestens 1 weitere Stunde im Gefrierfach fest werden lassen.
10. Die dunkle Kuvertüre raspeln oder Späne davon abziehen. Die fertige Tarte damit dekorieren.

Schokoladenmakronen

Zutaten für 4 Personen

100 g Eiweiß
1 g Weinsteinpulver (erhältlich im Reformhaus oder Bioladen)
30 g Kristallzucker
225 g Puderzucker
40 g Kakaopulver
125 g gemahlene Mandelkerne
3 EL Marillenmarmelade (Aprikosenmarmelade, alternativ Nuss-Nougat-Aufstrich)

Zubereitungszeit: ca. 1 Stunde

1 Die Eiweiß mit dem Weinsteinpulver steif schlagen. Dabei nach und nach den Kristallzucker einrieseln lassen.

2 Den Puderzucker mit dem Kakaopulver vermischen und in eine Schüssel sieben, dann mit den gemahlenen Mandeln vermengen.

3 $1/3$ des Eischnees unter die Mandelmischung rühren, erst dann den restlichen Eischnee unterheben.

4 Den Makronenteig in eine Spritztüte mit glatter Tülle füllen. Ein Backblech mit Backpapier belegen und in regelmäßigen Abständen (ca. 3 cm) Makronen von ca. 2 cm Durchmesser aufspritzen. Die Makronen 20 Minuten bei Zimmertemperatur trocknen lassen.

5 Die Makronen im auf 160 °C (Umluft) vorgeheizten Backofen 10 Minuten backen.

6 Die fertigen Makronen vom Backpapier lösen und trocknen lassen, dann die Hälfte der Makronen auf der glatten Seite mit der Marillenmarmelade oder dem Nuss-Nougat-Aufstrich bestreichen. Jede bestrichene Makrone mit einer unbestrichenen zusammensetzen.

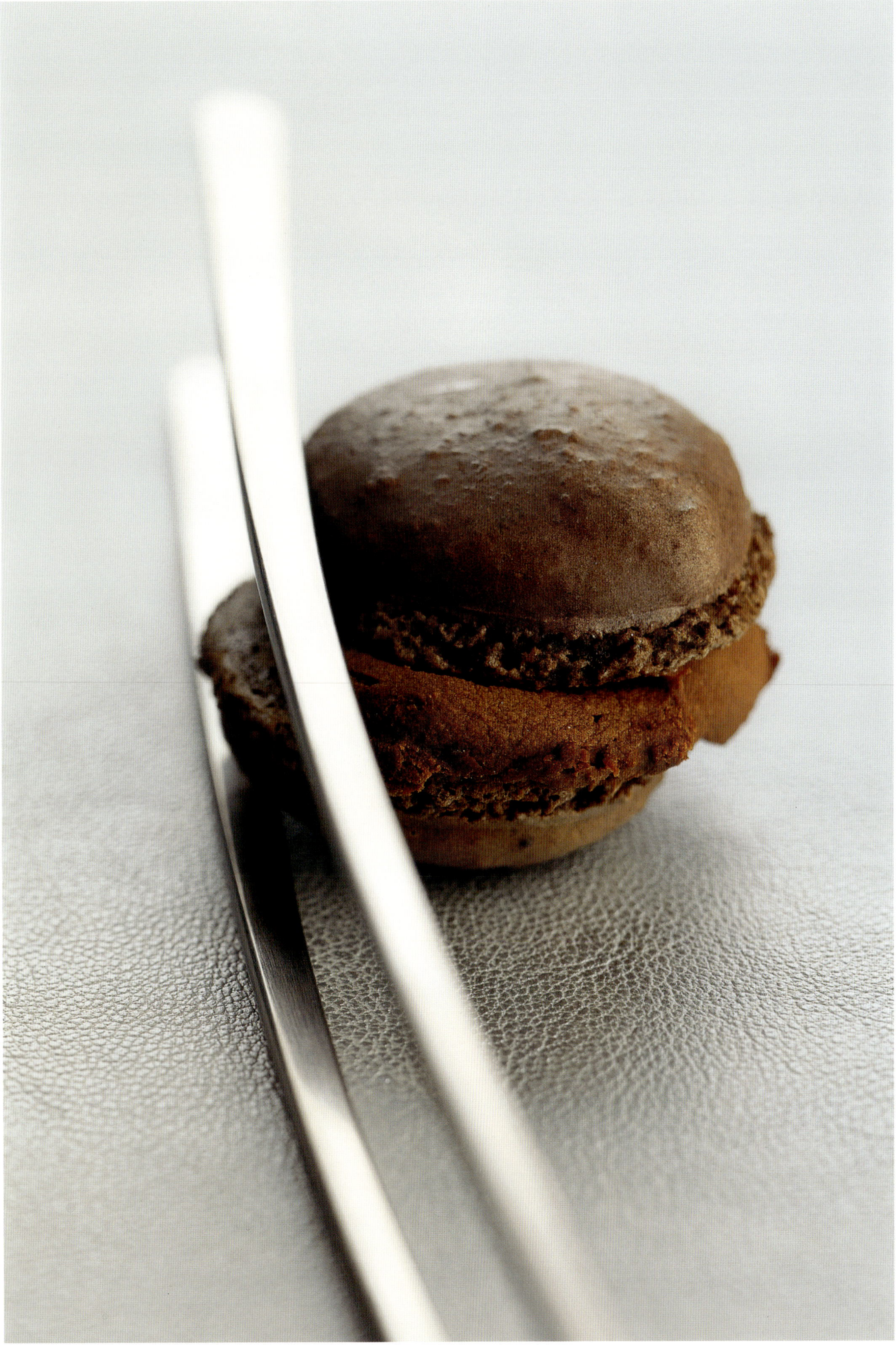

Maronen-Mandel-Koch im Schokobad

Zutaten für 6 Personen

100 g dunkle Kuvertüre (70% Kakaogehalt)
100 g Butter
6 Eier
250 g TK-Kastanienreis oder Kastaniencreme (TK-Produkt)
80 g Zucker
100 g gemahlene Mandelkerne
20 g Semmelbrösel
etwas Butter und Zucker für die Form
300 ml Milch
50 g Vollmilchschokolade
2 EL Puderzucker
2 EL Kakaopulver

Zubereitungszeit: ca. 40 Minuten plus 12 Stunden Auftauzeit

1 Die Kuvertüre in kleine Stücke hacken, in eine Schüssel geben und über dem warmen Wasserbad schmelzen.

2 Die weiche Butter cremig rühren, dann die geschmolzene Kuvertüre unterheben.

3 Die Eier trennen, die Eiweiß beiseite stellen. Die Eigelb einzeln in die Schokocreme rühren.

4 Den über Nacht aufgetauten Kastanienreis (Kastaniencreme) in die Creme rühren.

5 Die Eiweiß mit Zucker zu steifem Schnee schlagen und unter die Schoko-Kastanien-Masse ziehen. Dann die gemahlenen Mandeln und die Semmelbrösel unterheben.

6 Eine Auflaufform (ca. 20 x 20 cm) buttern und mit Zucker ausstreuen. Den Teig in die Form füllen und im auf 170 °C vorgeheizten Backofen ca. 20 Minuten backen.

7 Die Milch in einen Topf geben und erwärmen. Die in Stücke gebrochene Vollmilchschokolade, den gesiebten Puderzucker und das gesiebte Kakaopulver darin auflösen, aufkochen und mit dem Stabmixer aufmixen. Den Maronen-Mandel-Koch in tiefe Teller geben, das Schokobad darübergeben und servieren.

Mandel-Schoko-Karamell

Zutaten für ca. 40 Stück

300 ml Sahne
200 g Butter
1 Vanilleschote
1 Prise Salz
10 g Backpulver
250 g Zucker
50 g Glukose (Dextrose, erhältlich in der Apotheke)
100 ml Wasser
200 g dunkle Kuvertüre (70 % Kakaogehalt)
180 g gehackte, geröstete Mandelkerne

Zubereitungszeit: ca. 30 Minuten plus 3 Stunden Kühlzeit

1. Die Sahne in einen Topf geben. Die weiche Butter, das ausgekratzte Vanillemark, das Salz und das Backpulver hinzufügen, und alles aufkochen. Den Topf vom Herd nehmen, und die Vanillesahne ziehen lassen.
2. Den Zucker und die Glukose in das Wasser rühren und bei 145 °C aufkochen.
3. Diesen Glukosesirup mit der Vanillesahne vermengen, dann die fein gehackte Kuvertüre unterheben.
4. Die Creme nochmals auf 118 °C aufkochen, dabei gut rühren. Dann die Mandeln unterheben.
5. Den Karamell in eine rechteckige Form gießen und mindestens 1 Stunde im Kühlschrank erkalten lassen.
6. Den erkalteten Karamell mit einem in heißes Wasser getauchten Messer in Scheiben schneiden und servieren.

Mousse au Chocolat

Zutaten für 4 Personen

200 g dunkle Kuvertüre
(70 % Kakaogehalt)
50 g Vollmilchkuvertüre
(34 % Kakaogehalt)
1 Ei
1 Eigelb
1 EL Kakaopulver
500 g Sahne

Zubereitungszeit: ca. 30 Minuten plus 2 Stunden Kühlzeit

1. Beide Kuvertüresorten in Stücke hacken, in eine Schüssel geben und vorsichtig über dem warmen Wasserbad schmelzen.
2. Das Ei, das Eigelb und das Kakaopulver in die heiße, geschmolzene Kuvertüre rühren.
3. Die Sahne halb steif schlagen und vorsichtig unter die Schokoladencreme heben.
4. Die Mousse mindestens 2 Stunden im Kühlschrank erkalten lassen.

Bittersüße Schokoladenmousse mit Pfefferkirschen

Zutaten für 4 Personen

200 g dunkle Kuvertüre (70 % Kakaogehalt)
50 g Vollmilchkuvertüre (30 % Kakaogehalt)
1 Ei
1 Eigelb
500 ml Sahne
200 g abgetropfte Sauerkirschen (aus dem Glas)
125 ml Orangensaft
1 EL Szechuanpfeffer
2 EL Honig
1 TL Orangenzesten
2 EL Butter

Zubereitungszeit: ca. 30 Minuten plus 2 Stunden Kühlzeit

1. Beide Kuvertüren in Stücke hacken, in einen kleinen Topf geben und über dem warmen Wasserbad schmelzen.
2. Das Ei und das Eigelb rasch unter die flüssige, warme Kuvertüre rühren.
3. Die Sahne halb steif schlagen und vorsichtig unter die Kuvertüre heben.
4. Die Mousse mindestens 2 Stunden im Kühlschrank erkalten lassen.
5. Die Sauerkirschen mit dem Orangensaft, dem gestoßenen Szechuanpfeffer, dem Honig und den Orangenzesten in einen Topf geben und aufkochen. Dann die Butter hineinrühren, und alles abkühlen lassen.
6. Von der erkalteten Mousse mit einem Löffel Nocken abstechen, diese mit den Pfefferkirschen servieren.

Fudge von der Vanilleschokolade mit Limetten-Minze-Erdbeeren

Zutaten für 4 Personen

250 g halbbittere Vanilleschokolade (50 % Kakaogehalt), fein gehackt (alternativ Vollmilchschokolade)
140 g gesüßte Kondensmilch
3 EL Butter
½ TL Vanilleextrakt
1 Prise Salz
200 g Marshmallows
200 g Erdbeeren
2 EL gehackte Minzeblätter
1 Limette

Zubereitungszeit: ca. 30 Minuten plus 2 Stunden Kühlzeit

1. Die gehackte Vanilleschokolade (oder Vollmilchschokolade), die Kondensmilch, 2 EL Butter, das Vanilleextrakt und das Salz in einen Topf geben und vermengen.
2. Die Mischung langsam erwärmen und unter Rühren zu einer geschmeidigen Creme verarbeiten.
3. Den Topf vom Herd nehmen.
4. Die Creme in eine mit Frischhaltefolie ausgelegte Kastenform (ca. 20 x 25 cm) füllen und glatt streichen.
5. Die Marshmallows grob schneiden, mit 1 EL Butter in eine beschichtete Pfanne geben und unter Rühren schmelzen lassen.
6. Die Marshmallowmasse auf die Schokoladencreme streichen. Die beiden Schichten mehrfach längs und quer mit einem Messer einschneiden, damit sie sich etwas vermischen.
7. Den Fudge 2 Stunden im Kühlschrank fest werden lassen.
8. Den abgekühlten Fudge aus der Form stürzen, von der Folie befreien und in Quadrate schneiden.
9. Die Erdbeeren waschen, zupfen, vierteln und in dem mit der gehackten Minze verrührten Limettensaft marinieren.
10. Den Fudge mit den Limetten-Minze-Erdbeeren servieren.

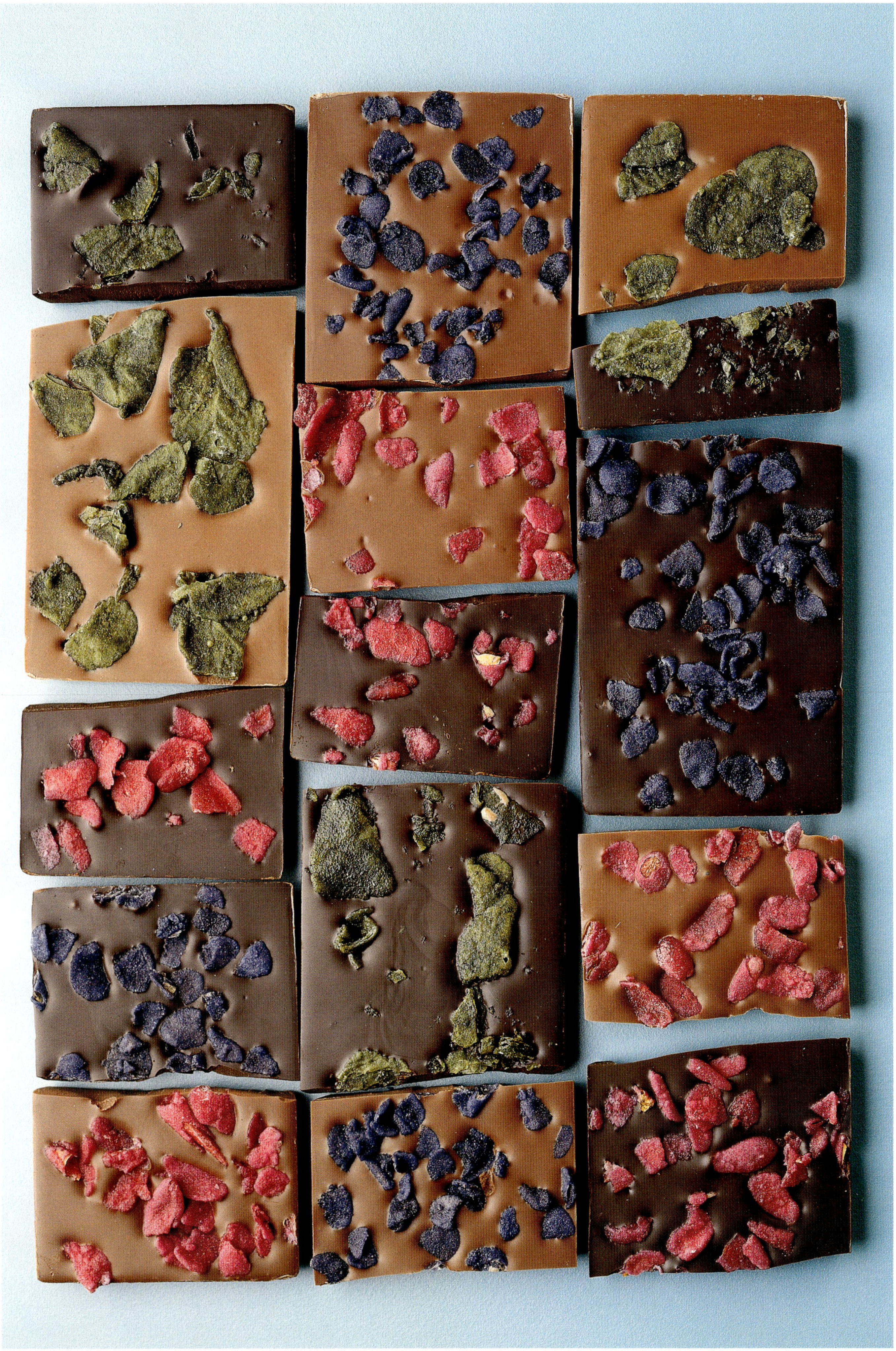

Eisbombe mit Orangen- und Espresso-Schokolade

Zutaten für 6 Personen

400 g weiße Kuvertüre
5 Eiweiß
2 EL Kristallzucker
200 g Sahne
3 TL geriebene Orangenschale
60 ml Orangenkonzentrat (Orangensirup)
1 Tässchen kalter Espresso
1 EL lösliches Kaffeepulver
80 g Edelbitterschokolade (70 % Kakaogehalt)

Zubereitungszeit: ca. ca. 30 Minuten plus 3 Stunden Kühlzeit

1. Die weiße Kuvertüre in Stücke hacken, in einen kleinen Topf geben und über dem warmen Wasserbad schmelzen.
2. Die Eiweiß mit dem Kristallzucker zu steifem Schnee schlagen.
3. Die Sahne halb steif schlagen, dann unter den Eischnee heben.
4. Die Ei-Sahne-Mischung vorsichtig mit der flüssigen Kuvertüre verrühren.
5. Die geriebene Orangenschale in das Orangenkonzentrat rühren. 20 ml des Orangenkonzentrats mit dem Espresso vermischen und das Kaffeepulver darin auflösen, dann mit dem Stiel eines Kochlöffels unter die Sahnecreme rühren, sodass eine Marmorierung entsteht.
6. Das restliche Orangenkonzentrat in die Schüssel über die Orangen-Espresso-Creme geben und erneut mit einem Kochlöffelstiel langsam eine Marmorierung hineinrühren.
7. Die Creme mindestens 3 Stunden im Tiefkühlfach gefrieren lassen.
8. Die dunkle Schokolade fein raspeln. Die Eisbombe aus der Schüssel stürzen, in Spalten schneiden, mit der geraspelten Kuvertüre bestreuen und servieren.

Geeister Mohr im Hemd mit weißem Schokoschaum

Zutaten für 4 Personen

400 g dunkle Kuvertüre (70 % Kakaogehalt)
4 Eiweiß
2 EL Kristallzucker
500 g Sahne
2 EL Kakaopulver
100 g weiße Kuvertüre
2 cl Grand Marnier
100 g Schokoladenbiskuit (Fertigprodukt), zerbröselt

Zubereitungszeit: ca. 30 Minuten plus 2 Stunden Kühlzeit

1. Die dunkle Kuvertüre in Stücke hacken, in eine Schüssel geben und über dem warmen Wasserbad schmelzen.
2. Die Eiweiß mit dem Kristallzucker zu festem Schnee aufschlagen.
3. Von der Sahne 300 g abnehmen und steif schlagen. Die steife Sahne unter den Eischnee heben, dann das Kakaopulver hineinrühren.
4. Die Kakaocreme mit der flüssigen dunklen Kuvertüre vermengen.
5. Die Creme in 4 kleine Auflaufförmchen (ca. 8–10 cm Durchmesser) füllen und mindestens 2 Stunden im Tiefkühlfach erstarren lassen.
6. Von der restlichen Sahne die Hälfte (100 g) abnehmen. Die weiße Kuvertüre fein hacken und in der Sahne und dem Grand Marnier über dem warmen Wasserbad schmelzen.
7. Die restliche Sahne (100 g) steif schlagen und unter die flüssige weiße Kuvertüre heben.
8. Die geeisten Mohren aus den Förmchen stürzen, mit den Biskuitbröseln bestreuen und mit dem weißen Schokoschaum servieren.

Bonbons de Chocolat

Zutaten für ca. 40 Stück

270 ml Schlagsahne

30 g Invertzucker (Zuckersirup)

360 g dunkle Kuvertüre (70 % Kakaogehalt)

60 g Butter

Zubereitungszeit: ca. 20 Minuten plus 2 Stunden Kühlzeit

1. Die Schlagsahne mit dem Invertzucker in einen Topf geben und aufkochen.
2. Die Kuvertüre in kleine Stücke schneiden und in die auf 35 °C abgekühlte Sahne rühren. Dabei etwas Kuvertüre zum Überziehen der Bonbons beiseite stellen.
3. Die zimmerwarme Butter ebenfalls in kleine Stücke schneiden und vorsichtig unter die Schokoladencreme rühren.
4. Die Bonbonmasse in eine mit Klarsichtfolie ausgelegte Kastenform füllen und ca. 2 Stunden im Kühlschrank erkalten lassen.
5. Die Bonbonmasse aus der Form stürzen, von der Folie befreien und in ca. 2 x 2 cm große Würfel schneiden.
6. Die restliche Kuvertüre über dem heißen Wasserbad vorsichtig schmelzen, und die Bonbons damit überziehen.

Kugeln von altem Rum und Kokosschokolade

Zutaten für ca. 50 Kugeln

100 g gemahlene Haselnusskerne
120 g Kokosraspeln
100 g Butter
100 g Puderzucker
100 g fein geriebene dunkle Kuvertüre (70 % Kakaogehalt)
4 EL alter brauner Jamaikarum
etwas Kristallzucker

Zubereitungszeit: ca. 40 Minuten plus 1 Stunde Kühlzeit

1 Die gemahlenen Haselnusskerne und die Kokosraspeln in eine Pfanne geben und leicht anrösten, dann abkühlen lassen.

2 Die Butter schaumig rühren.

3 Den Puderzucker, die geriebene Kuvertüre und den Rum unter die schaumige Butter rühren. Dann die Haselnusskerne und die Kokosraspeln unterheben, und alles zu einer geschmeidigen Masse verrühren.

4 Aus der Schoko-Rum-Masse mit einem Teelöffel kleine Portionen abstechen, und diese zwischen den Handflächen zu Kugeln drehen.

5 Die fertigen Kugeln in etwas Kristallzucker wälzen und mindestens 1 Stunde kalt stellen.

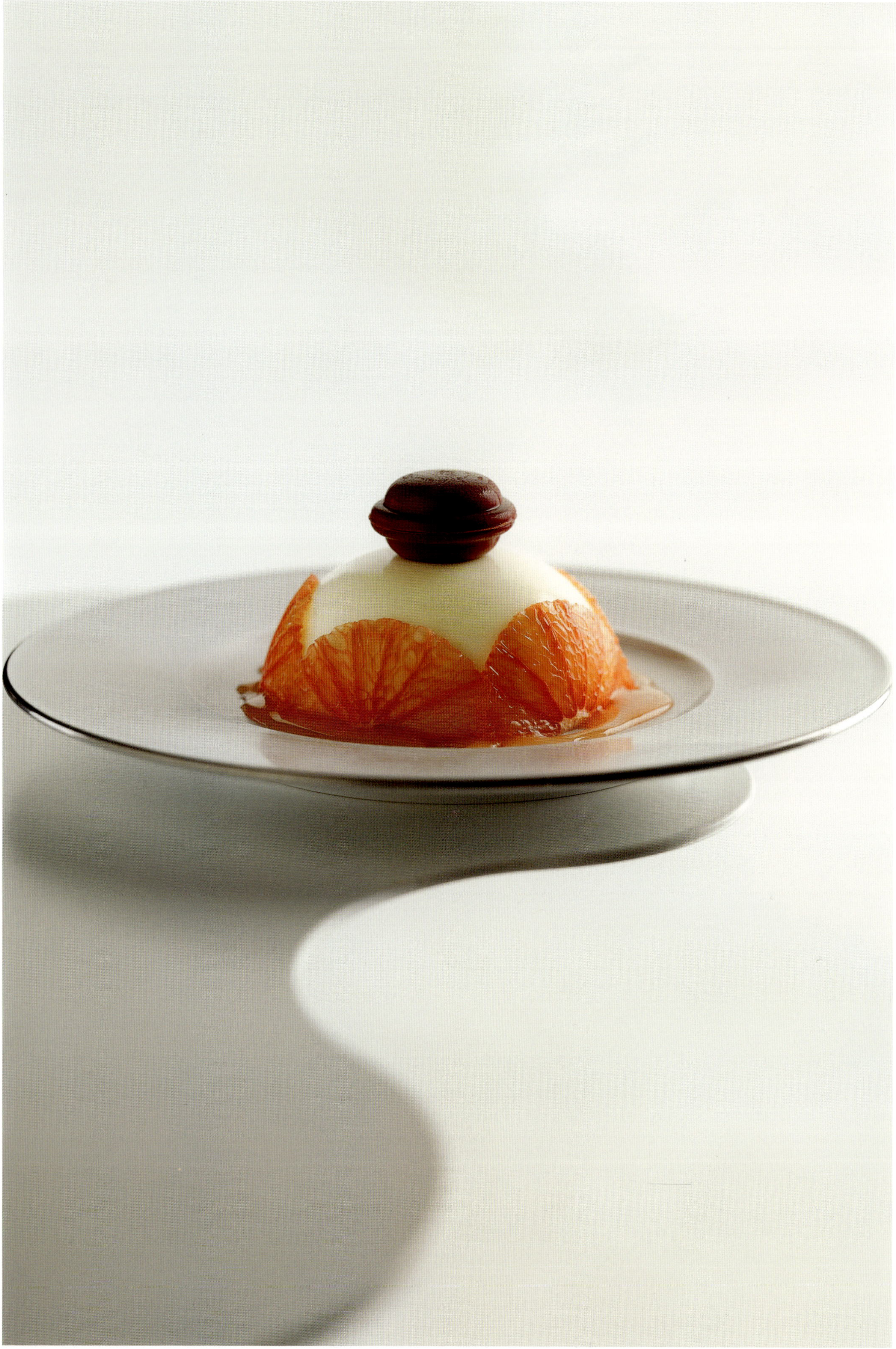

Weiße Schokoladen-Pannacotta mit Grapefruit

Zutaten für 4 Personen

200 g weiße Kuvertüre
500 ml Milch
500 ml Sahne
2 EL Honig
5 Blatt weiße Gelatine
2 cl weißer Rum
3 rosa Grapefruits
2 EL brauner Zucker
2 EL Butter

Zubereitungszeit: ca. 30 Minuten plus 3 Stunden Kühlzeit

1. Die Kuvertüre klein hacken. Die Milch mit der Sahne in einen Topf geben und aufkochen. Dann die ghackte Kuvertüre und den Honig unterrühren, bis sich alles aufgelöst hat.
2. Die Gelatine 5 Minuten in kaltem Wasser einweichen, dann herausnehmen und leicht ausdrücken.
3. Den Rum langsam erhitzen, die Gelatine darin auflösen und sofort unter die Schokocreme rühren.
4. Die Creme in mit kaltem Wasser ausgespülte Dessertförmchen geben und 3 Stunden im Kühlschrank erkalten lassen.
5. Die Grapefruits schälen, von den weißen Häuten befreien und in Scheiben schneiden. $1/2$ Grapefruit auspressen.
6. Den Zucker in einer Pfanne karamellisieren und mit dem Grapefruitsaft ablöschen. Dann die Butter hineinrühren.
7. Den Karamell einkochen, bis er eine honigartige Konsistenz hat, dann die Grapefruitscheiben hineinlegen.
8. Die Panna cotta aus den Förmchen stürzen und mit den Grapefruitscheiben anrichten.

Soufflé von der Schokobanane mit Rum

Zutaten für 4 Personen

6 Eier
250 g Topfen (Quark, 40 % Fettgehalt)
2 EL Maisstärke
2 EL Weizenmehl, Type 405
50 g dunkle Kuvertüre (70 % Kakaogehalt)
100 g Schokobananen (mit Bananenmark gefüllte Schokopralinen)
2 cl weißer Rum
2 EL Kristallzucker
etwas Schokoladensauce zum Garnieren

Zubereitungszeit: ca. 1 Stunde

1. Die Eier trennen. Die Eigelb mit dem Topfen, der Maisstärke und dem Mehl glatt rühren.
2. Die Kuvertüre in Stücke hacken, in eine Schüssel geben und über dem heißen Wasserbad schmelzen.
3. Die Schokobananen fein hacken und mit dem Rum in die geschmolzene Kuvertüre geben. Diese Mischung mit der Topfencreme verrühren.
4. Die Eiweiß mit dem Kristallzucker zu steifem Schnee schlagen. Den Eischnee vorsichtig unter die Schoko-Topfen-Creme heben.
5. Die Soufflémasse in 4 gebutterte und mit Kristallzucker ausgestreute Souffléförmchen füllen. Die Soufflés im auf 190 °C vorgeheizten Backofen 20 Minuten backen.
6. Die Soufflés aus den Förmchen stürzen, mit etwas Schokoladensauce verzieren und servieren.

Wachauer Marillen in Tempura mit Schoko-Nuss-Füllung

Zutaten für 4 Personen

100 g Nougatmasse
50 g gehackte, geröstete Haselnusskerne
8 Marillen (Aprikosen)
100 g griffiges Weizenmehl (z. B. Wiener Griessler), Type 450
2 EL Puderzucker
1 Eiweiß
1 TL Backpulver
etwas kaltes Wasser
reichlich neutrales Fett zum Frittieren

Zubereitungszeit: ca. 20 Minuten

1. Die Nougatmasse glatt rühren und mit den Haselnüssen vermengen.
2. Die Marillen waschen und einen kleinen Deckel abschneiden. Vorsichtig die Steine herauslösen. Die Nougatmasse in die Marillen füllen.
3. Aus dem Mehl, dem Puderzucker, dem Eiweiß, dem Backpulver und etwas kaltem Wasser einen dünnflüssigen Ausbackteig rühren.
4. Die Marillen durch den Teig ziehen und schwimmend in dem heißen Fett frittieren.
5. Die frittierten Marillen auf Küchenkrepp abtropfen lassen und warm servieren.

Gewürz-Schmorapfel mit weißer Schokosauce

Zutaten für 4 Personen

4 Elstar-Äpfel
2 EL Marzipanrohmasse
4 EL Butter
1 EL rosa Pfefferkörner
1 TL frischer Rosmarin
1 TL gemahlener Zimt
3 EL brauner Zucker
4 EL brauner Rum
250 ml Apfelsaft
4 frische Lorbeerblätter
100 g weiße Kuvertüre
200 ml Milch
1 TL Orangenzesten
einige gedünstete Zieräpfel

Zubereitungszeit: ca. 50 Minuten

1. Die Äpfel mit einem Apfelausstecher entkernen und in eine feuerfeste Form geben.
2. Das Marzipan mit 3 EL weicher Butter, den Pfefferkörnern, dem Rosmarin, dem Zimt und dem Zucker verrühren. Die Masse in die Äpfel füllen.
3. Den Rum mit dem Apfelsaft verrühren und mit den Lorbeerblättern um die Äpfel gießen.
4. Die Form 20 Minuten in den auf 180 °C vorgeheizten Backofen stellen. Dabei die Äpfel immer wieder mit dem Rum-Apfel-Sud beträufeln.
5. Die Kuvertüre in kleine Stücke hacken. Die Milch aufkochen, dann die gehackte Kuvertüre hineingeben. 1 EL Butter und die Orangenzesten dazugeben, kurz abkühlen lassen. Die Sauce mit einem Stabmixer aufschäumen.
6. Die Schmoräpfel mit dem Schmorsaft und der weißen Schokosauce anrichten. Nach Belieben mit gedünsteten Zieräpfeln reichen.

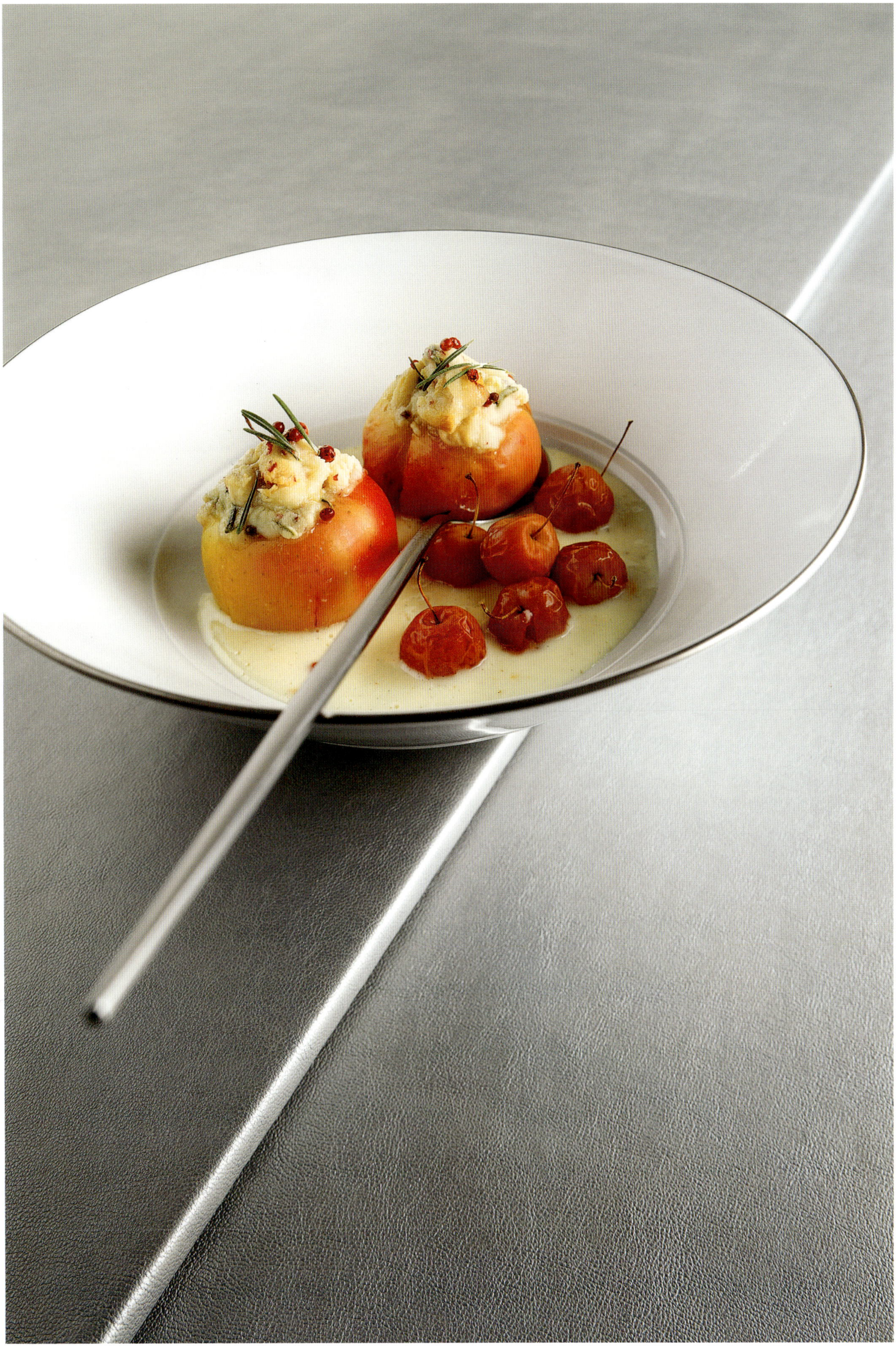

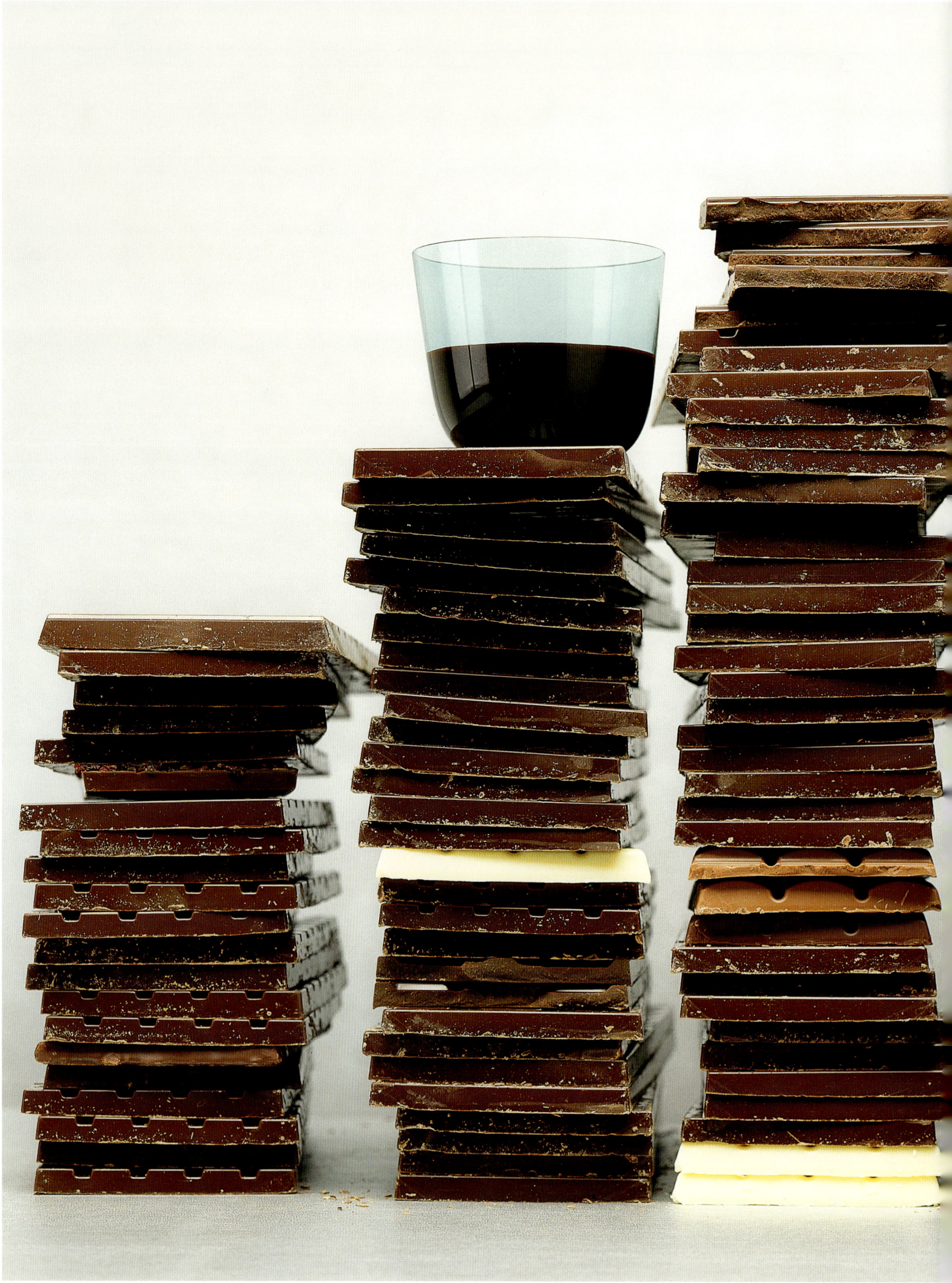

Cremig

Flusskrebscreme mit Dillschokolade

Zutaten für 4 Personen

2 EL Butter
400 g küchenfertig ausgelöste Flusskrebsschwänze
1 EL Tomatenmark
1 TL edelsüßes Paprikapulver
2 cl Weinbrand
Salz
weißer Pfeffer aus der Mühle
125 ml Sahne
1 Limette
40 g weiße Kuvertüre
1 Msp. Cayennepfeffer
1 EL frisch gehackter Dill

Zubereitungszeit: ca. 30 Minuten

1. Die Butter in einem Topf zerlassen, und die Flusskrebsschwänze darin anbraten.

2. Das Tomatenmark und das Paprikapulver unterrühren, dann mit dem Weinbrand ablöschen. Alles in der Küchenmaschine pürieren, mit Salz und frisch gemahlenem weißen Pfeffer abschmecken. Die Flusskrebscreme warm stellen.

3. Die Sahne mit dem Saft der Limette vermischen. Die Kuvertüre in Stücke hacken, mit der Sahne in einen Topf geben und erhitzen. Dabei rühren, bis sich die Kuvertüre aufgelöst hat. Die Schokoladensahne mit Salz und Cayennepfeffer abschmecken, dann den gehackten Dill hineinrühren.

4. Die warme Flusskrebscreme mit der Dillschokolade anrichten und servieren.

Kalbsleber-Schokoladen-Creme mit Curry

Zutaten für 4 Personen

- 300 g Kalbsleber
- 3 EL Butter
- 250 ml Kalbsfond (aus dem Glas)
- 125 ml roter Portwein
- 30 g Kakaopulver
- 1 TL Zucker
- 1 EL Madrascurrypulver (scharf)
- Salz
- schwarzer Pfeffer aus der Mühle
- 125 ml Sahne

Zubereitungszeit: ca. 40 Minuten plus 1 Stunde Kühlzeit

1. Die Kalbsleber in grobe Würfel schneiden. Die Butter in einer Pfanne erhitzen, und die Kalbsleber darin von beiden Seiten 3–4 Minuten scharf anbraten. Die Kalbsleber aus der Pfanne nehmen und warm stellen.

2. Den Bratensatz mit dem Kalbsfond und dem Portwein ablöschen und 2 Minuten einkochen lassen.

3. Das Kakaopulver und den Zucker hinzufügen und unter Rühren auflösen.

4. Die Kalbsleber in der Küchenmaschine pürieren, dann den Schokoladenfond zugeben. Die Creme durch ein Sieb streichen. Das Currypulver hineinrühren, dann mit Salz und frisch gemahlenem schwarzen Pfeffer abschmecken und abkühlen lassen.

5. Die Sahne halb steif schlagen und unter die Lebercreme heben, bei Bedarf nochmals mit Salz und Pfeffer abschmecken. Die Creme mindestens 1 Stunde im Kühlschrank kalt stellen.

Tipp: Dazu passen lauwarmes Fladenbrot und vollreife Marillen (Aprikosen) oder Mangos.

Steingarnelencreme mit Bitterschokoladen-Chili-Stangerl

Zutaten für 4 Personen

200 g Steingarnelen (ungekocht und in der Schale)
1 EL Olivenöl
1 EL Tomatenmark
3 cl Weinbrand
65 ml Noilly prat (franz. Wermut)
250 ml Gemüsefond
5 Blatt weiße Gelatine
etwas gemahlener Kümmel
Salz
schwarzer Pfeffer aus der Mühle
1 cl Pernod (Anisschnaps)
500 ml Sahne
320 g TK-Blätterteig
70 g dunkle Kuvertüre (80 % Kakaogehalt)
2 Chilischoten

Zubereitungszeit: ca. 40 Minuten plus 2 Stunden Kühlzeit

1. Die Garnelen schälen, entdarmen und beiseite stellen. 1 EL Olivenöl in einem Topf erhitzen, und die Garnelenschalen darin kurz anrösten. Das Tomatenmark dazugeben, dann mit dem Weinbrand und dem Noilly prat ablöschen.

2. Den Topf mit dem Gemüsefond auffüllen, alles 10 Minuten köcheln lassen. Den Fond dann auf 125 ml einkochen und durch ein feines Sieb in einen zweiten Topf gießen.

3. Die Garnelen fein würfeln und in den Fond geben. Jetzt nur noch ziehen, nicht mehr kochen lassen.

4. Die Gelatine 4 Minuten in kaltem Wasser einweichen, dann herausnehmen, ausdrücken und in dem Fond auflösen.

5. Alles in der Küchenmaschine zu einer feinen Creme pürieren. Die Creme mit Kümmel, Salz, Pfeffer und dem Pernod abschmecken. Die Creme erkalten lassen.

6. Die Sahne halb steif schlagen. Kurz bevor die Creme geliert, die halb steif geschlagene Sahne unterheben und mindestens 2 Stunden im Kühlschrank kalt stellen.

7. Den aufgetauten Blätterteig auseinanderfalten, in 2 cm breite Streifen schneiden und auf ein mit Backpapier bedecktes Backblech legen. Die Blätterteigstreifen im auf 220 °C vorgeheizten Backofen 10 Minuten knusprig backen.

8. Die Kuvertüre fein raspeln. Die Chilischoten entkernen, fein hacken und mit den Schokoladenraspeln vermengen. Die heißen Blätterteigstangerl damit bestreuen.

9. Von der Steingarnelencreme Nocken abstechen, diese auf 4 Tellern anrichten und mit den Schokoladen-Chili-Stangen servieren.

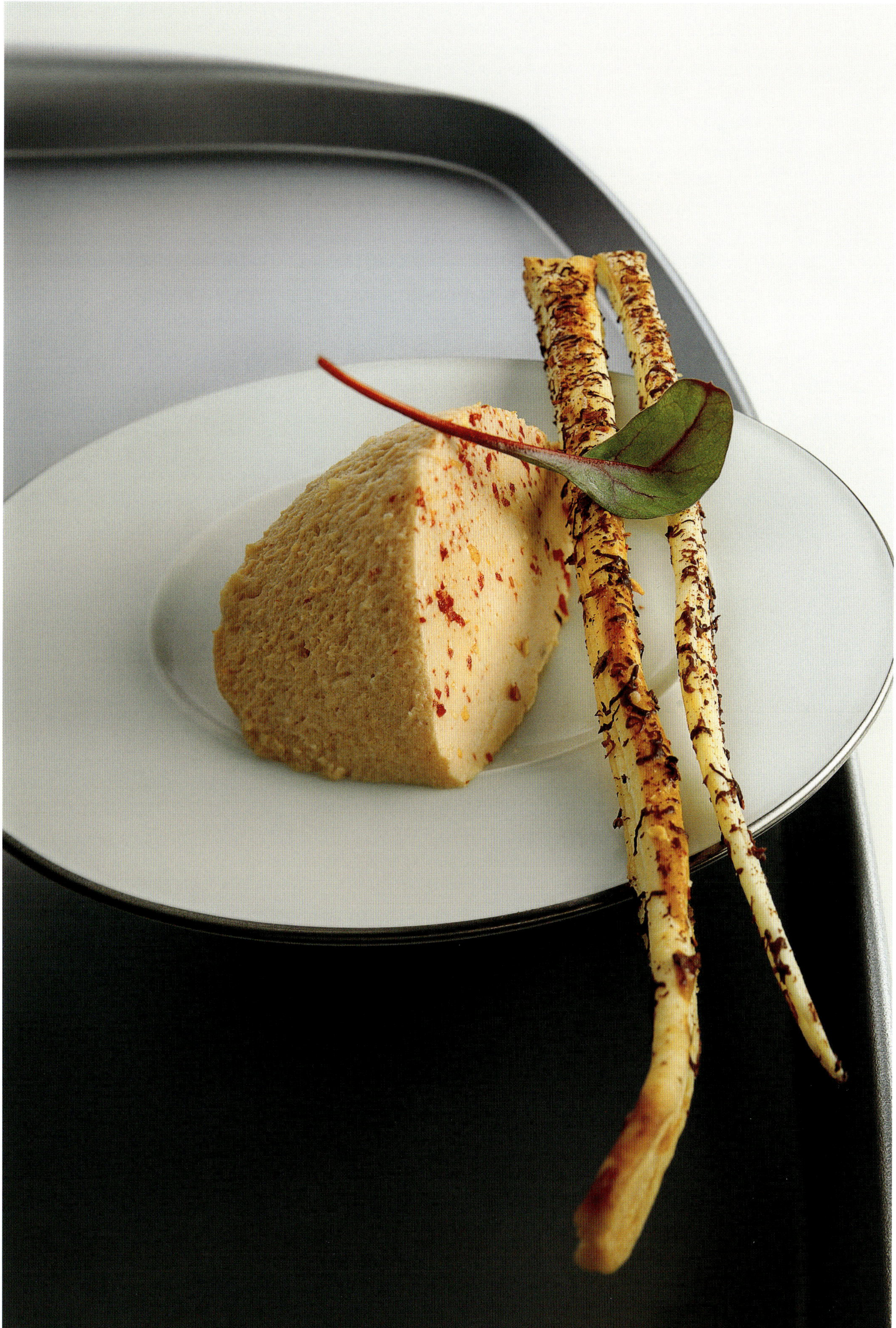

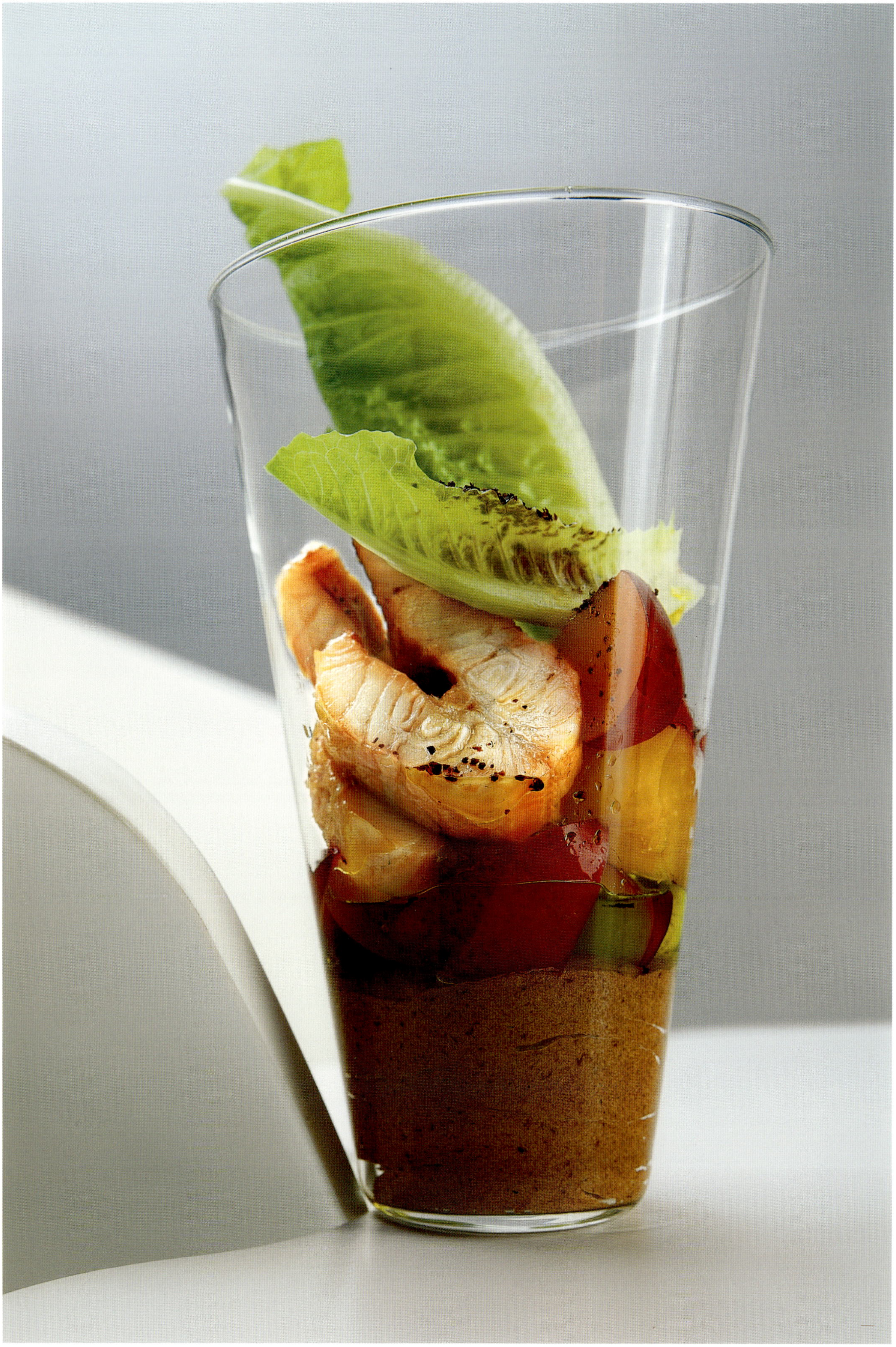

Zwetschgen-Schoko-Creme mit Räucheraal

Zutaten für 4 Personen

60 ml trockener Rotwein
1 EL Powidl (Pflaumenmus)
400 g vollreife Zwetschgen
80 g dunkle Kuvertüre (80 % Kakaogehalt)
3 EL Crème fraîche
3 EL Butter
3 EL fein gehackter Prosciutto di Parma (Parmaschinken)
1 EL fein gehackter Rosmarin
Salz
schwarzer Pfeffer aus der Mühle
1 rote Zwiebel
1 Knoblauchzehe
1 EL Olivenöl
250 g Räucheraal
4 feste Zwetschgen, entsteint und grob gewürfelt

Zubereitungszeit: ca. 50 Minuten

1. Den Rotwein in einem kleinen Topf aufkochen, dann den Powidl hineinrühren.
2. Die Zwetschgen waschen, entkernen und in den Rotwein-Powidl geben. Kurz aufkochen lassen, dann den Topf vom Herd nehmen. Die Kuvertüre fein hacken, dazugeben und langsam schmelzen lassen. Dann alles mit dem Stabmixer pürieren und kurz abkühlen lassen.
3. Die Crème fraîche und die weiche Butter in die Zwetschgencreme rühren und glatt rühren. Dann den Prosciutto und den Rosmarin unterheben und mit Salz und Pfeffer abschmecken. Die Creme im Kühlschrank kalt werden lassen.
4. Die Zwiebel schälen und in grobe Stücke schneiden. Den Knoblauch schälen und fein hacken.
5. Das Olivenöl in einer Pfanne erhitzen, die Zwiebel darin glasig schwitzen, dann den gehackten Knoblauch zufügen.
6. Den Räucheraal in 4 cm breite Stücke schneiden, mit den Zwetschgenwürfeln zu den Zwiebeln in die Pfanne geben und kurz erwärmen.
7. Den Aal und die Zwetschgenwürfel mit der Zwetschgen-Schoko-Creme auf 4 Tellern oder in 4 Gläsern anrichten und servieren.

Birnen-Fasanen-Creme mit Kakaobohnenbruch

Zutaten für 4 Personen

300 g Fasanenfilet
Salz
schwarzer Pfeffer aus der Mühle
5 EL Olivenöl
250 ml Wildfond
250 ml Sahne
3 reife Birnen
1 EL Preiselbeeren (aus dem Glas)
2 cl Birnenschnaps
20 g Kakaobohnen

Zubereitungszeit: ca. 50 Minuten plus 2 Stunden Kühlzeit

1. Das Fasanenfilet in grobe Stücke schneiden, salzen und pfeffern.
2. Das Olivenöl in einer Pfanne erhitzen, und das Fasanenfilet darin von allen Seiten 30 Sekunden scharf anbraten, dann mit dem Wildfond ablöschen.
3. Das Fleisch mit dem Fond in der Küchenmaschine pürieren, und die Creme erkalten lassen.
4. Die Sahne steif schlagen und unter die abgekühlte Fasanencreme heben.
5. Die Birnen schälen, von den Kerngehäusen befreien und in kleine Stücke schneiden.
6. Die Preiselbeeren mit dem Birnenschnaps verrühren und über die Birnenstücke geben.
7. Die Kakaobohnen fein hacken und mit der Birnenmischung unter die Fasanencreme heben. Die Creme zugedeckt 2 Stunden kalt stellen, dann servieren.

Tipp: Dazu passt Preiselbeerkompott.

Ingwer-Schokoladen-Creme mit Hasenpfeffer

Zutaten für 4 Personen

700 g Kaninchenfilet
Salz
schwarzer Pfeffer aus der Mühle
5 EL Olivenöl
5 Wacholderbeeren
125 ml trockener Rotwein
65 ml Portwein
1 TL gehackter Thymian
50 g frischer Ingwer
50 g Edelbitterschokolade (70 % Kakaogehalt)
3 EL Crème fraîche

Zubereitungszeit: ca. 1 Stunde

1. Das Kaninchenfilet waschen, trocken tupfen, in 4 x 4 cm große Würfel schneiden, salzen und pfeffern.
2. Das Olivenöl in einer Pfanne erhitzen, und das Kaninchenfilet darin von allen Seiten 3 Minuten scharf anbraten. Die zerstoßenen Wacholderbeeren hinzufügen, dann mit dem Rotwein und dem Portwein aufgießen.
3. Den Thymian dazugeben, und den Fond auf $1/3$ einkochen, dann vom Herd nehmen und warm stellen.
4. Den Ingwer schälen und fein reiben.
5. Die Schokolade in Stücke hacken, in eine Schüssel geben und über dem warmen Wasserbad langsam schmelzen.
6. Den Ingwer in die flüssige Kuvertüre rühren und mit der Crème fraîche verfeinern.
7. Den Hasenpfeffer auf 4 Tellern anrichten und mit der Ingwer-Schokoladen-Creme bedecken.

Rehrückenfilet mit Trüffel-Schoko-Creme

Zutaten für 4 Personen

700 g Filet vom Rehrücken
Salz
schwarzer Pfeffer aus der Mühle
5 Wacholderbeeren
5 EL Olivenöl
300 g mehlig kochende Kartoffeln
50 g dunkle Kuvertüre (80 % Kakaogehalt)
125 ml Milch
2 EL Butter
1 TL Trüffelöl
10 g schwarze Trüffel

Zubereitungszeit: ca. 40 Minuten

1. Das Rehrückenfilet waschen, trocken tupfen und mit Salz, frisch gemahlenem schwarzen Pfeffer und den zerstoßenen Wacholderbeeren einreiben.
2. Das Olivenöl in einer Pfanne erhitzen, und das Rehrückenfilet darin von allen Seiten scharf anbraten, dann auf ein Backgitter legen und im auf 80 °C vorgeheizten Backofen 30 Minuten garen. (Die Kerntemperatur sollte ca. 68 °C betragen.)
3. Die Kartoffeln schälen, vierteln und in reichlich Salzwasser weich kochen. Die weichen Kartoffeln durch ein Sieb abschütten und durch eine Kartoffelpresse in eine Schüssel drücken.
4. Die Kuvertüre fein hacken, mit der erwärmten Milch, der Butter und dem Trüffelöl in den heißen Kartoffelbrei geben und zu einer glatten Creme rühren. Mit Salz und Pfeffer abschmecken.
5. Das Rehrückenfilet aus dem Ofen nehmen, aufschneiden und mit der Trüffel-Schoko-Creme anrichten.
6. Kurz vor dem Servieren schwarze Trüffel fein darüberhobeln.

Dreierlei Creme von Steinpilzen, Oliven und Schokolade

Zutaten für 4 Personen

300 g Steinpilze
2 EL Olivenöl
Salz
schwarzer Pfeffer aus der Mühle
50 g schwarze Oliven
3 EL Crème fraîche
50 g Edelbitterschokolade (80 % Kakaogehalt)
65 ml Sahne

Zubereitungszeit: ca. 50 Minuten

1. Die Steinpilze putzen und klein schneiden.
2. Das Olivenöl in einer Pfanne erhitzen. Die Steinpilze darin 1–2 Minuten scharf anbraten. Mit Salz und frisch gemahlenem schwarzen Pfeffer abschmecken.
3. Die Pilze in eine hohe Schüssel geben und mit dem Stabmixer pürieren.
4. Die Oliven entsteinen, fein hacken und mit der Crème fraîche vermengen.
5. Die Schokolade fein hacken, mit der Sahne in einen Topf geben und erhitzen. Dabei die Schokolade unter Rühren auflösen.
6. Die Steinpilzcreme, die Olivencreme und die Schokocreme abwechselnd in 4 hohe Gläser schichten, bis alle Cremes aufgebraucht sind, und lauwarm servieren.

Getrüffelte Erdäpfelcreme mit einem Pesto von Knoblauch, Petersilie und Schokolade

Zutaten für 4 Personen

1 kg mehlig kochende Erdäpfel (Kartoffeln)
250 ml Milch
200 g Butter
3 EL Trüffelbutter
3 EL Olivenöl
Salz
schwarzer Pfeffer aus der Mühle
4 EL fein gehackte Petersilie
1 Knoblauchzehe
2 EL frisch geriebener Parmesan
1 EL fein geriebene Edelbitterschokolade (70 % Kakaogehalt)

Zubereitungszeit: ca. 40 Minuten

1. Die Erdäpfel waschen und ungeschält im Ganzen weich kochen. Die garen Erdäpfel pellen und kurz ausdampfen lassen, dann durch eine Kartoffelpresse drücken.

2. Die Milch mit der Butter in einen Topf geben, leicht erwärmen und unter die Erdäpfelmasse rühren, bis eine glatte Creme entsteht.

3. Die Trüffelbutter und 1 EL Olivenöl unter die Erdäpfelcreme rühren, mit Salz und Pfeffer abschmecken. Die Erdäpfelcreme warm stellen.

4. Die fein gehackte Petersilie, die geschälte Knoblauchzehe, 2 EL Olivenöl und den Parmesan mit dem Stabmixer zu einem cremigen Pesto verarbeiten. Mit Salz abschmecken, dann die geriebene Schokolade in das Pesto rühren.

5. Die Erdäpfelcreme mit dem Pesto anrichten und servieren.

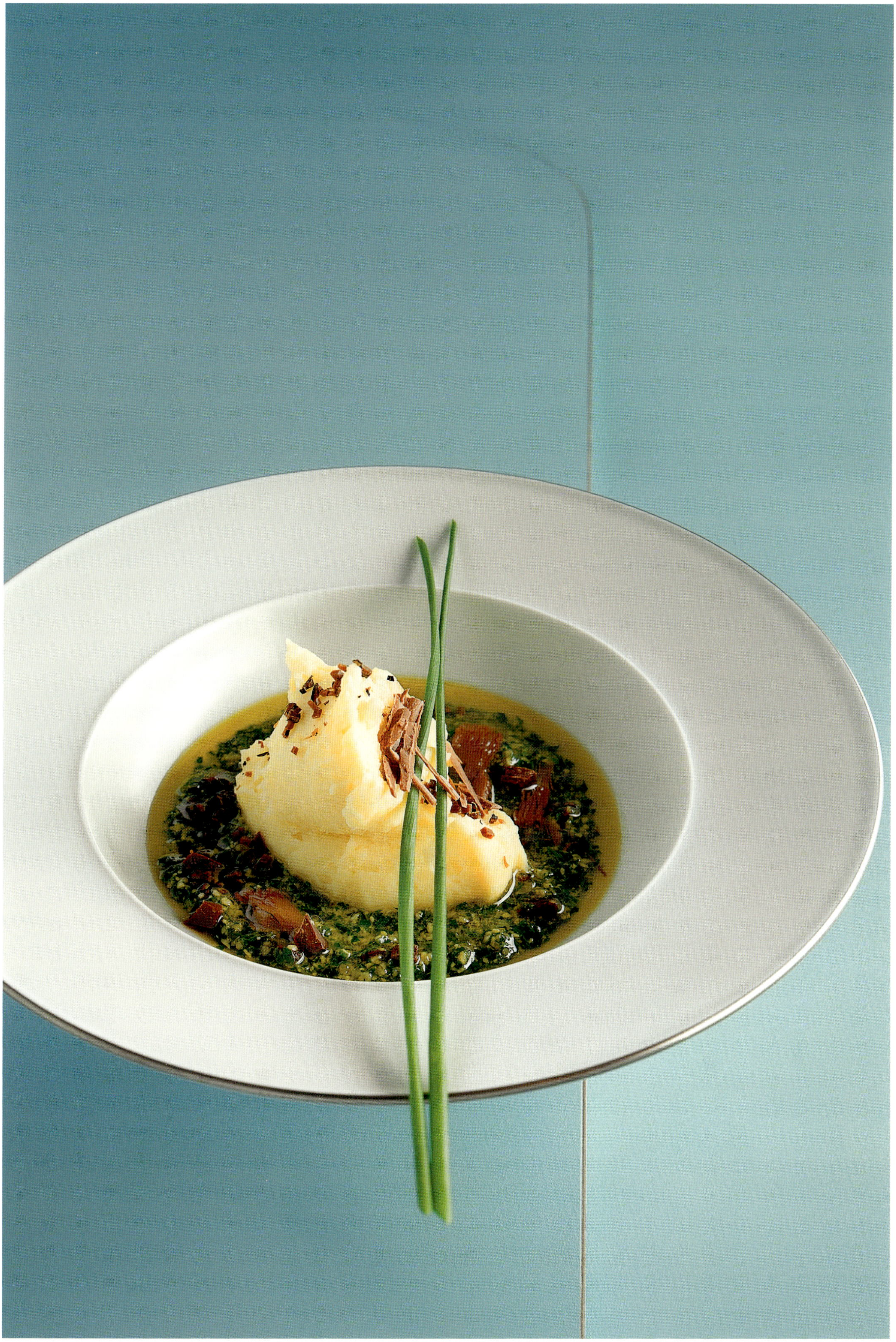

Artischocken-Schoko-Creme mit Gewürzbrot

Zutaten für 4 Personen

4 Artischocken
1 Zitrone
50 g dunkle Kuvertüre (70 % Kakaogehalt)
50 g gekochte Kartoffeln, in Würfel geschnitten
3 EL Crème fraîche
2 EL Butter
Salz
schwarzer Pfeffer aus der Mühle
120 g Strudelteig (Fertigprodukt)
3 EL flüssige Butter
2 EL Sesamöl
1 EL grobes Meersalz
1 EL mildes Currypulver
1 EL gemahlener Koriander

Zubereitungszeit: ca. 50 Minuten

1. Die Artischocken putzen, vom Heu befreien, und das oberste Drittel der Blätter abschneiden. Die Artischocken mit dem Saft der Zitrone in reichlich Salzwasser ca. 30 Minuten weich kochen, dann in Würfel schneiden.

2. Die Kuvertüre fein hacken und mit den Artischockenwürfeln, den Kartoffelwürfeln, der Crème fraîche und der Butter in der Küchenmaschine zu einer glatten Creme mixen. Mit Salz und frisch gemahlenem schwarzen Pfeffer abschmecken, und die Creme erkalten lassen.

3. Die Strudelblätter auseinanderfalten und mit der flüssigen Butter bepinseln. 3 Lagen aufeinandersetzen und auf ein mit Backpapier belegtes Backblech legen. Den Strudelteig mit dem Sesamöl bepinseln und mit dem Meersalz, dem Currypulver und dem Koriander bestreuen. Den Strudelteig im auf 190 °C vorgeheizten Backofen etwa 8 Minuten knusprig braun backen.

4. Das heiße Gewürzbrot in Stücke brechen und mit der Artischocken-Schoko-Creme servieren.

Kürbis-Bitterschokoladen-Creme mit grünem Pfeffer

Zutaten für 4 Personen

300 g Kürbisfleisch (Hokkaido)
Salz
etwas gemahlener Kümmel
1 TL getrockneter Majoran
250 ml Sahne
150 g dunkle Kuvertüre (80 % Kakaogehalt)
2 EL eingelegte grüne Pfefferkörner
1 EL Apfelessig
3 EL Crème fraîche

Zubereitungszeit: ca. 40 Minuten

1. Das Kürbisfleisch in kleine Würfel schneiden und in einen Topf geben, mit Salzwasser auffüllen, den Kümmel und den Majoran zugeben und zum Kochen bringen. Den Kürbis darin weich kochen.

2. Das Kochwasser bis auf ein Zehntel abgießen, und den weichen Kürbis mit dem Stabmixer pürieren.

3. Die Sahne in einen Topf geben und aufkochen. Die Kuvertüre in Stücke hacken und zufügen. Sobald die Kuvertüre sich aufgelöst hat, alles mit einem Schneebesen durchrühren und unter die Kürbiscreme heben.

4. Die Creme mit dem grünen Pfeffer, dem Apfelessig und der Crème fraîche vollenden.

5. Die Creme auf 4 Gläser verteilen und lauwarm servieren.

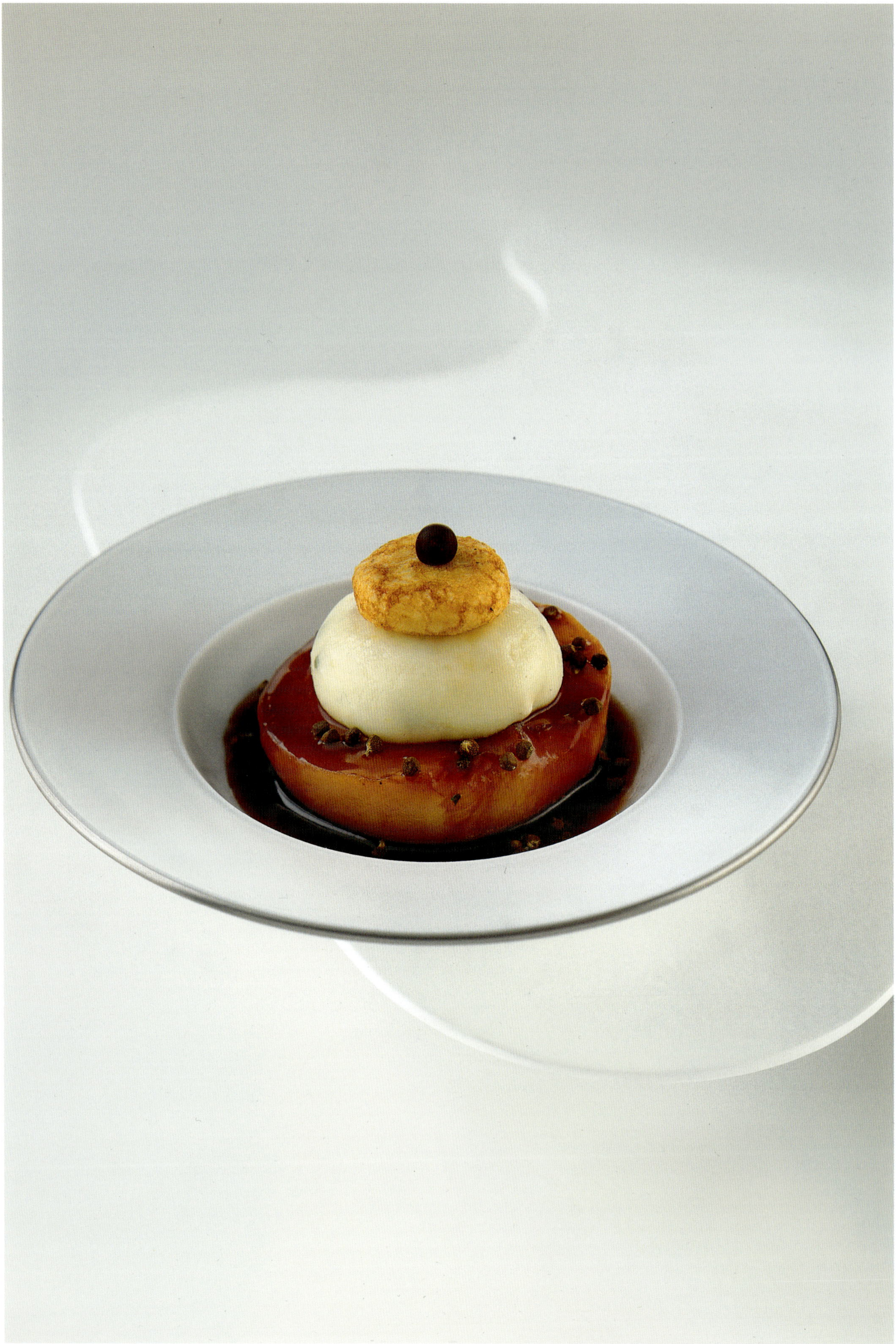

Camembertcreme mit gepfefferten Schokopfirsichen

Zutaten für 4 Personen

200 g mehlig kochende Erdäpfel (Kartoffeln)
300 g Camembert
65 ml Milch
4 EL Butter
1 EL gehackter Thymian
Salz
weißer Pfeffer aus der Mühle
125 ml trockener Rotwein
125 ml roter Portwein
2 EL Szechuanpfefferkörner
40 g dunkle Kuvertüre (80 % Kakaogehalt)
2 Pfirsiche
4 japanische Reiscracker
4 Schokoladenkugeln
einige Blättchen Thymian zum Garnieren

Zubereitungszeit: ca. 40 Minuten

1. Die Erdäpfel waschen und ungeschält im Ganzen weich kochen. Die garen Erdäpfel pellen und kurz ausdampfen lassen, dann durch eine Kartoffelpresse drücken.

2. Den Camembert von der Rinde befreien, klein würfeln und in die warme Erdäpfelmasse rühren. Alles mit der warmen Milch und 2 EL weicher Butter zu einer glatten Creme verrühren, dann den gehackten Thymian unterheben. Die Camembertcreme mit Salz und weißem Pfeffer aus der Mühle abschmecken und warm stellen.

3. Den Rotwein mit dem Portwein und den Szechuanpfefferkörnern in einen Topf geben und erwärmen. Die Kuvertüre in kleine Stücke hacken, dazugeben und schmelzen. Dann 2 EL weiche Butter einrühren, bis die Creme eine honigartige Konsistenz hat.

4. Die Pfirsiche halbieren, entkernen und mit dem Sparschäler schälen. Die Pfirsichhälften in die Schokocreme legen und 3 Minuten ziehen lassen.

5. Auf 4 Tellern je 1 Pfirsichhälfte anrichten, je 1 Nocke Camembertcreme daraufgeben, je 1 Reiscracker und 1 Schokoladenkugel daraufsetzen und nach Belieben mit etwas frischem Thymian garnieren.

Rosmarinpaprika aus dem Ofen mit Schokoladenstreuseln

Zutaten für 4 Personen

2 rote Paprikaschoten
2 gelbe Paprikaschoten
2 grüne Paprikaschoten
2 rote Zwiebeln
2 Knoblauchzehen
3 EL Olivenöl
1 Lorbeerblatt
2 EL gehackte Rosmarinnadeln
grobes Meersalz
schwarzer Pfeffer aus der Mühle
70 g Edelbitterschokolade (80 % Kakaogehalt)
2 EL Butter
2 EL Semmelbrösel

Zubereitungszeit: ca. 20 Minuten

1 Die Paprikaschoten halbieren, von den Kernen und Scheidewänden befreien und in 6 cm breite Streifen schneiden.

2 Die Zwiebeln schälen, halbieren und in 6 cm breite Streifen schneiden. Die Knoblauchzehen schälen und grob hacken.

3 Das Olivenöl in eine feuerfeste Form füllen. Die Paprika- und Zwiebelstreifen und den Knoblauch hineingeben. Das Lorbeerblatt und den Rosmarin dazugeben. Mit etwas grobem Meersalz und frisch gemahlenem Pfeffer bestreuen.

4 Die Form in den auf 220 °C vorgeheizten Backofen stellen, und die Paprika 15 Minuten garen.

5 Die Schokolade in Stücke hacken und über dem warmen Wasserbad schmelzen. Die weiche Butter und die Semmelbrösel in die flüssige Schokolade rühren. Die Schokoladencreme abkühlen lassen, dann zwischen den Fingern zu Streuseln zerbröseln.

6 Das Paprikagemüse auf 4 Tellern anrichten, und die Schokoladenstreusel darübergeben.

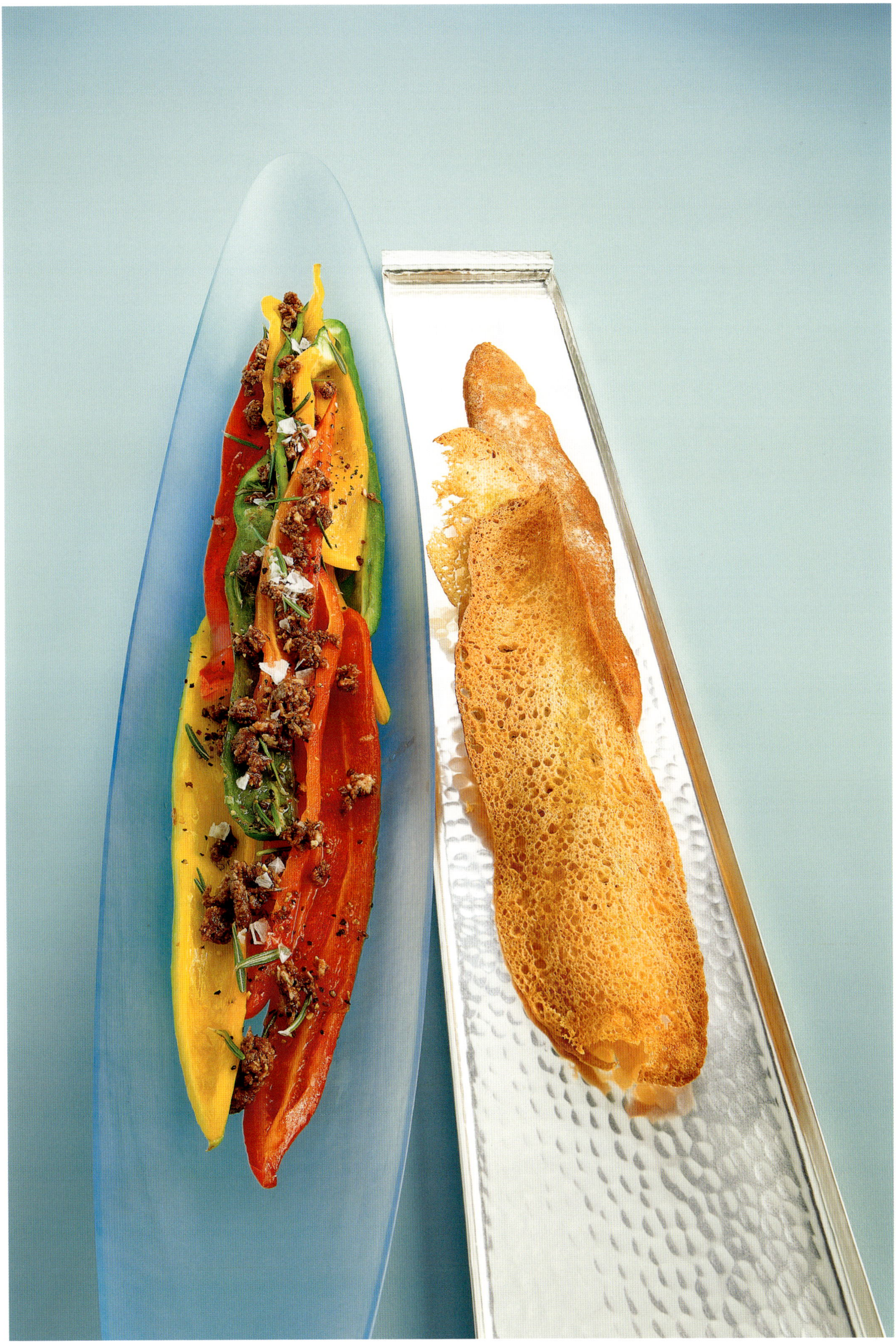

Malz-Schokoladen-Creme mit Bratapfel

Zutaten für 4 Personen

400 g dunkle Kuvertüre (60 % Kakaogehalt)
500 ml Sahne
2 EL Malzpulver (erhältlich im Reformhaus)
2 cl brauner Rum
4 Äpfel (Topaz oder Elstar)
4 EL Butter
4 EL Rohrzucker
1 Zitrone
1 TL gemahlener Zimt

Zubereitungszeit: ca. 40 Minuten

1. Die Kuvertüre in Stücke hacken, in eine Schüssel geben und über dem warmen Wasserbad schmelzen.
2. Die Sahne steif schlagen und mit dem Malzpulver und dem Rum in die lauwarme Kuvertüre rühren. Die Schoko-Malz-Creme kalt stellen.
3. Die Äpfel mit Hilfe eines Apfelausstechers entkernen.
4. Die weiche Butter mit dem Rohrzucker, dem Saft der Zitrone und dem Zimt glatt rühren und in die Äpfel füllen. Die gefüllten Äpfel in eine feuerfeste Form geben und im auf 190 °C vorgeheizten Backofen 20 Minuten weich braten.
5. Die Bratäpfel aus dem Ofen nehmen und mit der Malz-Schokoladen-Creme servieren.

Oblaten-Walnuss-Schoko-Creme

Zutaten für 4 Personen

200 g dunkle Kuvertüre (70 % Kakaogehalt)
50 g Nougatmasse
1 Ei
2 cl brauner Rum
150 g geröstete, gehackte Walnusskerne
500 g Sahne
250 g große runde Karlsbader Oblaten

Zubereitungszeit: ca. 40 Minuten plus 1 Stunde Kühlzeit

1. Die Kuvertüre und den Nougat klein hacken, in eine Schüssel geben, vermengen und über dem warmen Wasserbad langsam schmelzen.

2. Das Ei mit dem Rum verquirlen, dann die Walnusskerne hineinrühren und alles rasch unter die Schoko-Nougat-Masse rühren.

3. Die Sahne halb steif schlagen und vorsichtig unter die Schokocreme heben. Die Creme mindestens 1 Stunde im Kühlschrank kalt stellen.

4. Die Karlsbader Oblaten in gleich große Stücke brechen. Auf jedes Stück einen Klecks Walnuss-Schoko-Creme setzen und wie eine Lasagne zusammenschichten.

Mohncreme mit Kirschschokolade

Zutaten für 4 Personen

200 g weiße Kuvertüre
1 Ei
400 ml Sahne
100 g gemahlene Mohnsamen
200 g Sauerkirschen (aus dem Glas)
250 ml Milch
80 g dunkle Kuvertüre (60 % Kakaogehalt)

Zubereitungszeit: ca. 30 Minuten plus 2 Stunden Kühlzeit

1. Die weiße Kuvertüre in Stücke hacken und über dem warmen Wasserbad schmelzen.
2. Das Ei verquirlen und unter die flüssige Kuvertüre rühren.
3. Die Sahne halb steif schlagen und unter die Schokoladencreme rühren. Dann vorsichtig die Mohnsamen einrühren. Die Mohncreme mindestens 2 Stunden im Kühlschrank kalt stellen.
4. Die Kirschen durch ein Sieb schütten, dabei den Saft auffangen. Den Kirschsaft mit der Milch in einen Topf geben und aufkochen.
5. Die dunkle Kuvertüre in Stücke hacken, in die heiße Kirschmilch geben, schmelzen und aufmixen.
6. Die abgetropften Sauerkirschen in die flüssige Kirsch-Kuvertüre geben.
7. Die Sauerkirschen mit der Kuvertüre in 4 Stellringen auf 4 Teller verteilen und mit der Mohncreme bedecken. Die Stellringe abnehmen, und die Mohncreme mit etwas flüssiger Kuvertüre verzieren.

Cremig

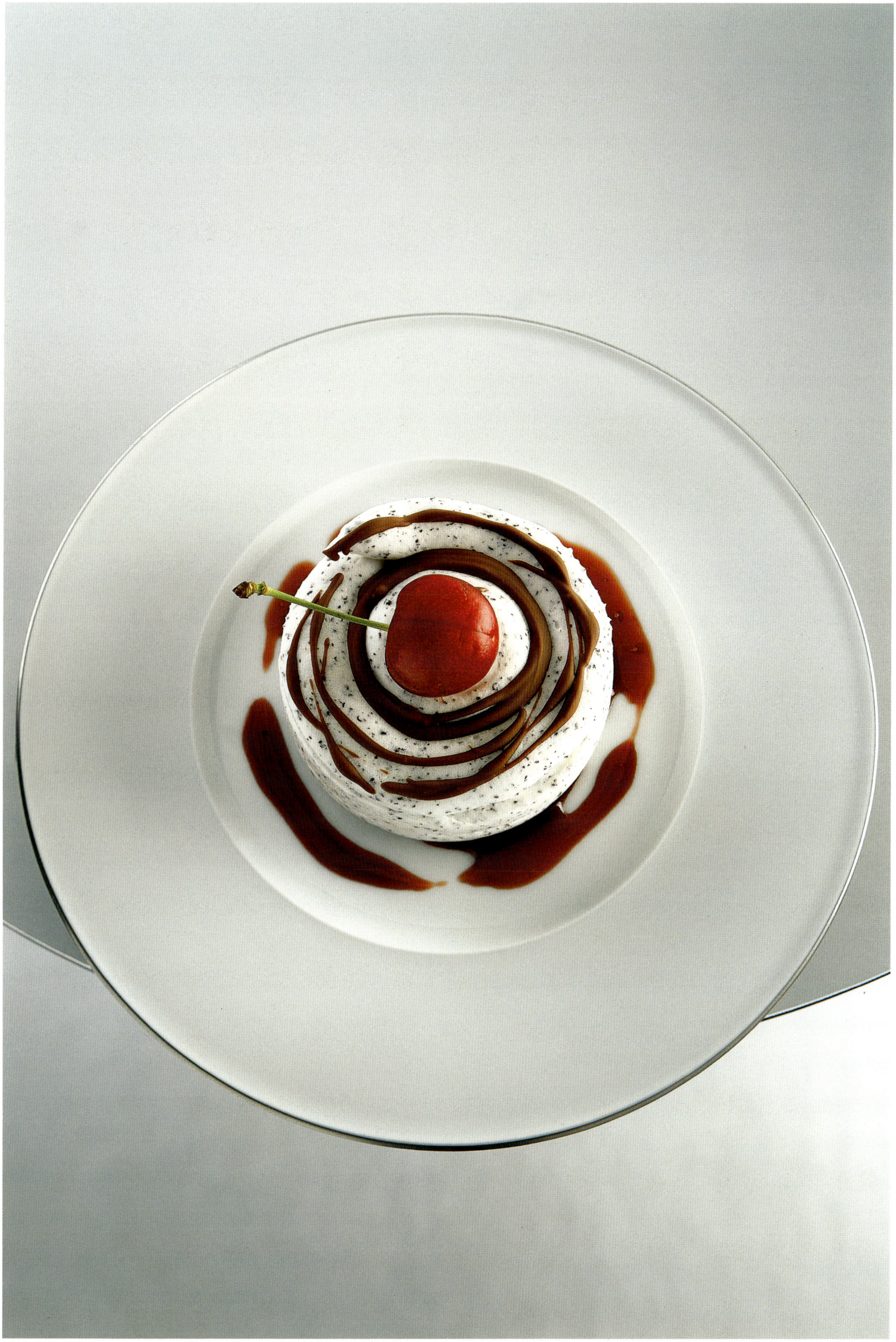

Marillen-Marzipan-Creme mit dunkler Schokolade

Zutaten für 4 Personen

400 g Marillen (Aprikosen)
4 cl Marillenschnaps
2 EL Honig
2 EL Marzipanrohmasse
70 g Edelbitterschokolade (60 % Kakaogehalt)
125 ml Sahne

Zubereitungszeit: ca. 50 Minuten

1. Die Marillen waschen, entsteinen, mit dem Marillenschnaps und dem Honig in einen Topf geben und vorsichtig erwärmen.
2. Nach 10 Minuten (wenn die Marillen weich sind) die Marillen in ihrem Saft mit dem Marzipan in der Küchenmaschine zu einer glatten Creme mixen und erkalten lassen.
3. Die Schokolade fein hacken.
4. Die Sahne steif schlagen und mit der gehackten Schokolade vermengen. Die Schokoladensahne unter die Marillen-Marzipan-Creme heben.
5. Die Creme in 4 Gläser füllen und servieren.

Mangocreme mit Schokoladenkrokant

Zutaten für 4 Personen

200 g brauner Zucker
1 TL Zitronensaft
etwas neutrales Pflanzenöl
60 g gehackte Haselnusskerne
2 reife Mangos
125 g Naturjoghurt (3,5 % Fettgehalt)
2 Blatt weiße Gelatine
100 g Edelbitterschokolade (80 % Kakaogehalt)

Zubereitungszeit: ca. 40 Minuten plus 1 Stunde Kühlzeit

1. Den Zucker in einen kleinen Topf geben und karamellisieren. Dann den Zitronensaft hinzufügen. Den Karamell unter Rühren bräunen lassen.
2. Ein großes Stück Alufolie mit dem neutralen Öl einpinseln, und die gehackten Haselnüsse darauf verteilen. Den Karamell dünn daraufstreichen und erkalten lassen.
3. Die Mangos mit dem Sparschäler schälen, das Fruchtfleisch von den Steinen lösen und mit dem Stabmixer pürieren.
4. Den Joghurt in die Mangocreme rühren.
5. Die Gelatine 5 Minuten in kaltem Wasser einweichen, dann herausnehmen, ausdrücken und in einem kleinen Topf erwärmen, dann unter die Mangocreme rühren.
6. Die Mangocreme in eine Schüssel geben und 1 Stunde im Kühlschrank erkalten lassen.
7. Die Schokolade in Stücke hacken, in eine Schüssel geben und über dem warmen Wasserbad unter Rühren schmelzen.
8. Den Krokant in gleich große Stücke brechen, durch die geschmolzene Schokolade ziehen und trocknen lassen.
9. Die Mangocreme mit dem Schokoladenkrokant servieren.

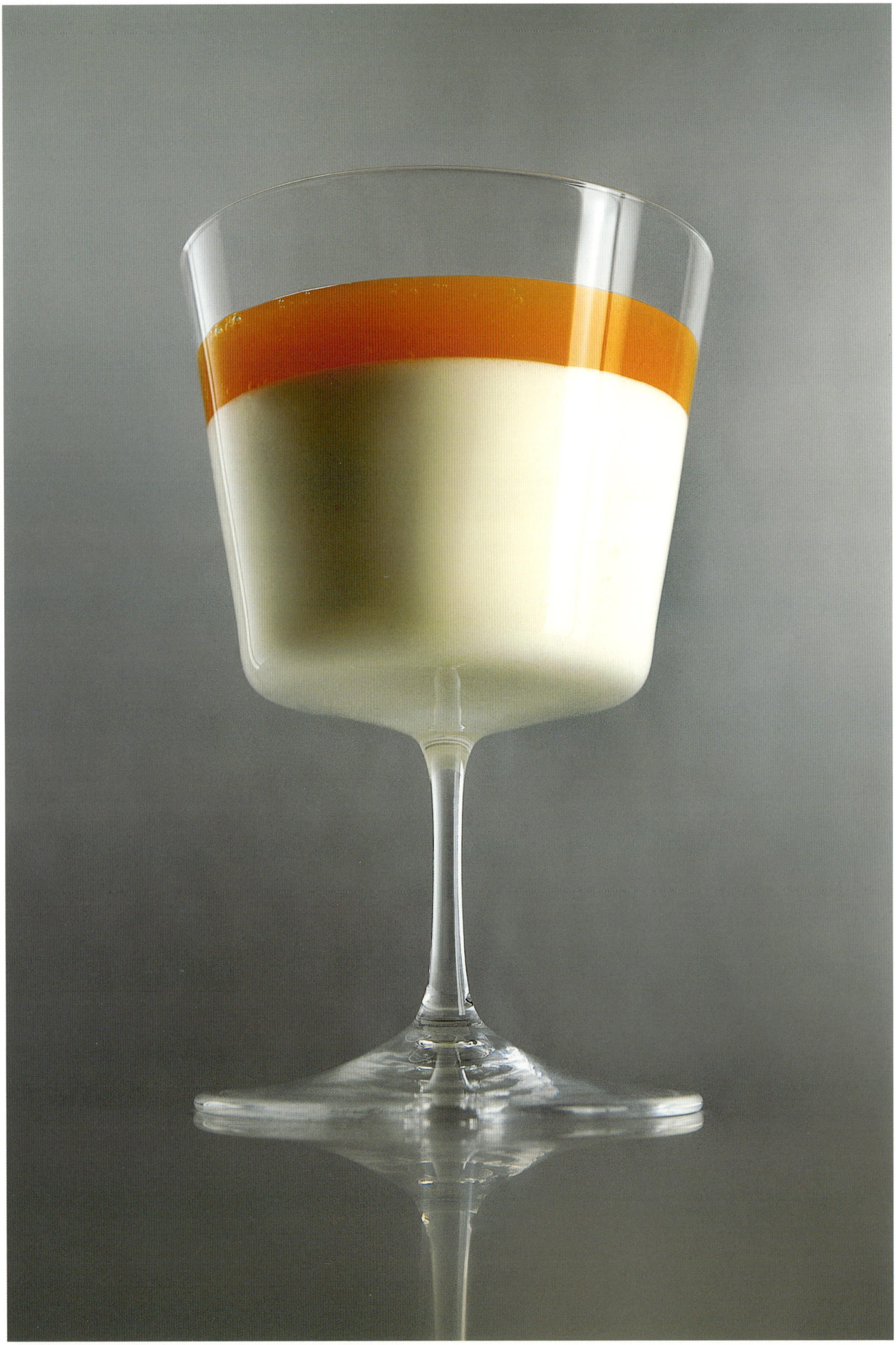

Weiße Schokoladen-Passionsfrucht-Creme

Zutaten für 4 Personen

250 g weiße Kuvertüre
1 Ei
6 Blatt weiße Gelatine
2 cl brauner Rum
400 ml Sahne
250 ml Passionsfruchtsaft

Zubereitungszeit: ca. 40 Minuten plus 4 Stunden Kühlzeit

1. Die Kuvertüre in Stücke hacken, in eine Schüssel geben und über dem warmen Wasserbad langsam schmelzen.
2. Das Ei zügig in die warme Schokoladencreme rühren.
3. 2 Blatt Gelatine mindestens 4 Minuten in kaltem Wasser einweichen, dann herausnehmen und gut ausdrücken. Den Rum erwärmen, und die Gelatine langsam darin auflösen. Den Rum unter die Schokoladencreme rühren.
4. Die Sahne halb steif schlagen, vorsichtig unter die Schokoladencreme heben, die Creme in 4 Gläser füllen und etwa 1 Stunde im Kühlschrank erkalten lassen.
5. Die restlichen 4 Blatt Gelatine mindestens 4 Minuten in kaltem Wasser einweichen, dann herausnehmen und gut ausdrücken. Die Hälfte des Passionsfruchtsafts aufkochen, dann die Gelatine darin auflösen und abkühlen lassen. Sobald der Saft geliert, den restlichen Passionsfruchtsaft hineinrühren. Die Passionsfruchtcreme sofort auf die erkaltete Schokoladencreme geben und 3–4 Stunden kalt stellen.

Maroni-Cranberry-Schoko-Creme

Zutaten für 4 Personen

100 g dunkle Kuvertüre (66 % Kakaogehalt)
200 g Maronenpüree (TK-Produkt oder im Glas)
1 Ei
1 TL gemahlener Zimt
500 ml Sahne
3 EL Honig
2 EL Portwein
4 cl brauner Rum
100 g frische Cranberrys
1 EL Orangenzesten
Kakaopulver zum Bestäuben

Zubereitungszeit: ca. 30 Minuten plus 1 Stunde Kühlzeit

1. Die Kuvertüre hacken, in eine Schüssel geben und über dem warmen Wasserbad schmelzen.

2. Das Maronenpüree, das Ei und den Zimt in die Schokoladencreme rühren. Die Schüssel vom Wasserbad nehmen.

3. Die Hälfte der Sahne flüssig unter die Maronen-Schoko-Creme rühren, die zweite Hälfte steif schlagen und erst dann unterheben.

4. $2/3$ der Maronen-Schoko-Creme in 4 Tassen oder Gläser füllen und mindestens 1 Stunde im Kühlschrank erkalten lassen.

5. Den Honig in einem Topf karamellisieren und mit dem Portwein und dem Rum ablöschen, die Cranberrys dazugeben und einmal aufkochen. Die Orangenzesten unterheben und abkühlen lassen.

6. Die karamellisierten Cranberrys auf der Maronen-Schoko-Creme verteilen. Das restlich Drittel der Maronen-Schoko-Creme in einen Spritzbeutel mit großer Sterntülle füllen, die 4 Gläser damit dekorieren, und alles mit Kakaopulver übersieben.

Weiße Schokoladen-Passionsfrucht-Creme

Zutaten für 4 Personen

250 g weiße Kuvertüre
1 Ei
6 Blatt weiße Gelatine
2 cl brauner Rum
400 ml Sahne
250 ml Passionsfruchtsaft

Zubereitungszeit: ca. 40 Minuten plus 4 Stunden Kühlzeit

1. Die Kuvertüre in Stücke hacken, in eine Schüssel geben und über dem warmen Wasserbad langsam schmelzen.
2. Das Ei zügig in die warme Schokoladencreme rühren.
3. 2 Blatt Gelatine mindestens 4 Minuten in kaltem Wasser einweichen, dann herausnehmen und gut ausdrücken. Den Rum erwärmen, und die Gelatine langsam darin auflösen. Den Rum unter die Schokoladencreme rühren.
4. Die Sahne halb steif schlagen, vorsichtig unter die Schokoladencreme heben, die Creme in 4 Gläser füllen und etwa 1 Stunde im Kühlschrank erkalten lassen.
5. Die restlichen 4 Blatt Gelatine mindestens 4 Minuten in kaltem Wasser einweichen, dann herausnehmen und gut ausdrücken. Die Hälfte des Passionsfruchtsafts aufkochen, dann die Gelatine darin auflösen und abkühlen lassen. Sobald der Saft geliert, den restlichen Passionsfruchtsaft hineinrühren. Die Passionsfruchtcreme sofort auf die erkaltete Schokoladencreme geben und 3–4 Stunden kalt stellen.

Macadamia-Schoko-Creme mit Aperol-Orangen

Zutaten für 4 Personen

200 g dunkle Kuvertüre (60 % Kakaogehalt)
50 g dunkle Kuvertüre (70 % Kakaogehalt)
1 Ei
500 g Sahne
100 g Macadamianüsse, gehackt
3 Orangen
2 cl Aperol
2 EL Butter

Zubereitungszeit: ca. 40 Minuten plus 1 Stunde Kühlzeit

1. Beide Kuvertüren in Stücke hacken, in einen Topf geben und über dem warmen Wasserbad schmelzen.
2. Das Ei rasch in die flüssige Kuvertüre rühren.
3. Die Sahne halb steif schlagen und unter die Schokoladencreme heben.
4. Die gehackten Macadamianüsse in die Schokoladencreme rühren. Die Creme in eine Schüssel füllen und mindestens 1 Stunde im Kühlschrank kalt stellen.
5. Die Orangen schälen, von den weißen Häuten befreien und filetieren. Den dabei austretenden Saft auffangen und in einem kleinen Topf erwärmen. Den Aperol und die Butter einrühren. Die Orangenfilets in den Aperolsaft legen und ziehen lassen.
6. Die erkaltete Macadamia-Schoko-Creme auf 4 Teller verteilen und mit den Aperol-Orangen servieren.

Himbeer-Brownie-Creme

Zutaten für 4 Personen

300 g Brownies (ohne Glasur, siehe Rezept Seite 113)
500 ml Sahne
1 unbehandelte Orange
200 g frische Himbeeren
etwas Puderzucker zum Bestäuben

Zubereitungszeit: ca. 25 Minuten

1. Die Brownies in kleine Stücke schneiden.
2. Die Sahne steif schlagen.
3. Die Orangenschale reiben und unter die Schlagsahne heben.
4. Die Orange pressen, und den Saft über die Himbeeren geben.
5. Die Browniestücke und die Himbeeren mit der Sahne vermengen, mit Puderzucker bestäuben und sofort servieren.

Cremig

Maroni-Cranberry-Schoko-Creme

Zutaten für 4 Personen

100 g dunkle Kuvertüre (66 % Kakaogehalt)
200 g Maronenpüree (TK-Produkt oder im Glas)
1 Ei
1 TL gemahlener Zimt
500 ml Sahne
3 EL Honig
2 EL Portwein
4 cl brauner Rum
100 g frische Cranberrys
1 EL Orangenzesten
Kakaopulver zum Bestäuben

Zubereitungszeit: ca. 30 Minuten plus 1 Stunde Kühlzeit

1. Die Kuvertüre hacken, in eine Schüssel geben und über dem warmen Wasserbad schmelzen.

2. Das Maronenpüree, das Ei und den Zimt in die Schokoladencreme rühren. Die Schüssel vom Wasserbad nehmen.

3. Die Hälfte der Sahne flüssig unter die Maronen-Schoko-Creme rühren, die zweite Hälfte steif schlagen und erst dann unterheben.

4. $2/3$ der Maronen-Schoko-Creme in 4 Tassen oder Gläser füllen und mindestens 1 Stunde im Kühlschrank erkalten lassen.

5. Den Honig in einem Topf karamellisieren und mit dem Portwein und dem Rum ablöschen, die Cranberrys dazugeben und einmal aufkochen. Die Orangenzesten unterheben und abkühlen lassen.

6. Die karamellisierten Cranberrys auf der Maronen-Schoko-Creme verteilen. Das restlich Drittel der Maronen-Schoko-Creme in einen Spritzbeutel mit großer Sterntülle füllen, die 4 Gläser damit dekorieren, und alles mit Kakaopulver übersieben.

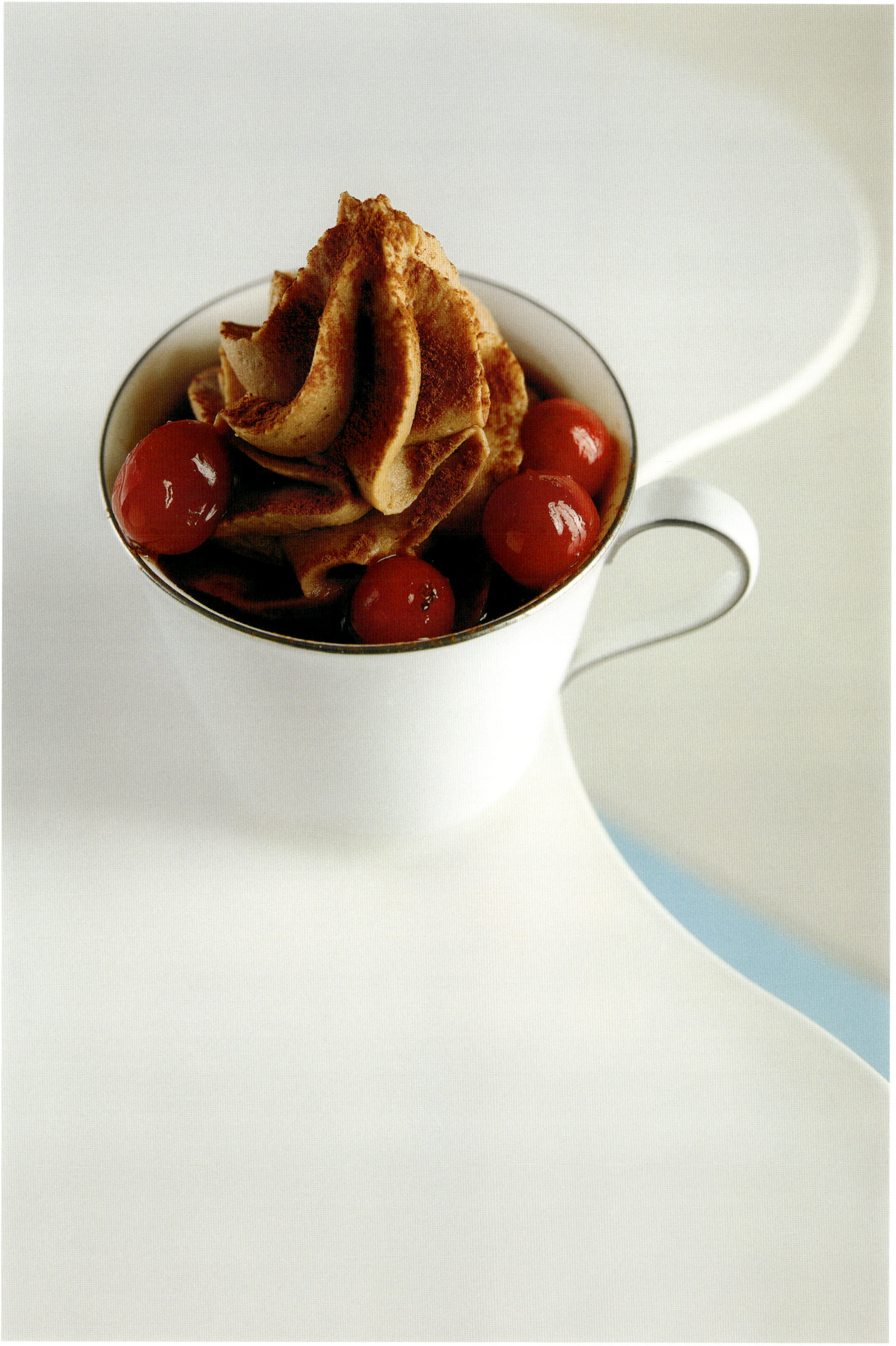

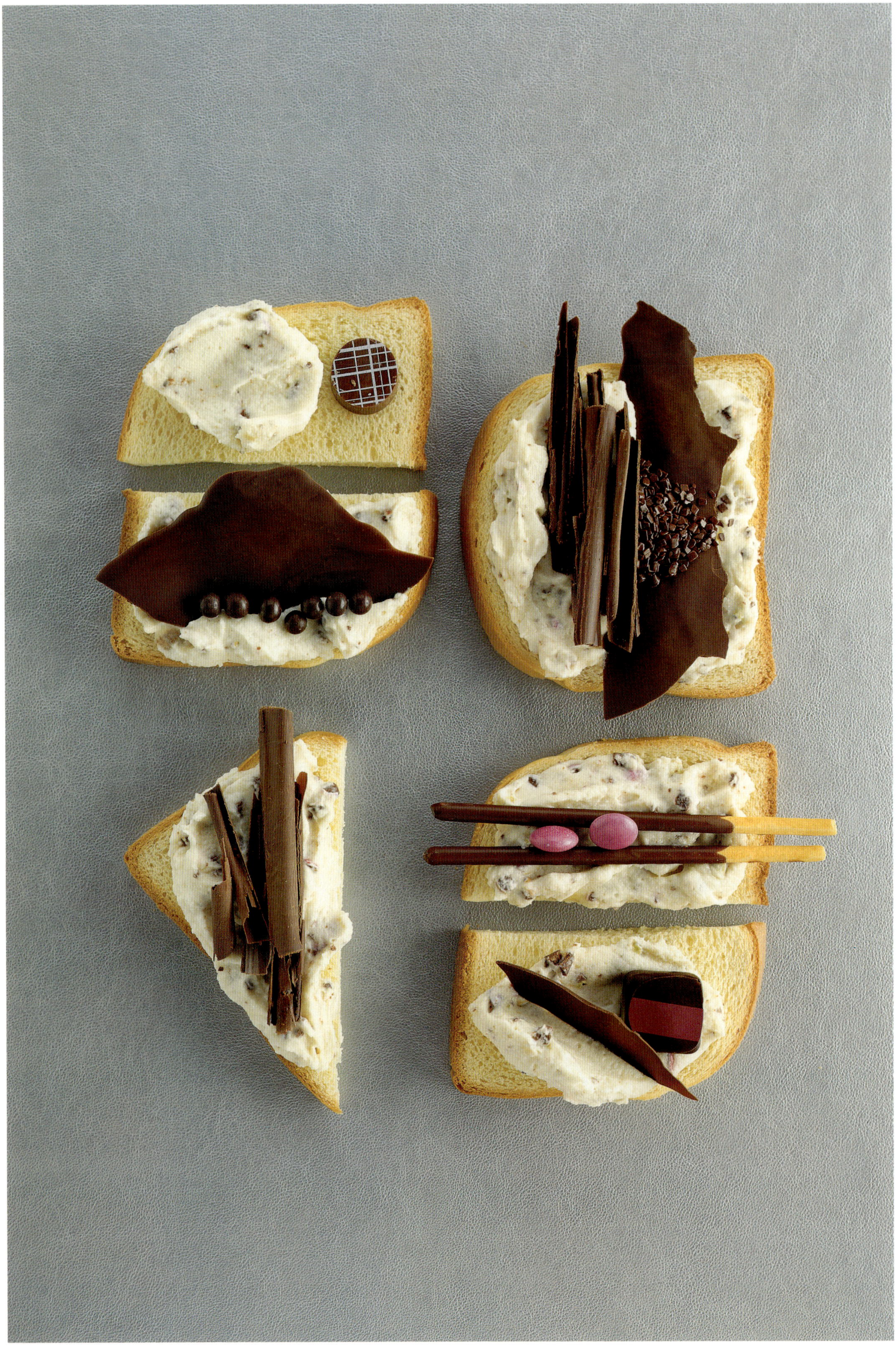

Smartiescreme auf Brioche

Zutaten für 4 Personen

200 g weiße Kuvertüre
1 Ei
3 EL Butter
200 ml Sahne
200 g bunte Schokolinsen (z. B. Smarties)
4 Scheiben Brioche (Fertigprodukt)
einige Tortendekorationselemente aus Schokolade

Zubereitungszeit: ca. 45 Minuten plus 1 Stunde Kühlzeit

1. Die Kuvertüre in Stücke hacken, in einen Topf geben und über dem warmen Wasserbad langsam schmelzen.
2. Das Ei verquirlen und mit der weichen Butter zügig in die geschmolzene Kuvertüre rühren.
3. Die Schlagsahne halb steif schlagen und unter die Schokocreme heben. Die Schokocreme abkühlen lassen.
4. Die Hälfte der Smarties in einen Gefrierbeutel geben und mit dem Nudelholz zwei- bis dreimal darüberrollen. Alle Smarties (die ganzen und die zerbröselten) in die abgekühlte Schokocreme mengen und 1 Stunde im Tiefkühlfach fest werden lassen.
5. Die Briochescheiben vierteln, mit der Smartiescreme bestreichen und mit der Tortendekoration verzieren.

Tipp: Wenn die Masse emulgiert (fest wird), mit 1 EL heißem Wasser lösen.

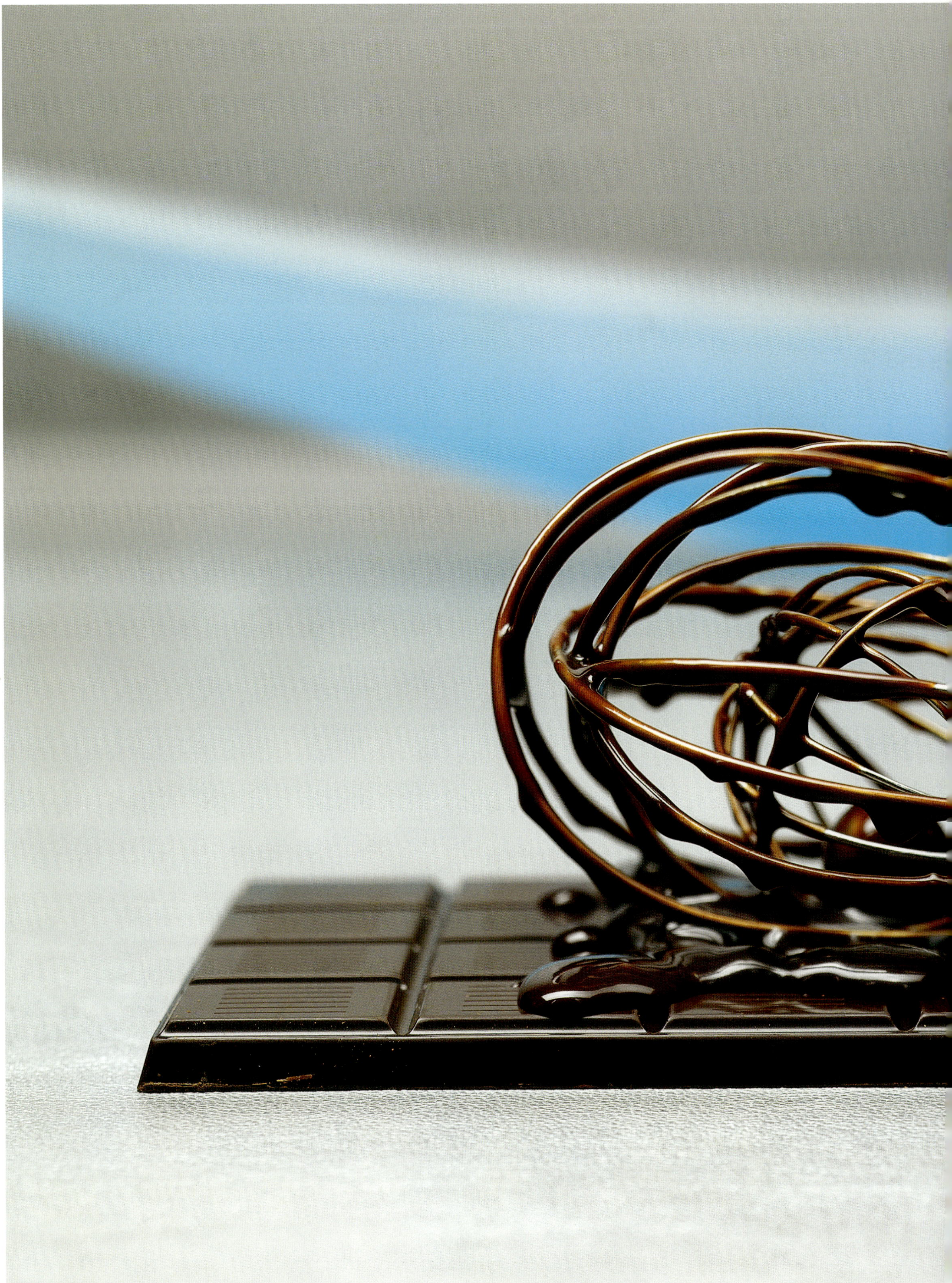

Schaumig

Curryschaum mit Schoko-Nan

Zutaten für 4 Personen

Für den Curryschaum
500 ml Geflügelfond
1 EL Sesamöl
1 EL mildes Madrascurry-pulver
2 EL gehacktes Koriandergrün
1 TL Kreuzkümmelsamen
200 ml Sahne
4 Blatt weiße Gelatine

Für das Schoko-Nan
500 g Weizenmehl, Type 405
1 Päckchen Trockenhefe
3 EL Milch
250 g Naturjoghurt (3,5 % Fettgehalt)
1 Ei
30 g Butter
1 TL Puderzucker
1 Prise Salz
20 g gehackte dunkle Kuvertüre (80 % Kakaogehalt)
1 TL Schwarzkümmel

Zubereitungszeit: ca. 40 Minuten plus 2 Stunden Kühlzeit

1 Den Geflügelfond mit dem Sesamöl, dem Currypulver, dem Koriandergrün und den Kreuzkümmelsamen in einen Topf geben und aufkochen. Dann die Sahne zufügen, mit dem Stabmixer aufmixen und durch ein feines Sieb streichen.

2 Die Gelatine 4 Minuten in kaltem Wasser einweichen, dann ausdrücken und in einem kleinen Topf erwärmen, unter Rühren auflösen und in die Currycreme rühren.

3 Die Currycreme durch ein Sieb in einen Siphon (Espumaflasche) geben, mit 1 Stickstoffpatrone laden und 2 Stunden kalt stellen.

4 Das Mehl mit der Trockenhefe vermengen.

5 Die Milch, den Joghurt, das verquirlte Ei, die zerlassene Butter, den Puderzucker und das Salz miteinander verrühren und mit der Mehl-Hefe-Mischung vermengen.

6 Die Kuvertüre fein hacken und unter den Hefeteig rühren. Den Teig in der Küchenmaschine 15 Minuten durchkneten, dann 10 Minuten gehen lassen.

7 Den Teig zu runden Scheiben (15 cm Durchmesser, $1/2$ cm dick) formen und im auf 200 °C vorgeheizten Backofen 20 Minuten knusprig backen.

8 Den Curryschaum auf das warme Schoko-Nan spritzen, alles mit dem Schwarzkümmel bestreuen und servieren.

Schaum vom Kürbiskernöl mit Schoko-Karotten-Puffern

Zutaten für 4 Personen

200 ml Milch
100 ml Sahne
65 ml Kürbiskernöl
Salz
schwarzer Pfeffer aus der Mühle
3 Blatt weiße Gelatine
300 g Karotten
50 g Edelbitterschokolade (80 % Kakaogehalt)
100 g Topfen (Quark, 20 % Fettgehalt)
2 Eigelb
2 EL Maisstärke
2 EL Olivenöl

Zubereitungszeit: ca. 30 Minuten plus 2 Stunden Kühlzeit

1. Die Milch mit der Sahne in einen Topf geben und aufkochen, dann das Kürbiskernöl einrühren und mit Salz und frisch gemahlenem schwarzen Pfeffer abschmecken und mit dem Stabmixer aufmixen.

2. Die Gelatine 4 Minuten in kaltem Wasser einweichen, dann ausdrücken und in einem kleinen Topf erwärmen, unter Rühren auflösen und in die Kürbiskernölsahne rühren.

3. Die Kürbiskernölsahne durch ein Sieb in einen Siphon (Espumaflasche) geben, mit 1 Stickstoffpatrone laden und 2 Stunden kalt stellen.

4. Die Karotten schälen und grob raspeln. Die Schokolade grob hacken.

5. Den Topfen in eine Schüssel geben und mit den Karotten, der Schokolade, den Eigelb und der Maisstärke zu einem glatten Pufferteig rühren. Diesen mit Salz und frisch gemahlenem schwarzen Pfeffer abschmecken.

6. Das Olivenöl in einer Pfanne erhitzen. Aus je 2 EL des Pufferteigs darin kleine Puffer ausbacken und auf Küchenkrepp abtropfen lassen.

7. Die Schoko-Karotten-Puffer mit dem Schaum vom Kürbiskernöl servieren.

Schaumig

Weißer Tomatenschaum mit dunkler Schokolade

Zutaten für 4 Personen

500 g vollreife Fleischtomaten
2 EL Olivenöl
1 l kalter Gemüsefond
Salz
weißer Pfeffer aus der Mühle
150 ml Sahne
3 Blatt weiße Gelatine
40 g Edelbitterschokolade (80 % Kakaogehalt)
einige Blätter frisches Basilikum

Zubereitungszeit: ca. 3 Stunden plus 12 Stunden Ruhezeit

1. Die Tomaten vierteln, vom Strunk befreien, mit dem Olivenöl und dem Gemüsefond in eine große Schüssel geben und mit dem Stabmixer mixen. Das Tomatenpüree in ein feines Passiertuch geben, die Tuchenden an einem langen Kochlöffel festknoten, das Tuch über eine große Schüssel hängen und über Nacht stehen lassen.

2. Das abgetropfte klare Tomatenwasser in einen Topf geben, aufkochen und auf 125 ml reduzieren. Mit Salz und frisch gemahlenem weißen Pfeffer abschmecken.

3. Die Sahne in das Tomatenwasser rühren.

4. Die Gelatine 4 Minuten in kaltem Wasser einweichen, dann ausdrücken und in einem kleinen Topf erwärmen, unter Rühren auflösen und unter die Tomatensahne rühren.

5. Die Tomatencreme durch ein Sieb in einen Siphon (Espumaflasche) geben, mit 1 Stickstoffpatrone laden und 2 Stunden kalt stellen.

6. Die Schokolade fein hacken.

7. Den Tomatenschaum in 4 Gläser spritzen, die fein gehackte Schokolade darübergeben, mit etwas frischem Basilikum dekorieren und servieren.

Schaumig

Safran-Hummer-Schaum mit weißer Schokolade

Zutaten für 4 Personen

300 g ausgelöstes gegartes Hummerfleisch
60 g weiße Kuvertüre
400 ml Sahne
1 Zitrone
2 cl Noilly prat
1 Msp. Safranpulver
Salz
weißer Pfeffer aus der Mühle
2 cl Weinbrand
3 Blatt weiße Gelatine
etwas Cayennepfeffer

Zubereitungszeit: ca. 40 Minuten plus 2 Stunden Kühlzeit

1. Das Hummerfleisch fein würfeln. Die weiße Kuvertüre fein hacken.
2. Die Sahne mit dem Saft der Zitrone, dem Noilly prat und dem Safran in einen Topf geben und aufkochen. Das Hummerfleisch und die Kuvertüre zugeben und erwärmen, dann alles mit dem Stabmixer pürieren und durch ein feines Sieb streichen. Die Safran-Hummer-Creme mit Salz und frisch gemahlenem weißen Pfeffer abschmecken, dann mit dem Weinbrand verfeinern.
3. Die Gelatine 4 Minuten in kaltem Wasser einweichen, dann ausdrücken und in einem kleinen Topf erwärmen, unter Rühren auflösen und unter die Safran-Hummer-Creme rühren.
4. Die Creme durch ein Sieb in einen Siphon (Espumaflasche) geben, mit 1 Stickstoffpatrone laden und 2 Stunden kalt stellen.
5. Den Safran-Hummer-Schaum in 4 Gläser spritzen und mit ganz wenig Cayennepfeffer bestäuben.

Jakobsmuscheln mit Rosinen-Schokoladen-Schaum

Zutaten für 4 Personen

200 ml Fischfond
100 ml Sahne
100 g dunkle Kuvertüre (70 % Kakaogehalt)
3 Blatt weiße Gelatine
100 g Rosinen
1 Limette
1 cl brauner Rum
12 Jakobsmuscheln
etwas grobes Meersalz
2 EL Butter
1 EL Olivenöl

Zubereitungszeit: ca. 40 Minuten

1. Den Fischfond mit der Sahne in einen Topf geben und erwärmen. Die fein gehackte Kuvertüre hinzufügen und darin schmelzen.

2. Die Gelatine 4 Minuten in kaltem Wasser einweichen, dann herausnehmen und ausdrücken. Die Gelatine in dem Schokofond auflösen und durch ein Sieb in einen hitzefesten Siphon (Espumaflasche) geben. Den Siphon mit 1 Stickstoffpatrone laden und in einem warmen Wasserbad warm stellen.

3. Die Rosinen mit dem Saft der Limette und dem Rum vermischen.

4. Die Jakobsmuscheln mit grobem Meersalz würzen. Die Butter und das Olivenöl in einer Pfanne erhitzen, und die Jakobsmuscheln darin von beiden Seiten kurz und scharf anbraten.

5. Den Schokoladenschaum auf 4 Teller spritzen. Die Jakobsmuscheln daraufsetzen und mit den Rumrosinen anrichten.

Tipp: Dazu passen im Ofen getrocknete Scheiben von der Babyaubergine.

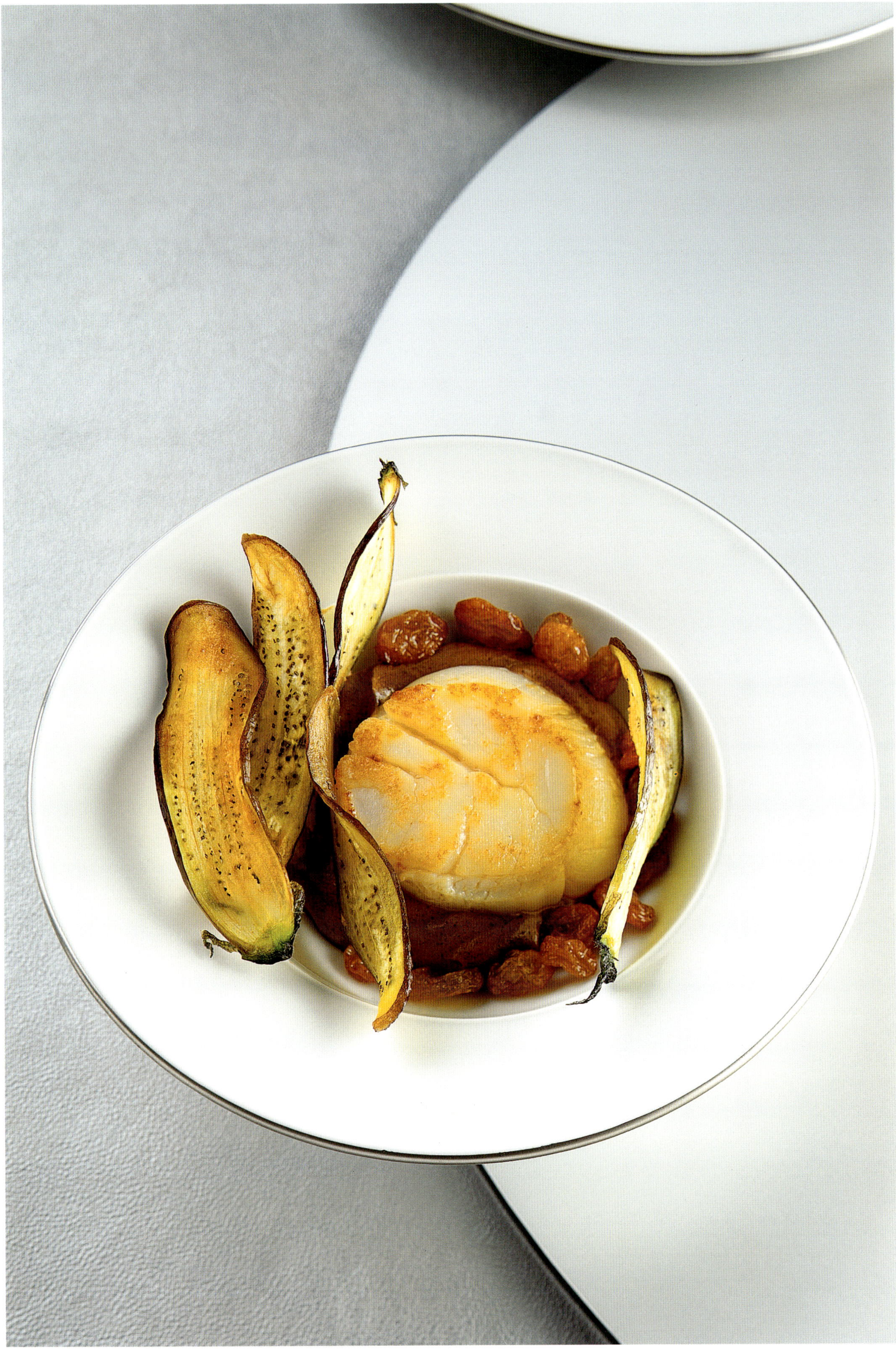

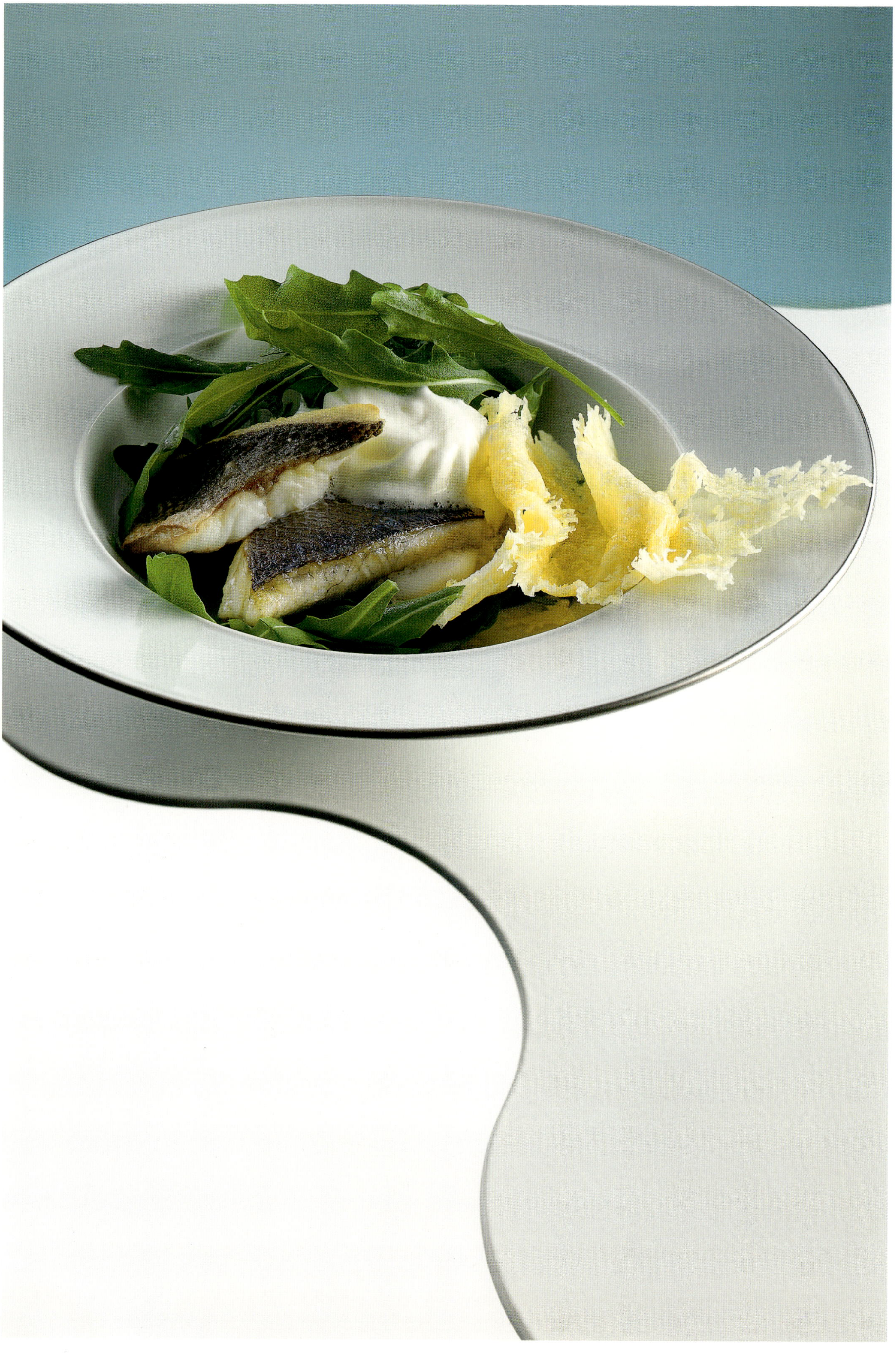

Bergkäse-Schoko-Schaum mit Branzino

Zutaten für 4 Personen

300 ml Milch
100 ml Sahne
200 g frisch geriebener Bergkäse
50 g fein gehackte weiße Kuvertüre
Salz
1 Msp. Cayennepfeffer
3 Blatt weiße Gelatine
4 Filets vom Branzino (Wolfsbarsch, à 90 g)
2 EL Olivenöl
1 Handvoll Rucola
etwas Bergkäse zum Anrichten

Zubereitungszeit: ca. 40 Minuten

1. Die Milch mit der Sahne in einen Topf geben und aufkochen. Den Bergkäse und die Kuvertüre vorsichtig hineinrühren und unter Rühren schmelzen, dabei nicht mehr kochen lassen. Mit Salz und Cayennepfeffer abschmecken.

2. Die Gelatine 4 Minuten in kaltem Wasser einweichen, dann ausdrücken und unter Rühren in der Bergkäse-Schoko-Creme auflösen.

3. Den Fond durch ein Sieb in einen hitzefesten Siphon (Espumaflasche) geben. Den Siphon mit 1 Stickstoffpatrone laden, dann in einem warmen Wasserbad warm halten.

4. Die Wolfsbarschfilets salzen. Das Olivenöl in einer Pfanne erhitzen, und die Wolfsbarschfilets mit der Hautseite nach unten darin anbraten. Die Filets nach 2 Minuten wenden, dann die Pfanne vom Herd nehmen. Die Fischfilets noch 1–2 Minuten ziehen lassen.

5. Die fertig gebratenen Wolfbarschfilets auf 4 Tellern anrichten, mit etwas Rucola bedecken und den Bergkäse-Schoko-Schaum daraufspritzen. Mit hauchdünn gehobeltem Bergkäse dekorieren.

Apfel-Schoko-Schaum mit Chili-Schweinelende

Zutaten für 4 Personen

300 ml naturtrüber oder frisch gepresster Apfelsaft
100 g Naturjoghurt (3,5 % Fettgehalt)
2 EL gehackte weiße Schokolade
3 Blatt weiße Gelatine
500 g Schweinelende
Salz
2 EL Olivenöl
2 EL Butter
2 Chilischoten

Zubereitungszeit: ca. 50 Minuten

1. Den Apfelsaft mit dem Joghurt verrühren, in einen Topf geben und erwärmen. Die Schokolade in Stücke hacken und darin schmelzen.

2. Die Gelatine 4 Minuten in kaltem Wasser einweichen, dann herausnehmen und ausdrücken. Die Gelatine in der Joghurtcreme auflösen und durch ein Sieb in einen hitzefesten Siphon (Espumaflasche) geben. Den Siphon mit 1 Stickstoffpatrone laden und in einem warmen Wasserbad warm stellen.

3. Die Schweinelende salzen. Das Olivenöl und die Butter in einer ofenfesten Pfanne erhitzen, und die Schweinelende darin von allen Seiten 3 Minuten anbraten.

4. Die Chilischoten halbieren, von den Kernen und den Scheidewänden befreien, fein hacken und zu dem Fleisch in die Pfanne geben.

5. Das Schweinefleisch in der Pfanne in den auf 130 °C vorgeheizten Backofen geben und ca. 12–15 Minuten braten.

6. Das Schweinefleisch aus dem Ofen nehmen, in Scheiben schneiden und mit dem Apfel-Schoko-Schaum servieren.

Schaumig

Bergkäse-Schoko-Schaum mit Branzino

Zutaten für 4 Personen

300 ml Milch
100 ml Sahne
200 g frisch geriebener Bergkäse
50 g fein gehackte weiße Kuvertüre
Salz
1 Msp. Cayennepfeffer
3 Blatt weiße Gelatine
4 Filets vom Branzino (Wolfsbarsch, à 90 g)
2 EL Olivenöl
1 Handvoll Rucola
etwas Bergkäse zum Anrichten

Zubereitungszeit: ca. 40 Minuten

1. Die Milch mit der Sahne in einen Topf geben und aufkochen. Den Bergkäse und die Kuvertüre vorsichtig hineinrühren und unter Rühren schmelzen, dabei nicht mehr kochen lassen. Mit Salz und Cayennepfeffer abschmecken.

2. Die Gelatine 4 Minuten in kaltem Wasser einweichen, dann ausdrücken und unter Rühren in der Bergkäse-Schoko-Creme auflösen.

3. Den Fond durch ein Sieb in einen hitzefesten Siphon (Espumaflasche) geben. Den Siphon mit 1 Stickstoffpatrone laden, dann in einem warmen Wasserbad warm halten.

4. Die Wolfsbarschfilets salzen. Das Olivenöl in einer Pfanne erhitzen, und die Wolfsbarschfilets mit der Hautseite nach unten darin anbraten. Die Filets nach 2 Minuten wenden, dann die Pfanne vom Herd nehmen. Die Fischfilets noch 1–2 Minuten ziehen lassen.

5. Die fertig gebratenen Wolfbarschfilets auf 4 Tellern anrichten, mit etwas Rucola bedecken und den Bergkäse-Schoko-Schaum daraufspritzen. Mit hauchdünn gehobeltem Bergkäse dekorieren.

Schaumig

Elsässer Schokoladenschaum mit Gänseleber

Zutaten für 4 Personen

250 ml naturtrüber Apfelsaft
250 ml Elsässer Süßwein
250 ml Sahne
50 g dunkle Kuvertüre (70 % Kakaogehalt)
Salz
schwarzer Pfeffer aus der Mühle
1 Msp. Cayennepfeffer
3 Blatt weiße Gelatine
400 g Gänseleber
3 EL griffiges Weizenmehl (z. B. Wiener Griessler)
1 EL Olivenöl

Zubereitungszeit: ca. 30 Minuten

1. Den Apfelsaft mit dem Süßwein und der Sahne in einen Topf geben und aufkochen. Die Kuvertüre fein hacken, hineinrühren und schmelzen. Die Creme mit Salz, frisch gemahlenem schwarzem Pfeffer und Cayennepfeffer abschmecken, dann durch ein feines Sieb streichen.

2. Die Gelatine 4 Minuten in kaltem Wasser einweichen, dann ausdrücken und in einem kleinen Topf erwärmen, unter Rühren auflösen und in die Schokoladencreme rühren.

3. Die Creme durch ein Sieb in einen hitzefesten Siphon (Espumaflasche) geben. Den Siphon mit 1 Stickstoffpatrone laden, dann in einem warmen Wasserbad warm halten.

4. Die Gänseleber in fingerdicke Scheiben schneiden, mit Salz und frisch gemahlenem schwarzen Pfeffer würzen und fein mehlieren.

5. Das Olivenöl in einer Pfanne erhitzen, und die Gänseleber darin von beiden Seiten je 30 Sekunden scharf anbraten.

6. Die Gänseleber auf 4 Tellern anrichten, den Schokoschaum danebenspritzen und servieren.

Schaum von der Entenleber mit Schokolade und Quitten

Zutaten für 4 Personen

400 g küchenfertige Entenleber
Salz
schwarzer Pfeffer aus der Mühle
2 EL Butter
100 ml Portwein
300 ml Sahne
100 g Edelbitterschokolade (90 % Kakaogehalt)
3 Blatt weiße Gelatine
2 Quitten (ca. 500 g)
500 ml trockener Weißwein
2 EL Honig
1 EL gehackter Zitronenthymian

Zubereitungszeit: ca. 50 Minuten

1. Die Entenleber mit Salz und Pfeffer würzen. Die Butter in einer Pfanne erhitzen, und die Entenleber darin von beiden Seiten 2 Minuten scharf anbraten, dann mit dem Portwein ablöschen.

2. Die Sahne in die Pfanne geben und unter Rühren aufkochen. Die Schokolade fein hacken und ebenfalls hineinrühren. Dann alles mit dem Stabmixer pürieren und durch ein feines Sieb streichen.

3. Die Gelatine 4 Minuten in kaltem Wasser einweichen, dann ausdrücken und in einem kleinen Topf erwärmen, unter Rühren auflösen und unter die Entenlebercreme rühren.

4. Die Creme durch ein Sieb in einen hitzefesten Siphon (Espumaflasche) geben. Den Siphon mit 1 Stickstoffpatrone laden, dann in einem warmen Wasserbad warm halten.

5. Die Quitten schälen, entkernen und fein würfeln.

6. Den Weißwein und den Honig mit den Quittenwürfeln und dem Zitronenthymian in einen Topf geben und erwärmen. Die Quittenwürfel in dem Weißweinsud weich kochen.

7. Die Quittenwürfel mit Weißweinsud auf 4 Teller verteilen, den Entenleberschaum darüberspritzen und servieren.

Schaumig

Apfel-Schoko-Schaum mit Chili-Schweinelende

Zutaten für 4 Personen

300 ml naturtrüber oder frisch gepresster Apfelsaft
100 g Naturjoghurt (3,5 % Fettgehalt)
2 EL gehackte weiße Schokolade
3 Blatt weiße Gelatine
500 g Schweinelende
Salz
2 EL Olivenöl
2 EL Butter
2 Chilischoten

Zubereitungszeit: ca. 50 Minuten

1. Den Apfelsaft mit dem Joghurt verrühren, in einen Topf geben und erwärmen. Die Schokolade in Stücke hacken und darin schmelzen.
2. Die Gelatine 4 Minuten in kaltem Wasser einweichen, dann herausnehmen und ausdrücken. Die Gelatine in der Joghurtcreme auflösen und durch ein Sieb in einen hitzefesten Siphon (Espumaflasche) geben. Den Siphon mit 1 Stickstoffpatrone laden und in einem warmen Wasserbad warm stellen.
3. Die Schweinelende salzen. Das Olivenöl und die Butter in einer ofenfesten Pfanne erhitzen, und die Schweinelende darin von allen Seiten 3 Minuten anbraten.
4. Die Chilischoten halbieren, von den Kernen und den Scheidewänden befreien, fein hacken und zu dem Fleisch in die Pfanne geben.
5. Das Schweinefleisch in der Pfanne in den auf 130 °C vorgeheizten Backofen geben und ca. 12–15 Minuten braten.
6. Das Schweinefleisch aus dem Ofen nehmen, in Scheiben schneiden und mit dem Apfel-Schoko-Schaum servieren.

Schaumig

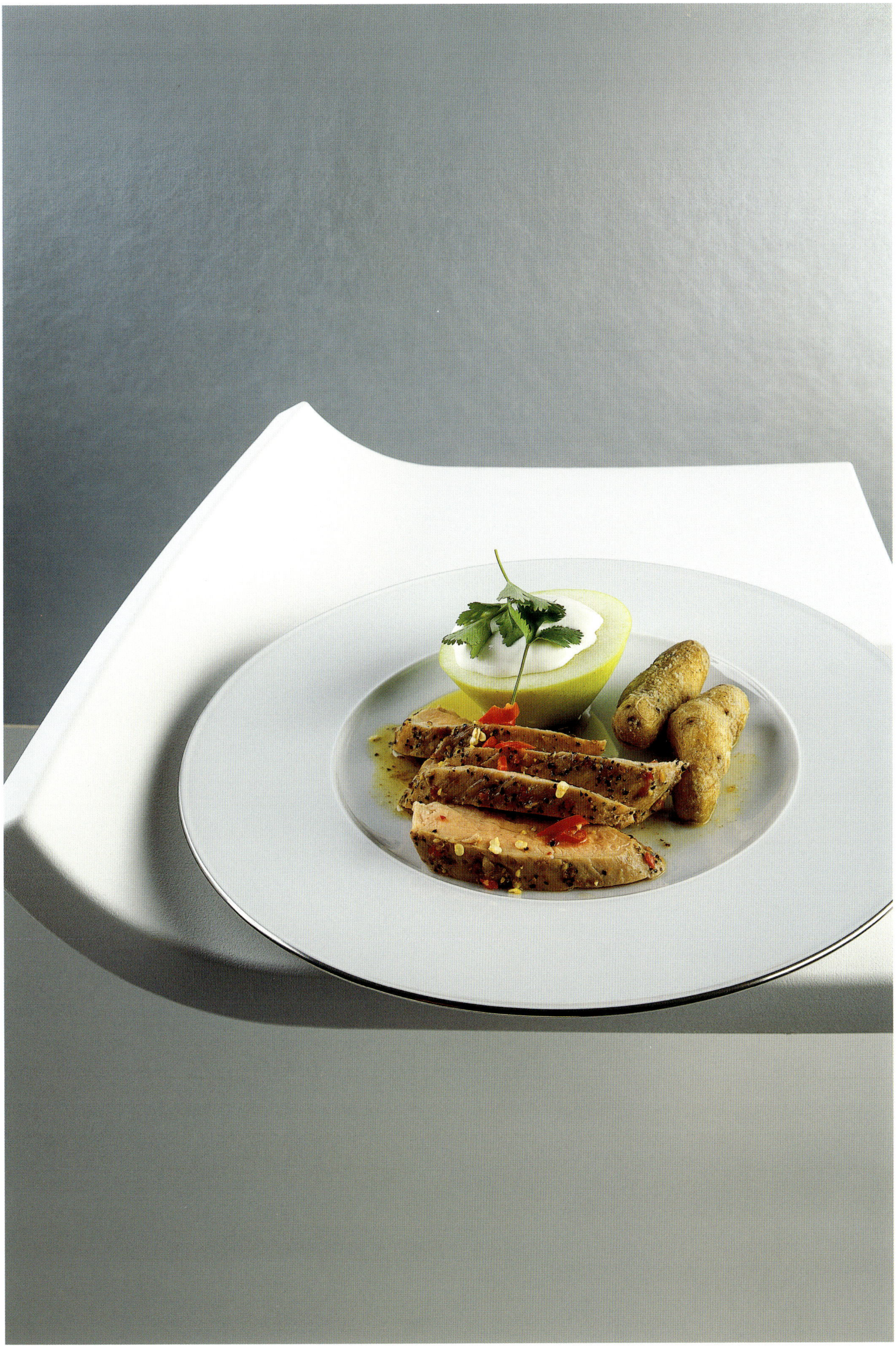

Süßkartoffel-Schoko-Schaum mit Pfefferhendl

Zutaten für 4 Personen

300 g Süßkartoffeln
50 g fein gehackte weiße Kuvertüre
500 ml Milch
250 ml Sahne
3 EL Butter
Salz
weißer Pfeffer aus der Mühle
1 Msp. Cayennepfeffer
1 Blatt weiße Gelatine
4 Hühnerbrustfilets
2 EL geschrotete weiße Pfefferkörner
2 EL Olivenöl

Zubereitungszeit: ca. 40 Minuten

1 Die Süßkartoffeln schälen, in kleine Würfel schneiden und in reichlich Salzwasser weich kochen. Die weichen Süßkartoffeln abgießen, durch eine Kartoffelpresse drücken und mit der fein gehackten Kuvertüre, der erwärmten Milch, der erwärmten Sahne und 2 EL weicher Butter zu einer glatten Creme verarbeiten. Die Creme mit Salz, frisch gemahlenem weißen Pfeffer und Cayennepfeffer abschmecken.

2 Die Gelatine 4 Minuten in kaltem Wasser einweichen, dann ausdrücken, in einem kleinen Topf erwärmen, unter Rühren auflösen und in die Süßkartoffelcreme rühren.

3 Die Süßkartoffelcreme durch ein Sieb in einen hitzefesten Siphon (Espumaflasche) geben. Den Siphon mit 1 Stickstoffpatrone laden, dann in einem warmen Wasserbad warm halten.

4 Die Hühnerbrustfilets mit Salz und den geschroteten Pfefferkörnern einreiben.

5 Das Olivenöl und die restliche Butter (1 EL) in einer Pfanne erhitzen, und die Hühnerbrustfilets darin von beiden Seiten je 8 Minuten sanft braten.

6 Die durchgebratenen Hühnerbrustfilets aus der Pfanne nehmen, in Streifen schneiden, auf 4 Tellern anrichten, den Süßkartoffel-Schoko-Schaum danebenspritzen und servieren.

Crème-fraîche-Schaum mit Schoko-Kalbsbackerln

Zutaten für 4 Personen

- 50 ml Sahne
- 50 g frisch geriebener Parmesan
- 300 g Crème fraîche
- Salz
- schwarzer Pfeffer aus der Mühle
- 3 Blatt weiße Gelatine
- 1 Zwiebel
- 3 EL Olivenöl
- 100 g Staudensellerie
- 1 EL Tomatenmark
- 500 ml trockener Rotwein
- 500 ml Kalbsfond
- 125 ml Aceto balsamico
- 700 g Kalbsbackerl (Kalbsbäckchen)
- 50 g dunkle Kuvertüre (80 % Kakaogehalt)
- 2 EL Butter

Zubereitungszeit: ca. 2 Stunden

1. Die Sahne in einen Topf geben und aufkochen. Den geriebenen Parmesan einrühren und schmelzen lassen, dann die Crème fraîche einrühren und mit Salz und frisch gemahlenem schwarzen Pfeffer abschmecken.

2. Die Gelatine 4 Minuten in kaltem Wasser einweichen, dann ausdrücken, in einem kleinen Topf erwärmen, unter Rühren auflösen und in die Crème-fraîche-Creme rühren.

3. Die Crème-fraîche-Creme durch ein Sieb in einen Siphon (Espumaflasche) geben, mit 1 Stickstoffpatrone laden und 2 Stunden kalt stellen.

4. Die Zwiebel schälen und fein würfeln. 2 EL Olivenöl in einem Topf erhitzen, die Zwiebelwürfel darin glasig schwitzen.

5. Den Staudensellerie putzen, fein würfeln und zu den Zwiebeln geben. Das Tomatenmark unterrühren und mit dem Rotwein, dem Kalbsfond und dem Balsamico auffüllen.

6. Die Kalbsbackerl waschen, trocken tupfen und in 1 EL Olivenöl scharf anbraten, dann in den Fond geben. (Das Fleisch muss vollständig vom Fond bedeckt sein.) Die Kalbsbackerl etwa 1 Stunde weich schmoren. Die fertigen Backerl aus dem Fond nehmen und warm stellen.

7. Den Fond auf $1/3$ reduzieren. Die Kuvertüre fein hacken, in den Fond geben, auflösen und mit der Butter verfeinern. Mit dem Stabmixer aufmixen. Die Kalbsbackerl wieder in den Fond geben.

8. Den Crème-fraîche-Schaum auf 4 Teller spritzen und mit den Kalbsbackerln und der Schokoladensauce servieren.

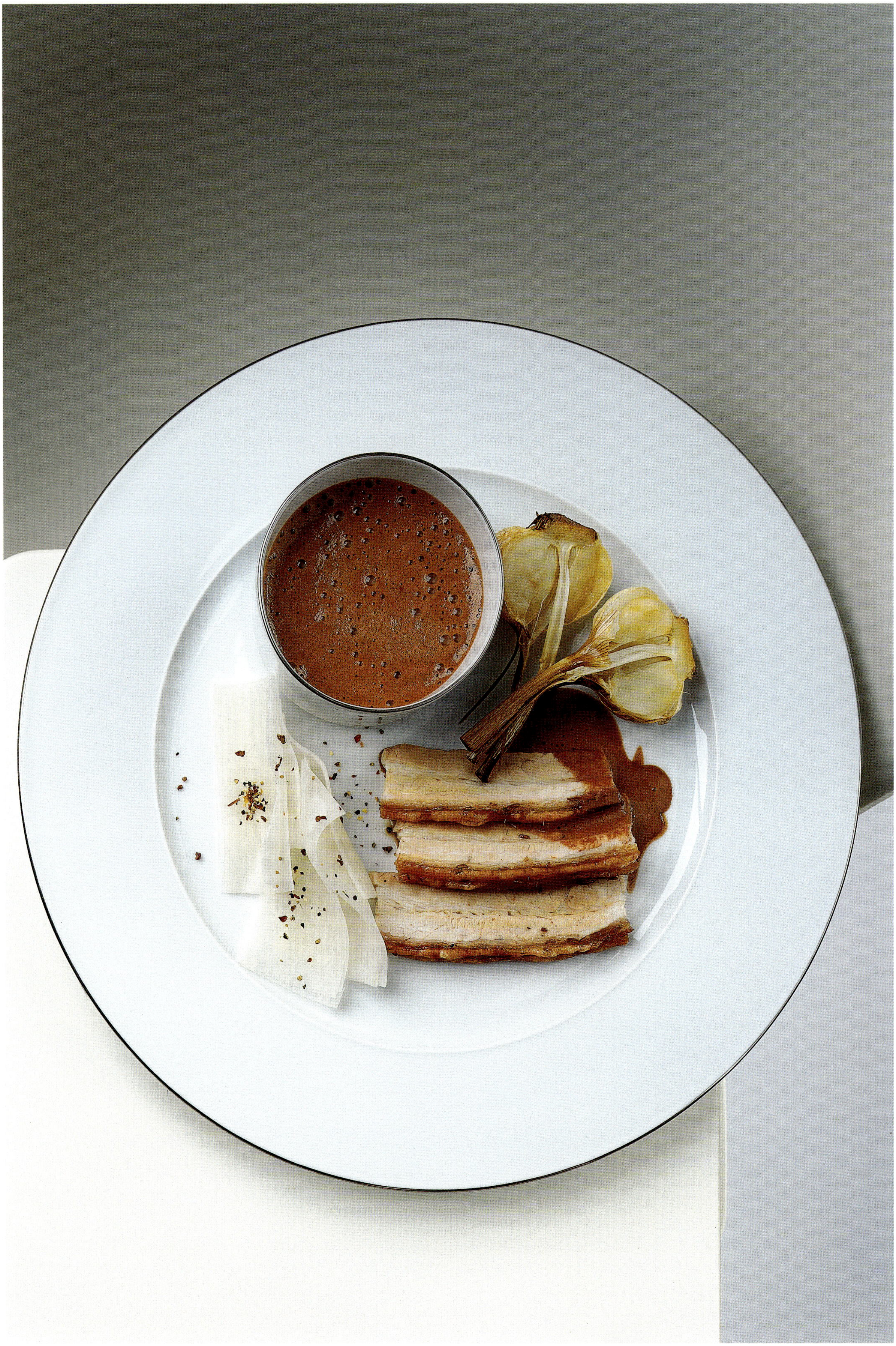

Starkbier-Schoko-Schaum mit Bratlschnitte

Zutaten für 4 Personen
650 g Schweinebauch
Salz
schwarzer Pfeffer aus der Mühle
2 EL Kümmel
Butter für die Form
3 Knoblauchzehen
250 ml Pils
200 ml dunkles Starkbier
100 g dunkle Kuvertüre (70 % Kakaogehalt)
50 ml Sahne
3 Blatt weiße Gelatine

Zubereitungszeit: ca. 1 1/2 Stunden

1. Die Schwarte des Schweinebauchs mit einem scharfen Messer im Abstand von 1 cm längs und quer einschneiden. Das Fleisch von allen Seiten mit Salz, Pfeffer und Kümmel einreiben. Das Fleisch mit der Schwarte nach oben in eine mit Butter gefettete, feuerfeste Form legen. Den Knoblauch schälen, hacken und das Fleisch damit einreiben. Die Form in den auf 210 °C vorgeheizten Backofen geben.

2. Sobald die Schwarte Farbe annimmt und knusprig wird, die Ofentemperatur auf 90 °C reduzieren, und den Braten mit dem Pils ablöschen. Den Braten 1 Stunde schmoren lassen, bei Bedarf hin und wieder mit etwas Wasser aufgießen.

3. Das Starkbier in einem Topf erwärmen. Die Kuvertüre klein hacken und darin auflösen. Dann die flüssige Sahne hineinrühren.

4. Die Gelatine 4 Minuten in kaltem Wasser einweichen, dann ausdrücken und in die Schokoladencreme rühren.

5. Den Fond durch ein Sieb in einen hitzefesten Siphon (Espumaflasche) geben. Den Siphon mit 1 Stickstoffpatrone laden, dann in einem warmen Wasserbad warm halten.

6. Das Bratl aus dem Ofen nehmen, in Scheiben schneiden, kurz unter den Backofengrill geben, damit die Kruste knusprig wird. Die fertigen Bratscheiben mit etwas Bratensaft begießen. Den Starkbier-Schoko-Schaum danebenspritzen und sofort servieren.

Schaumig

Chardonnay-Schokoladen-Schaum mit Kalbsfilet

Zutaten für 4 Personen

700 g Kalbsfilet
Salz
weißer Pfeffer aus der Mühle
2 EL Olivenöl
500 ml Sahne
50 g weiße Kuvertüre
250 ml Chardonnay
3 Blatt weiße Gelatine

Zubereitungszeit: ca. 50 Minuten

1 Das Kalbsfilet waschen, trocken tupfen und mit Salz und frisch gemahlenem weißen Pfeffer einreiben.

2 Das Olivenöl in einer ofenfesten Pfanne erhitzen, das Kalbsfilet darin von allen Seiten je 1 Minute scharf anbraten, dann 40 Minuten im auf 85 °C vorgeheizten Backofen braten.

3 Die Sahne in einen kleinen Topf geben und aufkochen. Dann die fein gehackte Kuvertüre hineinrühren und schmelzen. Mit Salz und frisch gemahlenem weißen Pfeffer abschmecken. Dann den Chardonnay hinzufügen.

4 Die Gelatine 4 Minuten in kaltem Wasser einweichen, dann ausdrücken, in einem kleinen Topf erwärmen, unter Rühren auflösen und in die Chardonnay-Schokoladen-Creme rühren.

5 Die Chardonnay-Schokoladen-Creme durch ein Sieb in einen hitzefesten Siphon (Espumaflasche) geben. Den Siphon mit 1 Stickstoffpatrone laden, dann in einem warmen Wasserbad warm halten.

6 Das Kalbsfilet aus dem Ofen nehmen, in Scheiben schneiden und mit dem aufgespritzten Chardonnay-Schokoladen-Schaum servieren.

Schaumig

Schokoschaum mit Tarte von der Lachsforelle

Zutaten für 4 Personen

200 ml Sahne
200 g Kuvertüre (80 % Kakaogehalt)
1 cl Cognac
1½ Blatt weiße Gelatine
330 g TK-Blätterteig
1 Limette (unbehandelt)
125 g Crème fraîche
2 Prisen Meersalz
500 g ganz frische Lachsforellenfilets
2 EL Olivenöl
Salz
schwarzer Pfeffer aus der Mühle

Zubereitungszeit: ca. 40 Minuten plus 2 Stunden Kühlzeit

1. Die Sahne in einen Topf geben. Die Kuvertüre in Stücke hacken, in die Sahne geben und langsam erhitzen. Den Cognac hinzufügen.

2. Die Gelatine 4 Minuten in kaltem Wasser einweichen, dann herausnehmen, ausdrücken und in der Schokocreme auflösen. Die Creme etwas abkühlen lassen, dann durch ein Sieb in einen Siphon (Espumaflasche) geben. Den Siphon mit 1 Stickstoffpatrone laden und mindestens 2 Stunden im Kühlschrank erkalten lassen.

3. Den Blätterteig auf der Arbeitsplatte ausbreiten, etwas ausrollen und in 8–10 gleich große Scheiben schneiden. Den Blätterteig mit einer Gabel mehrmals einstechen, auf ein mit Backpapier bedecktes Backblech legen und im auf 210 °C vorgeheizten Backofen 6 Minuten goldbraun backen.

4. Die Limette fein schälen. Die Zesten fein hacken und beiseite stellen. Den Saft der Limette mit der Crème fraîche verrühren und mit 1 Prise Meersalz abschmecken.

5. Die Lachsforellenfilets mit einem Filetiermesser in ganz dünne Scheiben schneiden. Aus dem Olivenöl und der gehackten Limettenschale eine Marinade rühren, mit Salz und frisch gemahlenem schwarzen Pfeffer abschmecken und über die Lachsforellenfilets geben.

6. Die Lachsforellenfilets auf dem gebackenen Blätterteig verteilen. 1 Minute in den heißen Backofen geben.

7. Die Tartes mit dem Schokoschaum und der Limetten-Crème-fraîche anrichten. Den Schaum mit einer 1 Prise Meersalz bestreuen.

Mandarinen-Rosmarin-Schaum mit Schokolade

Zutaten für 4 Personen

4 Blatt weiße Gelatine
300 ml Orangensaft
200 g Mandarinenfilets
1 EL gehackter Rosmarin
2 EL fein geriebene Edelbitterschokolade (65 % Kakaogehalt)
2 EL fein geriebene weiße Schokolade
einige Rosmarinnadeln zum Dekorieren

Zubereitungszeit: ca. 30 Minuten plus 2 Stunden Kühlzeit

1. Die Gelatine 4 Minuten in kaltem Wasser einweichen, dann herausnehmen und ausdrücken.
2. Den Orangensaft mit den Mandarinenfilets und dem Rosmarin in einen kleinen Topf geben und aufkochen.
3. Die Gelatine in dem heißen Orangensaft auflösen.
4. Den Saft durch ein feines Sieb streichen, etwas abkühlen lassen, dann in einen Siphon (Espumaflasche) füllen. Den Siphon mit 1 Stickstoffpatrone laden und mindestens 2 Stunden im Kühlschrank erkalten lassen.
5. Den Schaum auf Dekolöffel spritzen und mit der geriebenen dunklen und weißen Schokolade bestreuen, mit den Rosmarinnadeln verzieren und sofort servieren. (Am besten ist es, den Schaum bei Tisch anzurichten.)

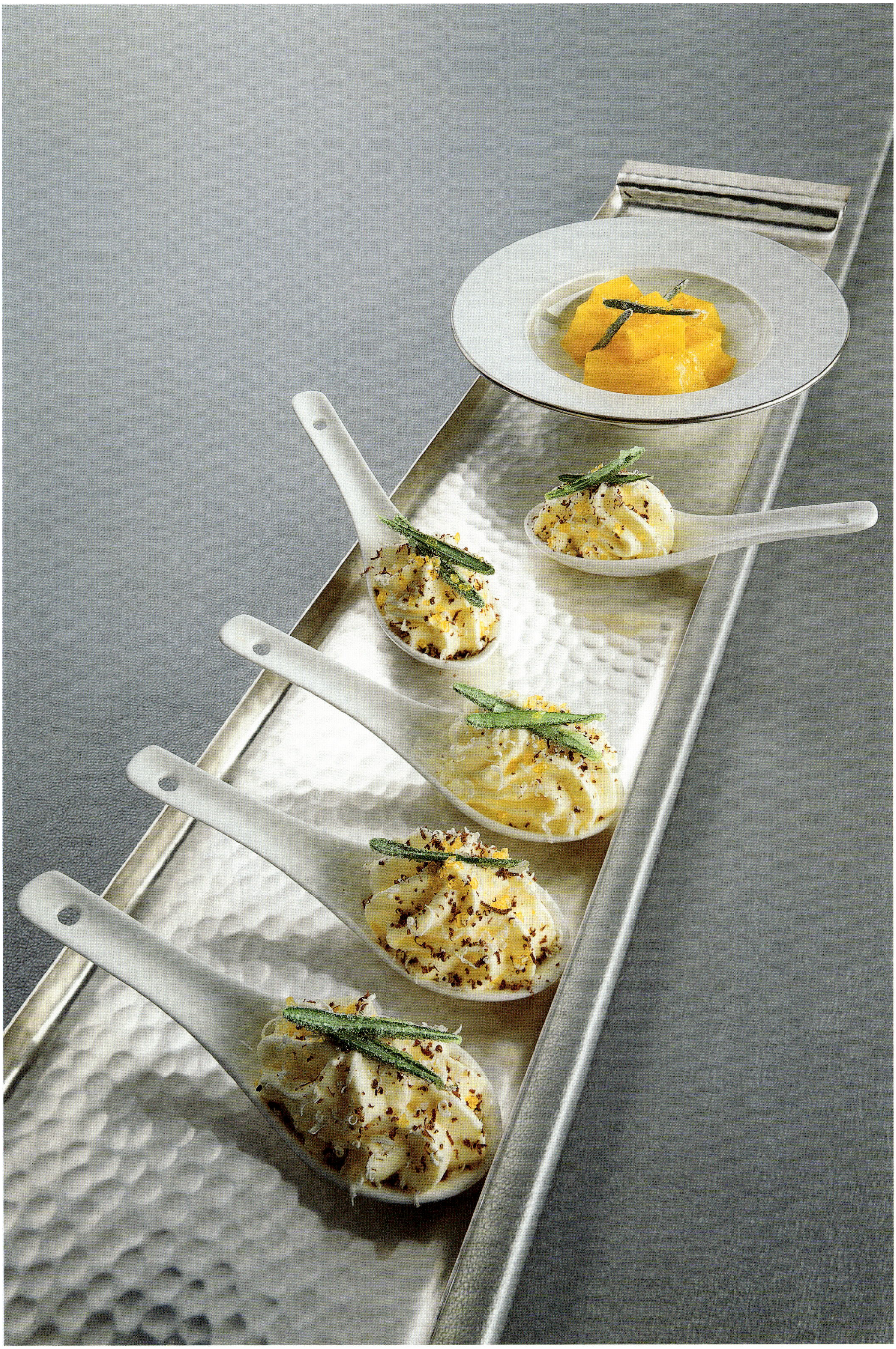

Stracciatellaschaum mit rosa Pfeffer

Zutaten für 4 Personen

200 g weiße Kuvertüre
500 ml Sahne
50 ml Milch
2 Blatt weiße Gelatine
2 cl Rum
50 g dunkle Kuvertüre (70 % Kakaogehalt)
2 EL rosa Pfefferkörner

Zubereitungszeit: ca. 20 Minuten plus 2 Stunden Kühlzeit

1. Die weiße Kuvertüre fein hacken, mit der Sahne und der Milch in einen Topf geben und unter Rühren schmelzen, dann mit dem Stabmixer aufmixen und durch ein feines Sieb geben.
2. Die Gelatine 4 Minuten in kaltem Wasser einweichen, dann ausdrücken, in einem kleinen Topf erwärmen, unter Rühren auflösen und mit dem Rum unter die Schoko-Sahne-Creme rühren.
3. Die Creme durch ein Sieb in einen Siphon (Espumaflasche) geben, mit 1 Stickstoffpatrone laden und 2 Stunden kalt stellen.
4. Die dunkle Kuvertüre fein raspeln, die rosa Pfefferkörner grob mörsern und mit den Schokoraspeln vermengen.
5. Den Schokoladenschaum in Gläser spritzen und mit den Schoko-Pfeffer-Raspeln vermengen.

Pfeffer-Marillen-Schokoladen-Schaum im Strudelkörbchen

Zutaten für 4 Personen

200 g Marillenmarmelade (Aprikosenmarmelade), fein passiert
300 ml Sahne
100 g weiße Kuvertüre
3 Blatt weiße Gelatine
120 g TK-Strudelblätter
2 EL flüssige Butter
Puderzucker zum Bestreuen
2 EL getrocknete grüne Pfefferkörner

Zubereitungszeit: ca. 1 Stunde plus 2 Stunden Kühlzeit

1. Die Marillenmarmelade mit der Sahne in einen Topf geben und erwärmen. Die Kuvertüre fein hacken, hinzufügen und unter Rühren auflösen.

2. Die Marillen-Schokoladen-Creme mit dem Stabmixer pürieren und durch ein feines Sieb streichen.

3. Die Gelatine 4 Minuten in kaltem Wasser einweichen, ausdrücken, in einem kleinen Topf erwärmen, unter Rühren auflösen und unter die Marillen-Schokoladen-Creme rühren.

4. Die Creme durch ein Sieb in einen Siphon (Espumaflasche) geben, mit 1 Stickstoffpatrone laden und 2 Stunden kalt stellen.

5. 4 kleine Souffléformen leicht einfetten. Die aufgetauten Strudelblätter auseinanderfalten und mit flüssiger Butter bepinseln. Je 3 Blätter aufeinanderlegen, festdrücken und in Quadrate schneiden. Die Förmchen damit auskleiden. Die Strudel im auf 160 °C vorgeheizten Backofen 8–10 Minuten knusprig backen. Die fertigen Strudel nach dem Backen sofort aus den Tassen stürzen.

6. Den Marillen-Schokoladen-Schaum in die lauwarmen Strudelkörbchen spritzen, mit etwas Puderzucker bestäuben und einigen grünen Pfefferkörnern bestreuen.

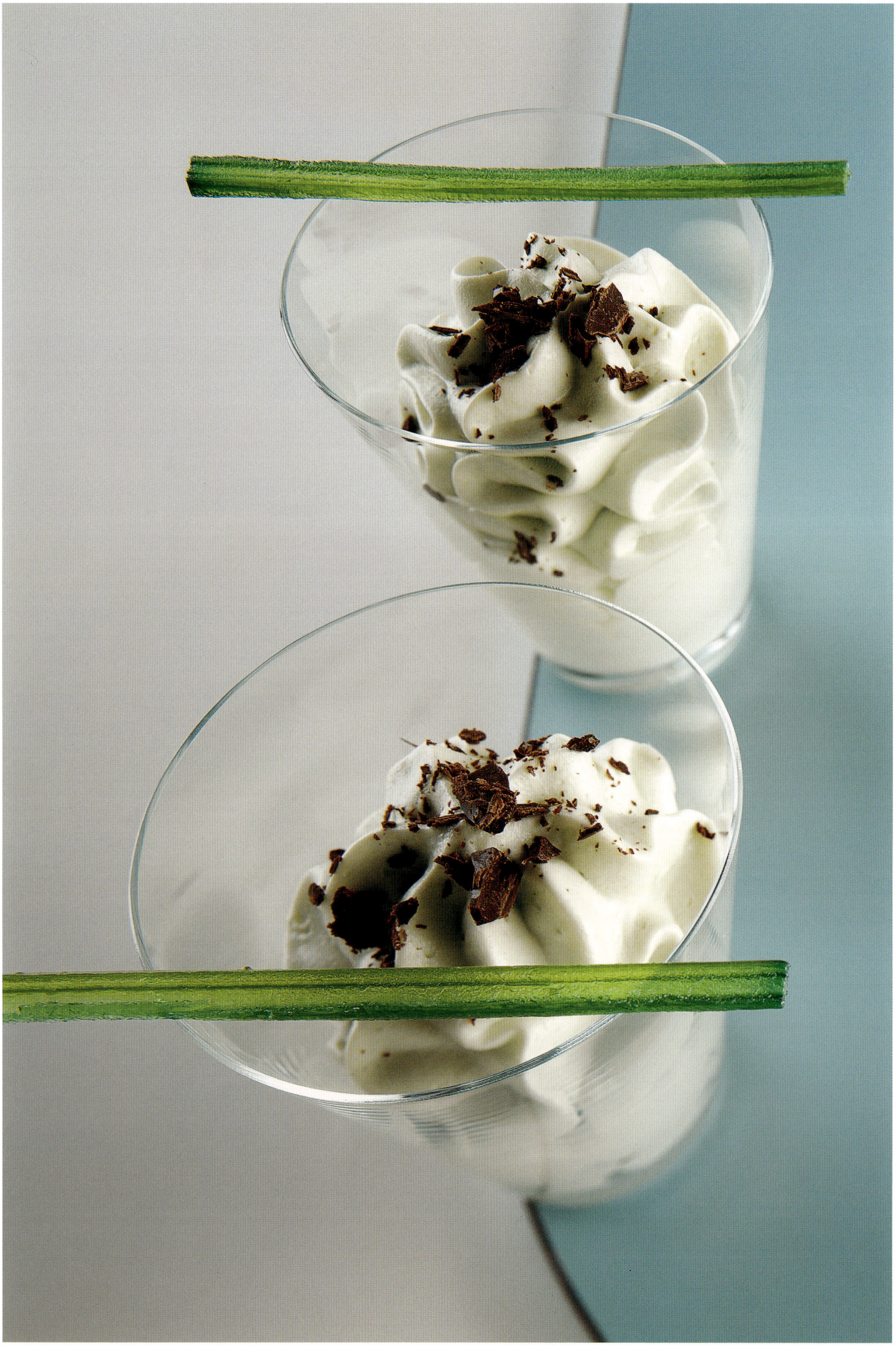

Schaum von der »Grünen Fee« mit Schokolade

Zutaten für 4 Personen

50 ml Absinth (französischer Wermut mit Anis und Kräutern)
300 ml Sahne
1 EL Honig
200 g weiße Kuvertüre
2 Blatt weiße Gelatine
1 EL fein gehackte Milchschokolade (40 % Kakaogehalt)

Zubereitungszeit: ca. 30 Minuten plus 2 Stunden Kühlzeit

1. Den Absinth mit der Sahne, dem Honig und der klein gehackten weißen Kuvertüre über dem warmen Wasserbad erwärmen.

2. Die Gelatine 4 Minuten in kaltem Wasser einweichen, dann herausnehmen und ausdrücken. Die Gelatine in der Schokocreme auflösen. Die Creme etwas erkalten lassen und durch ein Sieb in einen Siphon geben. Den Siphon mit 1 Stickstoffpatrone befüllen und mindestens 2 Stunden im Kühlschrank erkalten lassen.

3. Den Absinthschaum in 4–6 Gläser spritzen und mit der fein gehackten Milchschokolade bestreuen.

Info: Absinth wird wegen seiner grünen Farbe auch »Grüne Fee« genannt.

Heidelbeer-Schoko-Schaum mit Filoteig

Zutaten für 4 Personen

200 ml Sahne
150 ml Milch
½ Zitrone
300 g frische Heidelbeeren
60 g dunkle Kuvertüre (60 % Kakaogehalt)
3 Blatt weiße Gelatine
350 g Filoteig
etwas Zucker zum Bestreuen

Zubereitungszeit: ca. 30 Minuten plus 2 Stunden Kühlzeit

1. Die Sahne mit der Milch, dem Saft der ½ Zitrone und den Heidelbeeren in einen Topf geben und aufkochen, dann die fein gehackte Kuvertüre darin schmelzen lassen. Diese Mischung mit dem Stabmixer pürieren und durch ein feines Sieb streichen.
2. Die Gelatine 4 Minuten in kaltem Wasser einweichen, dann ausdrücken und in einem kleinen Topf erwärmen, unter Rühren auflösen und in die Heidelbeer-Schoko-Creme rühren.
3. Die Heidelbeer-Schoko-Creme durch ein Sieb in einen Siphon (Espumaflasche) geben, mit 1 Stickstoffpatrone laden und 2 Stunden kalt stellen.
4. Den Filoteig mit Zucker bestreuen und im auf 160 °C vorgeheizten Backofen ca. 10–12 Minuten knusprig backen, dann aus dem Ofen nehmen, erkalten lassen und in Stücke brechen.
5. Den Heidelbeer-Schoko-Schaum in Gläser spritzen und mit dem Filobruch servieren.

Schwarzwälder-Kirsch-Schaum

Zutaten für 4 Personen

200 g Edelbitterschokolade (70 % Kakaogehalt)
1 EL Kakaopulver
500 g Sahne
2 cl Rum
2 Blatt weiße Gelatine
50 g weiße Schokolade
50 g Amarenakirschen (eingelegte Sauerkirschen)

Zubereitungszeit: ca. 40 Minuten plus 2 Stunden Kühlzeit

1. Die Schokolade fein hacken, mit dem Kakaopulver, der Sahne und dem Rum in einen Topf geben und unter Rühren erhitzen.

2. Die Gelatine 4 Minuten in kaltem Wasser einweichen, dann ausdrücken und unter die Schokoladencreme rühren.

3. Die Creme durch ein Sieb in einen Siphon (Espumaflasche) geben, mit 1 Stickstoffpatrone laden und 2 Stunden kalt stellen.

4. Die weiße Schokolade fein raspeln.

5. Die Amarenakirschen auf 4 Gläser verteilen, den Schokoladenschaum daraufspritzen und mit den weißen Schokoladenraspeln bedecken.

Schaumig

Joghurt-Schokoladen-Schaum mit Granatäpfeln

Zutaten für 4 Personen

250 g weiße Kuvertüre
200 g Naturjoghurt (mindestens 3,5 % Fettgehalt)
1/2 Limette
2 EL Honig
4 Blatt weiße Gelatine
1 großer Granatapfel
weiße Schokoladenspäne zum Verzieren

Zubereitungszeit: ca. 30 Minuten plus 2 Stunden Kühlzeit

1. Die Kuvertüre klein hacken, in eine kleine Schüssel geben und über dem warmen Wasserbad schmelzen.
2. Den Joghurt, den Limettensaft und den Honig in die geschmolzene Kuvertüre rühren.
3. Die Gelatine 4 Minuten in kaltem Wasser einweichen, dann ausdrücken und in einem kleinen Topf erwärmen, unter Rühren auflösen und in die Joghurt-Schokoladen-Creme rühren. Die Creme etwas erkalten lassen und durch ein Sieb in einen Siphon geben. Den Siphon mit 1 Stickstoffpatrone laden und mindestens 2 Stunden im Kühlschrank erkalten lassen.
4. Den Granatapfel halbieren und die Kerne herauslösen.
5. Den Joghurt-Schokoladen-Schaum in 4 Gläser spritzen und mit den Granatapfelkernen und den weißen Schokoladenspänen dekorieren.

Schaumig

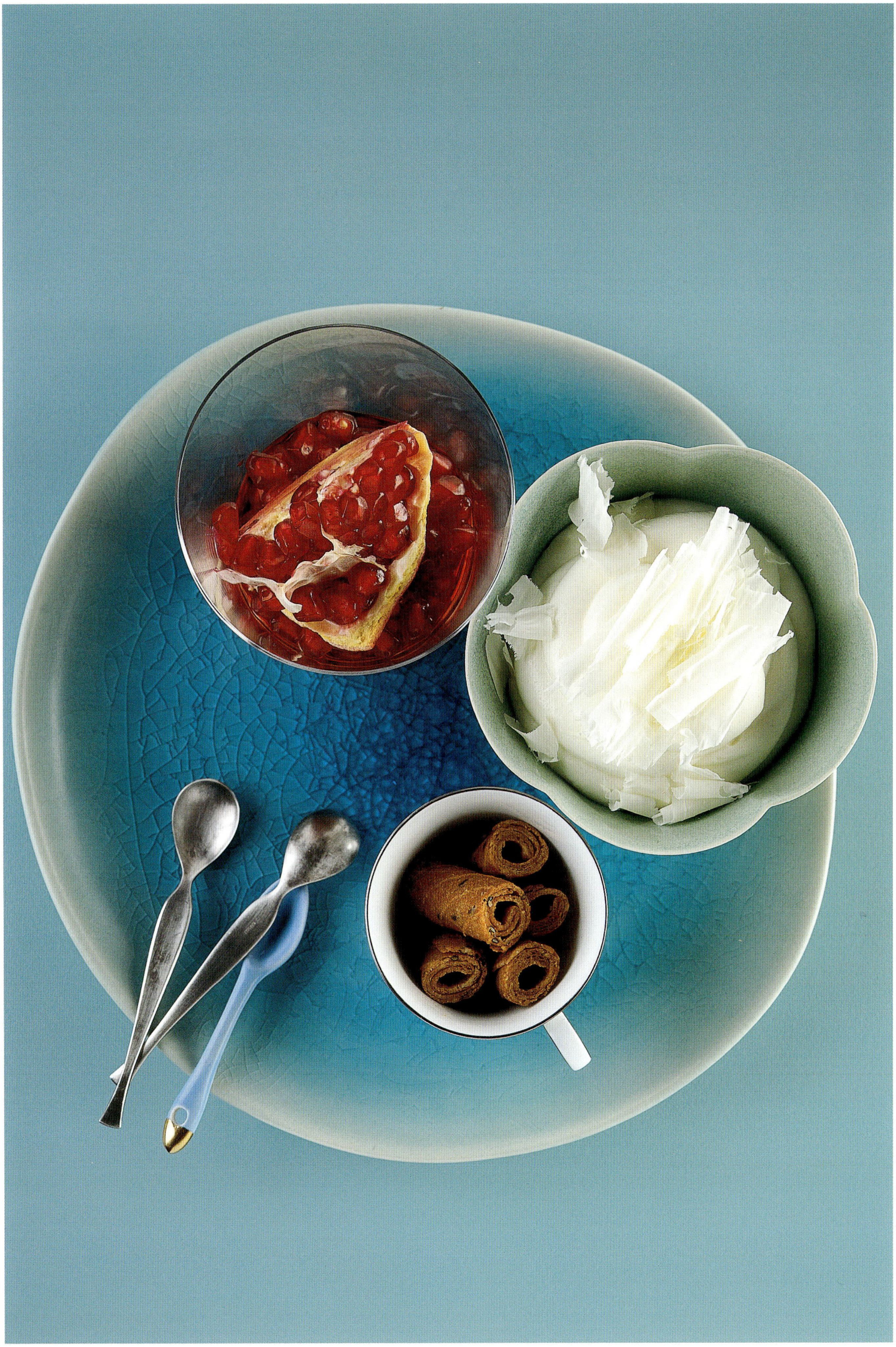

Schaum vom Kirschrum mit Brownies

Zutaten für 4 Personen

500 ml Sahne
125 ml Kirschrum (alternativ Kirschlikör)
50 g Zucker
3 Blatt weiße Gelatine
2 EL Amarenakirschsaft
200 g Brownies (ohne Glasur, siehe Rezept Seite 113)

Zubereitungszeit: ca. 20 Minuten plus 2 Stunden Kühlzeit

1. Die Sahne mit dem Rum und dem Zucker in eine Topf geben und aufkochen.
2. Die Gelatine 4 Minuten in kaltem Wasser einweichen, dann ausdrücken und unter Rühren in der Rumsahne auflösen. Die Creme mit dem Kirschsaft verfeinern.
3. Die Kirschrumcreme durch ein Sieb in einen Siphon (Espumaflasche) geben, mit 1 Stickstoffpatrone laden und 2 Stunden kalt stellen.
4. Den Kirschrumschaum auf 4 Teller spritzen und mit den warmen Brownies servieren.

Schaum von Marquise au Chocolat

Zutaten für 4 Personen

100 ml Milch
200 ml Sahne
3 EL Butter
300 g Edelbitter-
schokolade
(70 % Kakaogehalt)
1 EL Kakaopulver
(100 % Kakaogehalt)
2 Blatt weiße Gelatine

Zubereitungszeit: ca. 20 Minuten plus 2 Stunden Kühlzeit

1. Die Milch mit der Sahne in einen Topf geben und aufkochen.
2. Die Butter hinzufügen und auflösen.
3. Die Kuvertüre fein hacken, hinzufügen und unter Rühren auflösen. Das Kakaopulver darüberstäuben und verrühren. Die Marquise au Chocolat mit dem Stabmixer aufmixen und durch ein feines Sieb streichen.
4. Die Gelatine 4 Minuten in kaltem Wasser einweichen, dann ausdrücken und unter Rühren in der Marquise au Chocolat auflösen.
5. Die Marquise au Chocolat durch ein Sieb in einen Siphon (Espumaflasche) geben, mit 1 Stickstoffpatrone laden und 2 Stunden kalt stellen.
6. Den Schaum in 4 Gläser spritzen und sofort servieren.

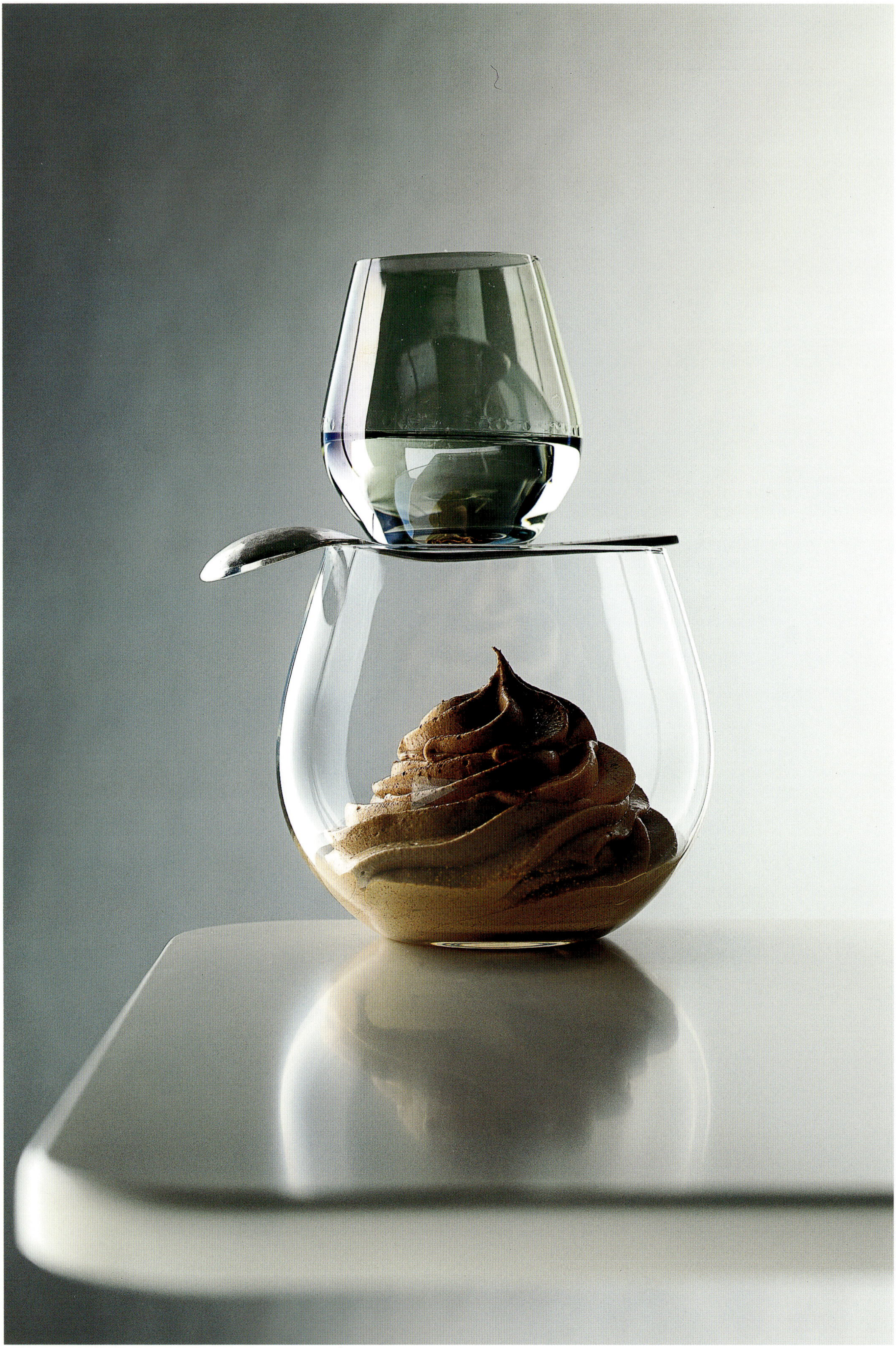

Espresso-Schokoladen-Schaum mit Grappa

Zutaten für 4 Personen

350 ml Sahne
2 Tässchen kalter Espresso
200 g dunkle Kuvertüre (70 % Kakaogehalt)
1 EL Instant-Kaffeepulver
2 Blatt weiße Gelatine
8 cl Grappa

Zubereitungszeit: ca. 30 Minuten plus 2 Stunden Kühlzeit

1. Die Sahne mit dem Espresso in einen Topf geben, die in Stücke gehackte Kuvertüre hinzufügen und unter Rühren erwärmen. Das Instant-Kaffeepulver darin auflösen.

2. Die Gelatine 4 Minuten in kaltem Wasser einweichen, dann herausnehmen, ausdrücken und in der Espresso-Schokoladen-Creme auflösen. Die Creme etwas abkühlen lassen, dann durch ein Sieb in einen Siphon (Espumaflasche) geben. Den Siphon mit 1 Stickstoffpatrone laden und mindestens 2 Stunden im Kühlschrank erkalten lassen.

3. Je 2 cl Grappa in 4 Grappagläser füllen und den Espresso-Schokoladen-Schaum daraufspritzen.

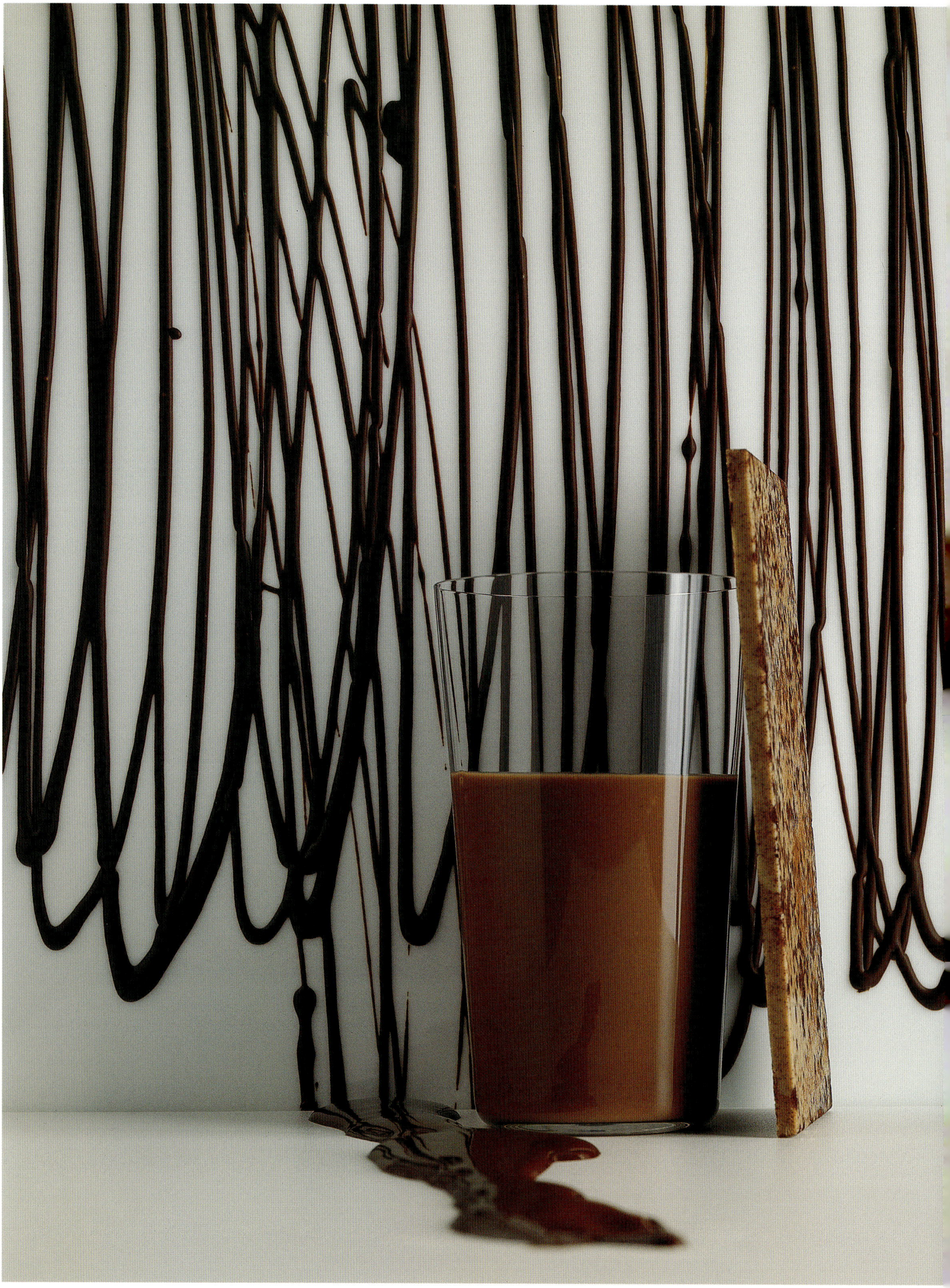

Flüssig

Brennender Schoko-Eierlikör-Punsch

Zutaten für 4 Personen

8 cl Eierlikör
250 ml Sahne
20 g dunkle Kuvertüre (60 % Kakaogehalt)
4 cl brauner Rum (80 % Vol.)

Zubereitungszeit: ca. 10 Minuten

1. Den Eierlikör mit der Sahne in einen Topf geben, die gehackte Kuvertüre zugeben und erhitzen.
2. Sobald sich die Kuvertüre aufgelöst hat, den Punsch auf 4 hitzefeste Gläser verteilen.
3. Den Punsch mit je 1 cl Rum bedecken (dazu den Rum über einen Löffelrücken laufen lassen) und anzünden.

Lumumba spezial

Zutaten für 4 Personen

500 ml Milch
8 cl Crème de Cacao
4 cl Rum
125 ml Sahne
1 TL gemahlener Zimt

Zubereitungszeit: ca. 6 Minuten

1. Die Milch mit dem Crème de Cacao und dem Rum in einen Topf geben und erhitzen.
2. Die Sahne halb steif schlagen.
3. Den Cocktail auf 4 Gläser verteilen, mit der Schlagsahne toppen und mit etwas gemahlenem Zimt bestreuen.

Weiße Thaischokolade mit Zitronengras und karamellisiertem Koriander

Zutaten für 4 Personen

1 l Milch
1 Kaffir-Zitronenblatt (erhältlich im Asialaden)
1 Stängel Zitronengras
1 TL mildes Currypulver
2 EL Honig
100 g weiße Kuvertüre
2 EL Koriandersamen
1 EL Puderzucker
4 Rambutans oder Litschis

Zubereitungszeit: ca. 20 Minuten

1. Die Milch mit dem Zitronenblatt, dem fein geschnittenen Zitronengras, dem Currypulver und dem Honig aufkochen, dann durch ein feines Sieb gießen.

2. Die gehackte Kuvertüre dazugeben und unter Rühren schmelzen.

3. Die Koriandersamen auf ein mit Backpapier belegtes Backblech streuen, mit dem Puderzucker bestäuben und im auf 180 °C vorgeheizten Backofen (Oberhitze) karamellisieren. (Vorsicht: Das geht sehr schnell!)

4. Die weiße Thaischokolade mit dem Stabmixer aufschäumen und mit dem karamellisierten Koriander und den Rambutan- oder Litschihälften dekorieren.

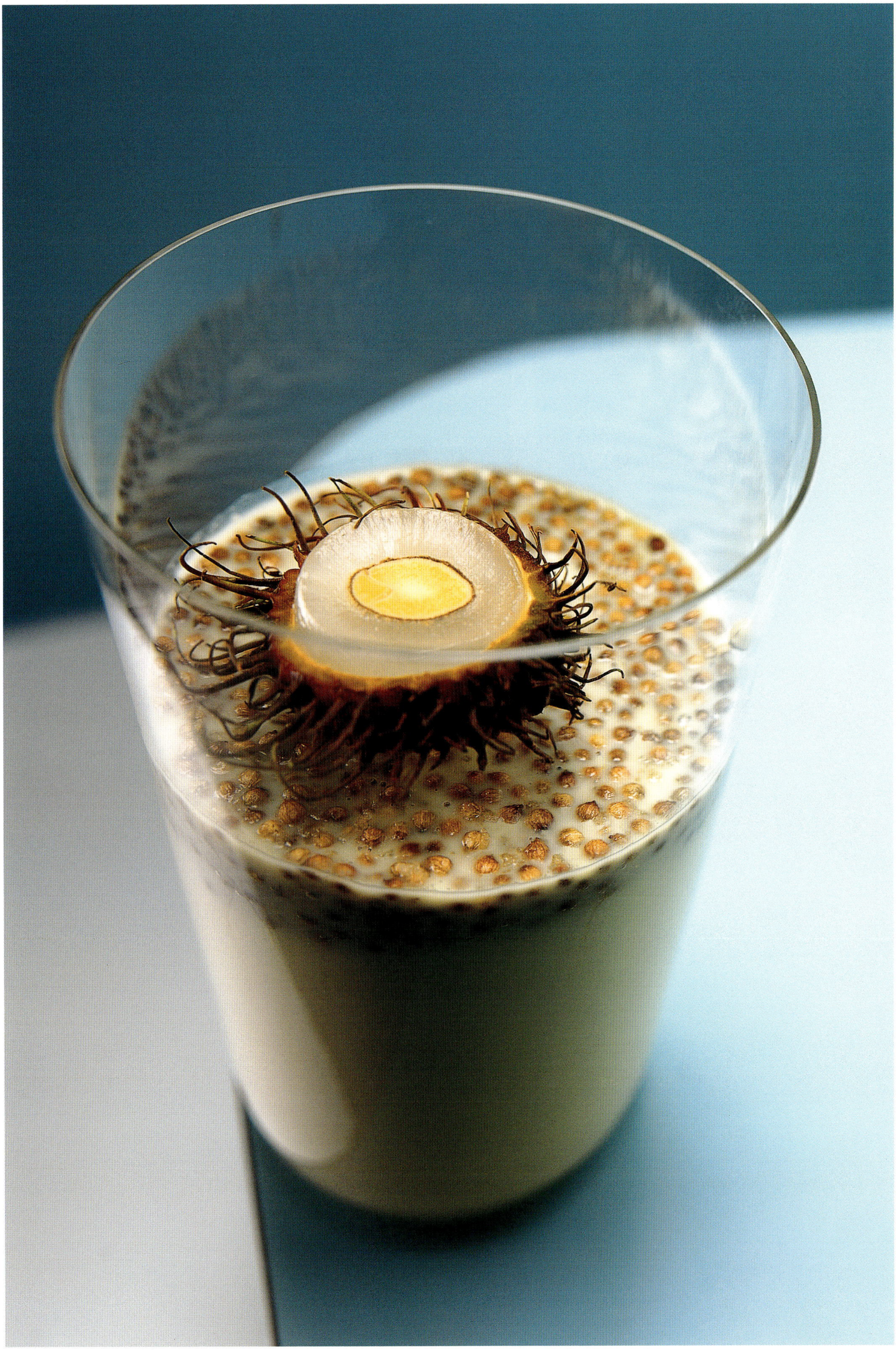

Heiße Azteken-Schokolade

Zutaten für 4 Personen

1 Chilischote
80 g Edelbitter-
schokolade
(80 % Kakaogehalt)
500 ml Milch
1 EL Honig
1 EL Rohrzucker
1 Msp. gemahlener Zimt

Zubereitungszeit: ca. 10 Minuten

1. Die Chilischote entkernen, von den Scheidewänden befreien und fein hacken.
2. Die Schokolade fein hacken, mit der Milch, dem Honig, dem Rohrzucker und dem Zimt in einen Topf geben und erhitzen. Rühren, bis sich die Kuvertüre ganz aufgelöst hat.
3. Die heiße Schokolade auf 4 hitzefeste Gläser verteilen und servieren.

Heiße Kirsch-Schokolade

Zutaten für 4 Personen

50 g Vollmilchkuvertüre
(52 % Kakaogehalt)
800 ml Milch
4 cl Kirschlikör
4 Cocktailkirschen

Zubereitungszeit: ca. 10 Minuten

1. Die Kuvertüre klein hacken, mit der Milch in einen Topf geben und erhitzen.
2. Den Kirschlikör dazugeben, und alles mit dem Stabmixer aufschäumen.
3. Die Kirsch-Schokolade in 4 Gläser füllen und mit je 1 Cocktailkirsche garnieren.

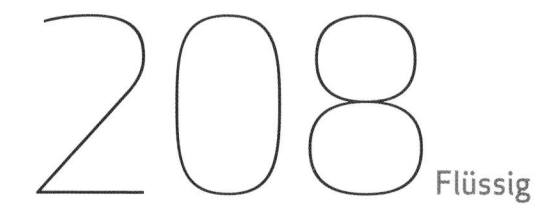

Pralinentraum

Zutaten für 4 Personen

500 ml Milch
2 cl brauner Rum
2 cl Schokoladenlikör
10 Rumpralinen

Zubereitungszeit: ca. 8 Minuten

1. Die Milch mit dem Rum und dem Schokoladenlikör in einen Topf geben und erhitzen.
2. Die Rumpralinen in der heißen Milch auflösen, und alles mit dem Stabmixer aufschäumen.
3. Den Pralinentraum auf 4 hitzefeste Gläser verteilen und servieren.

Creamy Dream

Zutaten für 4 Personen

250 ml Sahne
8 cl Crème de Cacao
4 cl Baileys

Zubereitungszeit: ca. 5 Minuten

1. Die Sahne steif schlagen.
2. Die beiden Liköre in einem Cocktailshaker aufschütteln.
3. Die Sahne auf 4 Gläser verteilen und den Cocktail darübergeben.

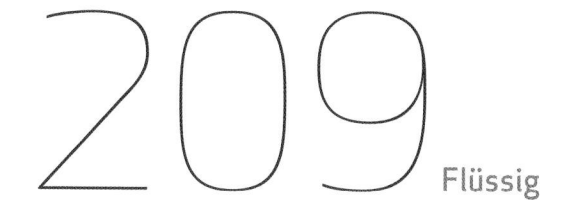

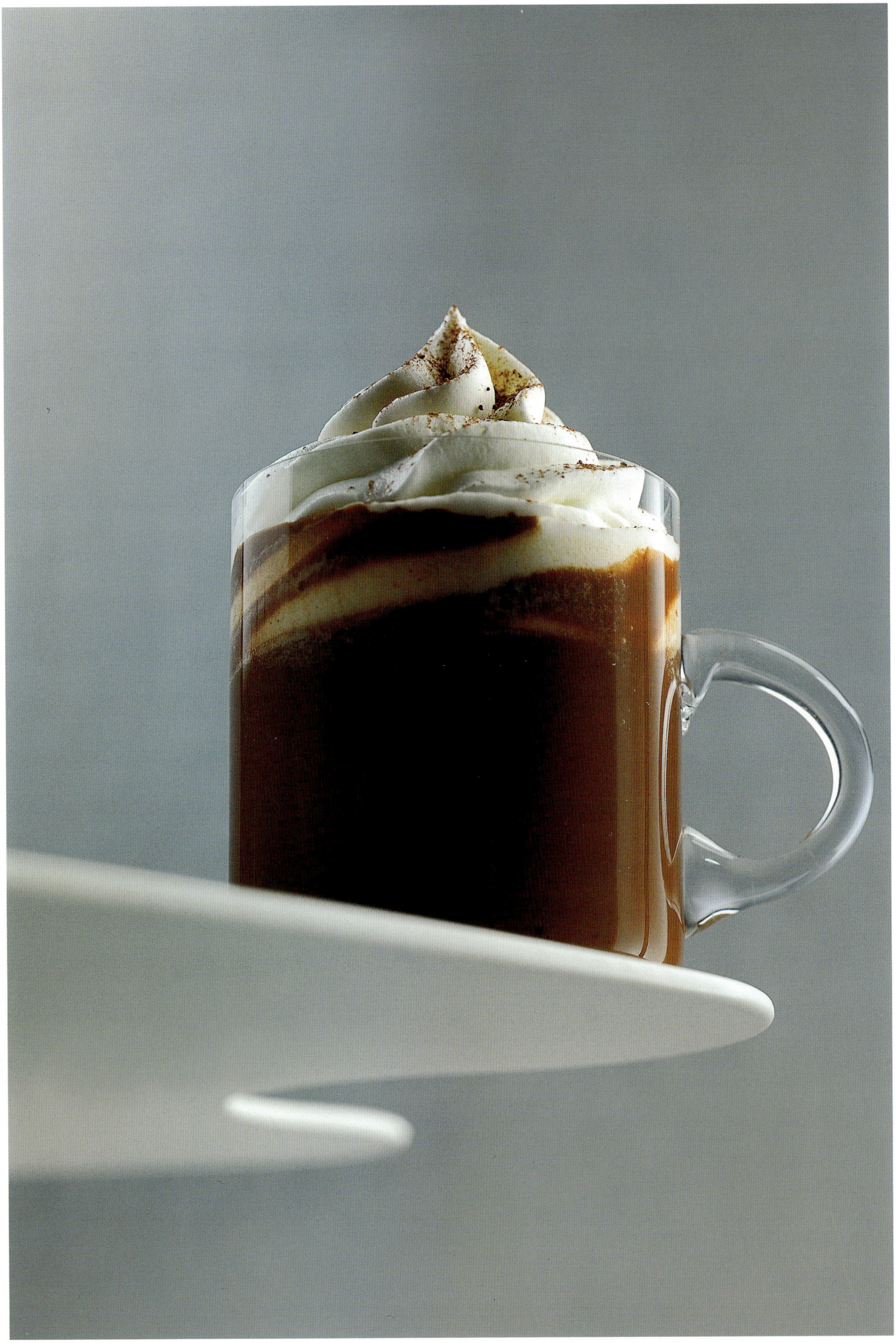

Schokoladen-Milchstraße

Zutaten für 4 Personen

1 l Milch
4 Milky-Way-Riegel
50 g dunkle Kuvertüre
(66 % Kakaogehalt)
200 ml Sahne,
steif geschlagen
1 Päckchen Vanillezucker
etwas Kakaopulver

Zubereitungszeit: ca. 10 Minuten

1. Die Milch aufkochen.
2. $1/4$ der heißen Milch abnehmen und die klein geschnittenen Milky-Way-Riegel und die gehackte Kuvertüre darin auflösen.
3. Die Creme in 4 hohe Gläser füllen.
4. Die Gläser mit der heißen Milch auffüllen.
5. Die Milchstraßen mit der mit Vanillezucker gesüßten Schlagsahne und etwas Kakaopulver verzieren. Mit langen Stiellöffeln servieren und erst kurz vor dem Trinken langsam umrühren.

Flüssige Mannerschnitten

Zutaten für 4 Personen

1 l Milch
50 g dunkle Kuvertüre
(60 % Kakaogehalt)
8 cl Haselnusslikör
4 Mannerschnitten
2 EL gehackte
Haselnusskerne

Zubereitungszeit: ca. 12 Minuten

1. Die Milch mit der gehackten Kuvertüre und dem Haselnusslikör erwärmen.
2. Die Mannerschnitten fein hacken.
3. Die Schokoladenmilch mit dem Stabmixer aufschäumen, in Gläser füllen und mit den gehackten Mannerschnitten und den Haselnüssen servieren.

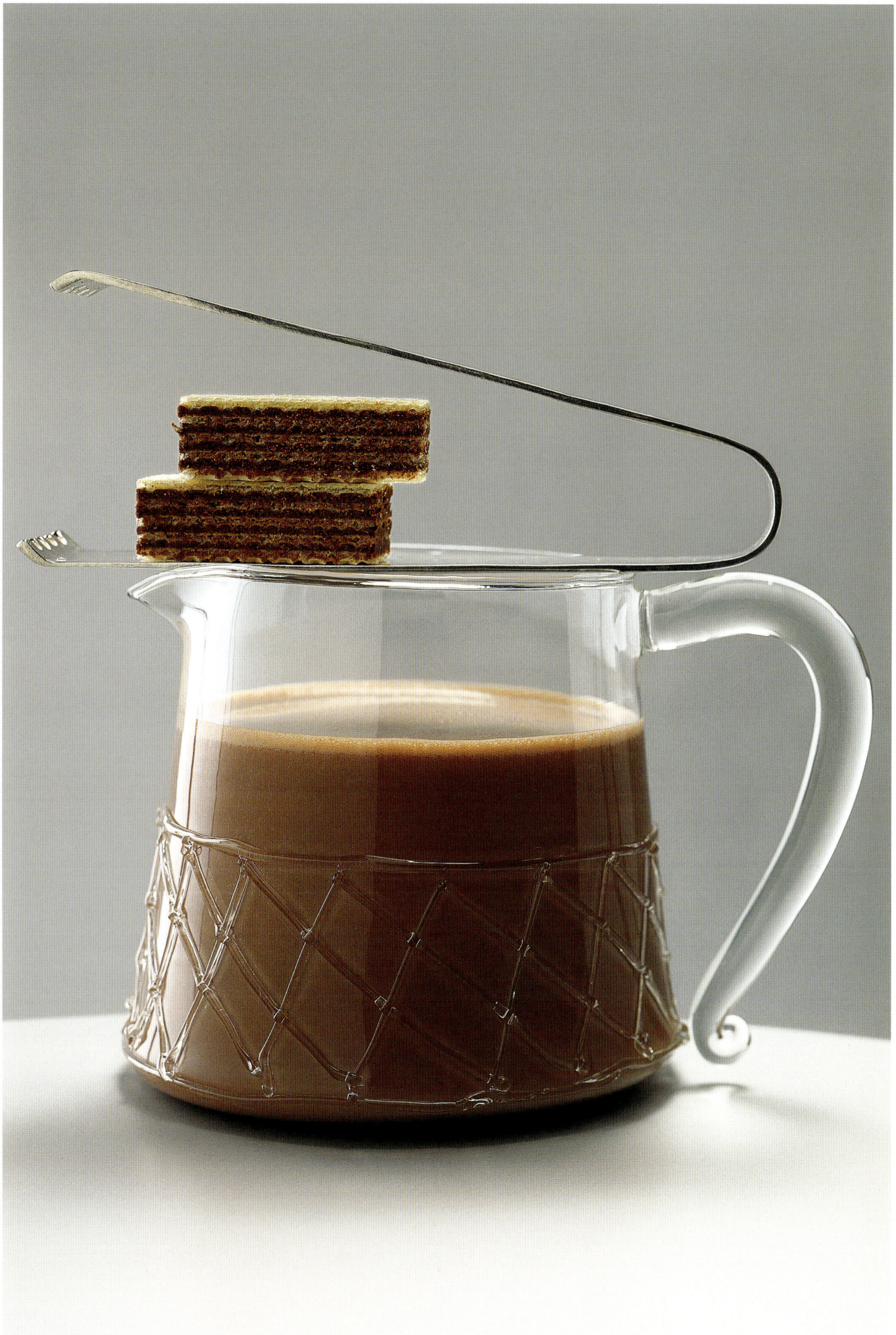

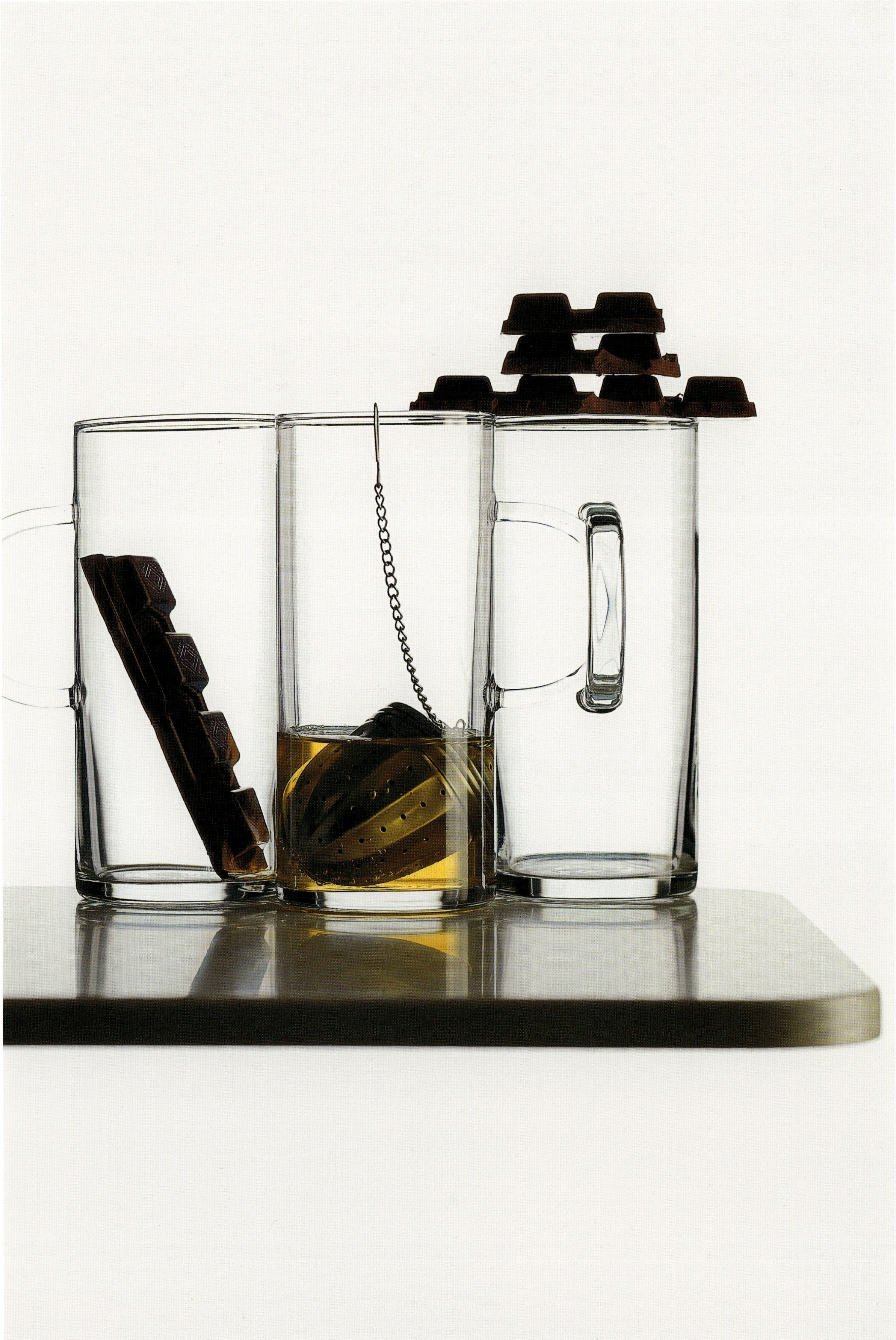

Englische Teeschokolade

Zutaten für 4 Personen

1 EL Teeblätter (Earl Grey)
500 ml Milch
50 g Edelbitterschokolade (70 % Kakaogehalt)

Zubereitungszeit: ca. 8 Minuten

1. Die Teeblätter mit der Milch in einen Topf geben und aufkochen, kurz ziehen lassen, dann durch ein Sieb gießen.
2. Die Schokolade fein hacken und in der heißen Teemilch auflösen.
3. Die Teeschokolade auf 4 hitzefeste Gläser verteilen und servieren.

Wild Chocolate

Zutaten für 4 Personen

40 ml Sahne
4 cl Schokoladenlikör
40 ml Mangosaft
4 cl Wodka
etwas Crushed Ice

Zubereitungszeit: ca. 5 Minuten

1. Die Sahne, den Schokoladenlikör, den Mangosaft und den Wodka in einem Cocktailshaker aufschütteln.
2. Den Wild Chocolate auf 4 mit Crushed Ice gefüllte Gläser verteilen.

Ananas-Schoko-Schock

Zutaten für 4 Personen

250 ml Ananassaft
8 cl Crème de Cacao
2 cl Batida de coco
1 cl Limettensaft
12 Eiswürfel
einige Blätter frische Minze

Zubereitungszeit: ca. 5 Minuten

1. Den Ananassaft mit den Likören und dem Limettensaft vermischen.
2. Die Eiswürfel auf 4 Gläser verteilen und mit dem Cocktail aufgießen.
3. Die Cocktails mit etwas Minze dekorieren und servieren.

Liquid Banana Split

Zutaten für 4 Personen

400 ml Bananensaft
80 ml Sahne
12 cl Schokoladenlikör
etwas Crushed Ice
20 g Edelbitterschokolade

Zubereitungszeit: ca. 5 Minuten

1. Den Bananensaft, die Sahne und den Schokoladenlikör in einem Cocktailshaker aufschütteln.
2. Den Cocktail auf 4 mit Crushed Ice gefüllte Gläser verteilen.
3. Die Schokolade fein hacken, über die Cocktails streuen und servieren.

Passionsfrucht-Chili-Schoko-Shot

Zutaten für 4 Personen

1 Chilischote
250 ml Passionsfruchtsaft
einige Eiswürfel
12 cl Schokoladenlikör
einige Blätter frische Minze

Zubereitungszeit: ca. 8 Minuten

1. Die Chilischote entkernen, von den Scheidewänden befreien und fein hacken.
2. Den Passionsfruchtsaft mit den gehackten Chilischoten vermengen, in einen mit Eiswürfeln gefüllten Rührbecher geben und mit dem Schokoladenlikör verrühren.
3. Den Cocktail auf 4 Gläser verteilen und mit etwas frischer Minze dekorieren.

Pfirsich-Schoko-Pfeffer-Cocktail

Zutaten für 4 Personen

1 Pfirsich
etwas Crushed Ice
8 cl Schokoladenlikör
8 cl Pfirsichlikör
4 cl Champagner
1 EL grüne Pfefferkörner

Zubereitungszeit: ca. 10 Minuten

1. Den Pfirsich halbieren, entsteinen und in feine Würfel schneiden.
2. Das Crushed Ice auf 4 Gläser verteilen (etwas zurückbehalten), die Pfirsichwürfel daraufgeben.
3. Den Schokoladenlikör, den Pfirsichlikör und den Champagner in einem Cocktailshaker mit etwas Crushed Ice aufschütteln und die Gläser damit auffüllen.
4. Die Cocktails mit einigen Pfefferkörnern dekorieren und servieren.

Flüssig

Besoffene Schoko-Erdbeeren

Zutaten für 4 Personen

300 g Erdbeeren
12 cl brauner Rum
1 Limette
4 EL brauner Zucker
500 ml Milch
100 g weiße Schokolade

Zubereitungszeit: ca. 12 Minuten plus 2 Stunden Kühlzeit

1. Die Erdbeeren waschen, zupfen und mit dem Rum, dem Saft der Limette und dem Zucker in einen Rührbecher geben und pürieren.
2. Das Püree in 4 Gläser füllen und im Kühlschrank 2 Stunden kalt stellen.
3. Die Milch mit der gehackten Schokolade erhitzen, die Schokolade schmelzen und mit dem Stabmixer aufschäumen.
4. Die Gläser mit der Schokoladenmilch auffüllen.

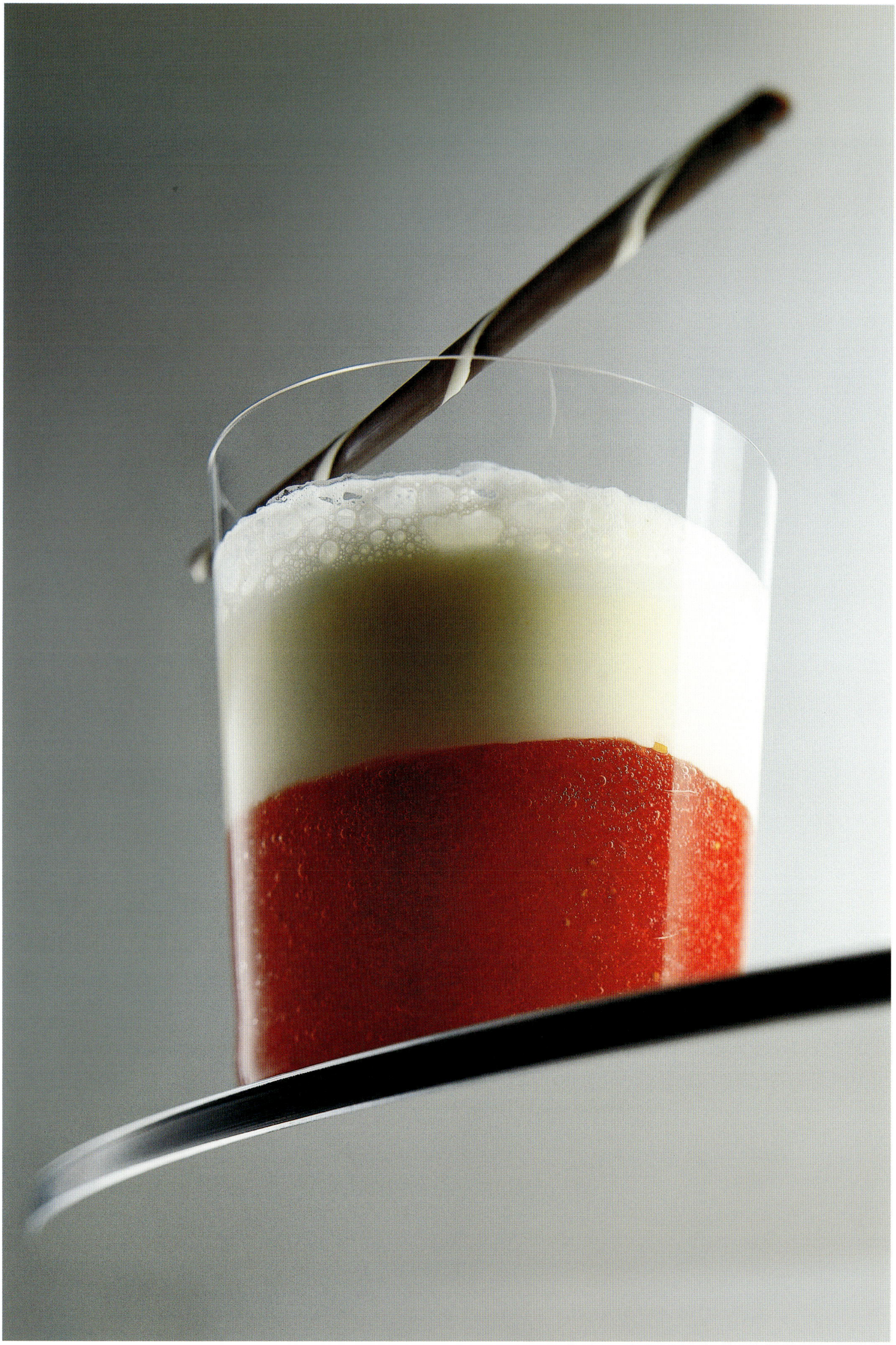

Brandy-Schoko

Zutaten für 4 Personen
12 cl Brandy
8 cl Schokoladenlikör
12 Eiswürfel
etwas Crushed Ice

Zubereitungszeit: ca. 5 Minuten

1. Den Brandy, den Schokoladenlikör und die Eiswürfel in einen Cocktailshaker füllen und aufschütteln.
2. Das Crushed Ice auf 4 Gläser verteilen und mit dem Brandy-Schoko auffüllen.

Campari-Schoko

Zutaten für 4 Personen
250 ml Sahne
4 cl Crème de Cacao
12 Eiswürfel
etwas Crushed Ice
8 cl Campari

Zubereitungszeit: ca. 10 Minuten

1. Die Sahne mit dem Crème de Cacao und den Eiswürfeln in einem Cocktailshaker aufschütteln.
2. Den Cocktail durch ein Sieb auf 4 mit Crushed Ice gefüllte Gläser verteilen.
3. Den Campari langsam daraufgießen und servieren.

Kiss in the Dark

Zutaten für 4 Personen

- 80 ml Sahne
- 200 ml Milch
- 2 cl Vanillesirup
- 4 cl Karamellsirup
- 4 cl Schokoladenlikör
- 4 TL Kakaopulver
- 18 Eiswürfel

Zubereitungszeit: ca. 5 Minuten

1. Alle flüssigen Zutaten mit dem Kakaopulver und 6 Eiswürfeln in einem Cocktailshaker aufschütteln.
2. Den Cocktail durch ein Sieb in 4 mit je 3 Eiswürfeln gefüllte Gläser füllen.

Stracciatella-Shot

Zutaten für 4 Personen

- 250 ml Sahne
- 4 cl Wodka
- 1 EL Rohrzucker
- 20 g dunkle Kuvertüre (60 % Kakaogehalt)
- etwas Crushed Ice

Zubereitungszeit: ca. 10 Minuten

1. Die Sahne mit dem Wodka und dem Rohrzucker in einem Cocktailshaker aufschütteln.
2. Die Kuvertüre fein hacken.
3. 4 Gläser mit Crushed Ice füllen, die gehackte Kuvertüre daraufgeben und mit dem Cocktail auffüllen.

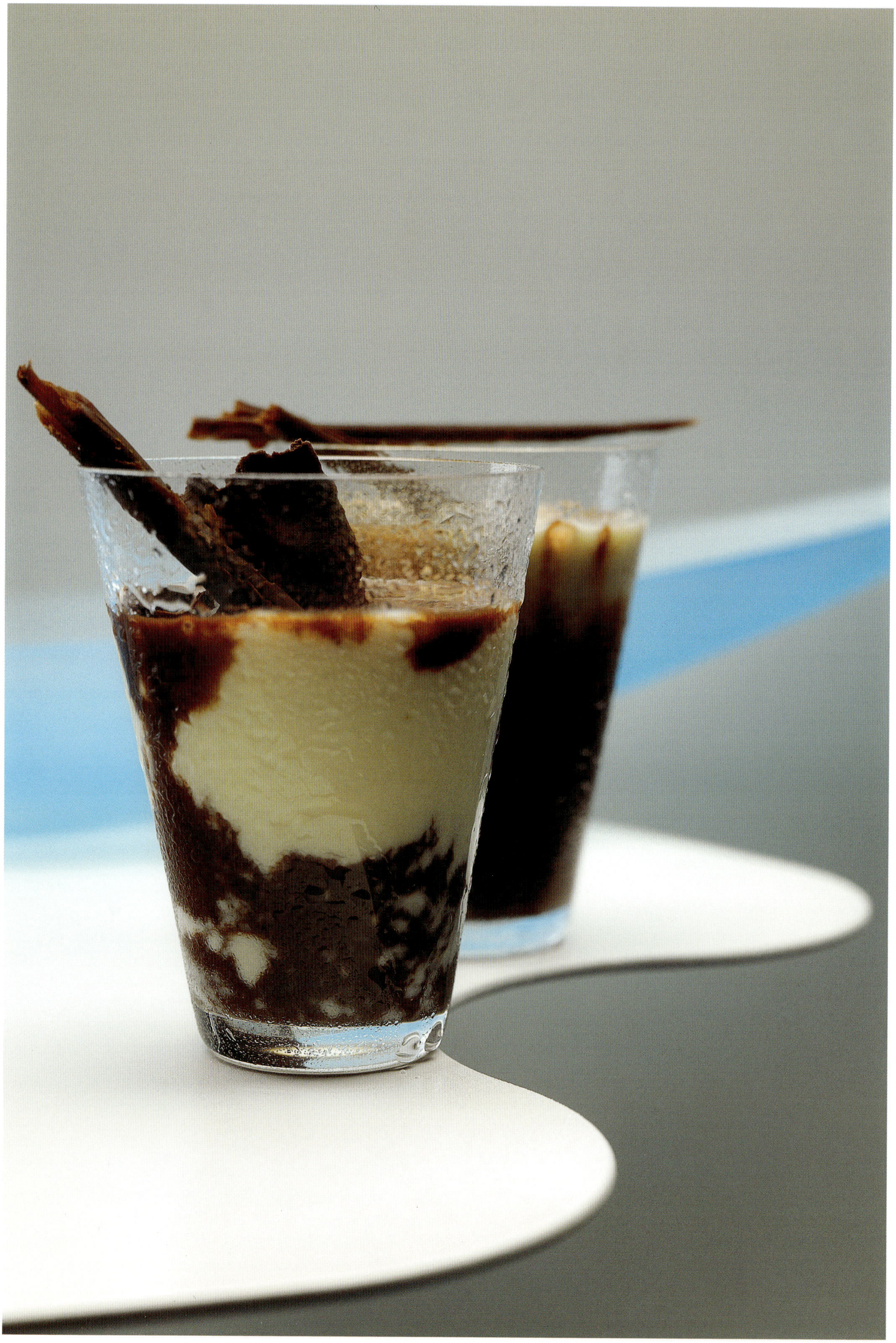

Geeister Port mit weißer Schokolade

Zutaten für 4 Personen
500 ml Sahne
80 g weiße Schokolade
einige Eiswürfel
12 cl roter Portwein

Zubereitungszeit: ca. 4 Minuten plus 1 Stunde Kühlzeit

1. Die Sahne aufkochen, dann die in Stücke gehackte Schokolade unter Rühren darin auflösen. Die Schokosahne 1 Stunde kalt stellen.
2. Die Schokolade auf 4 gekühlte Gläser verteilen, einige Eiswürfel dazugeben und mit dem Portwein auffüllen.

Schoko-White-Russian

Zutaten für 4 Personen

einige Eiswürfel
8 cl Wodka
8 cl Schokoladenlikör
8 cl Sahne

Zubereitungszeit: ca. 5 Minuten

1. Die Eiswürfel auf 4 Cocktailgläser verteilen.
2. Mit dem Wodka und dem Schokoladenlikör auffüllen (je 2 cl pro Glas).
3. Die flüssige Sahne vorsichtig über einen Löffelrücken darüberfließen lassen (2 cl pro Glas).

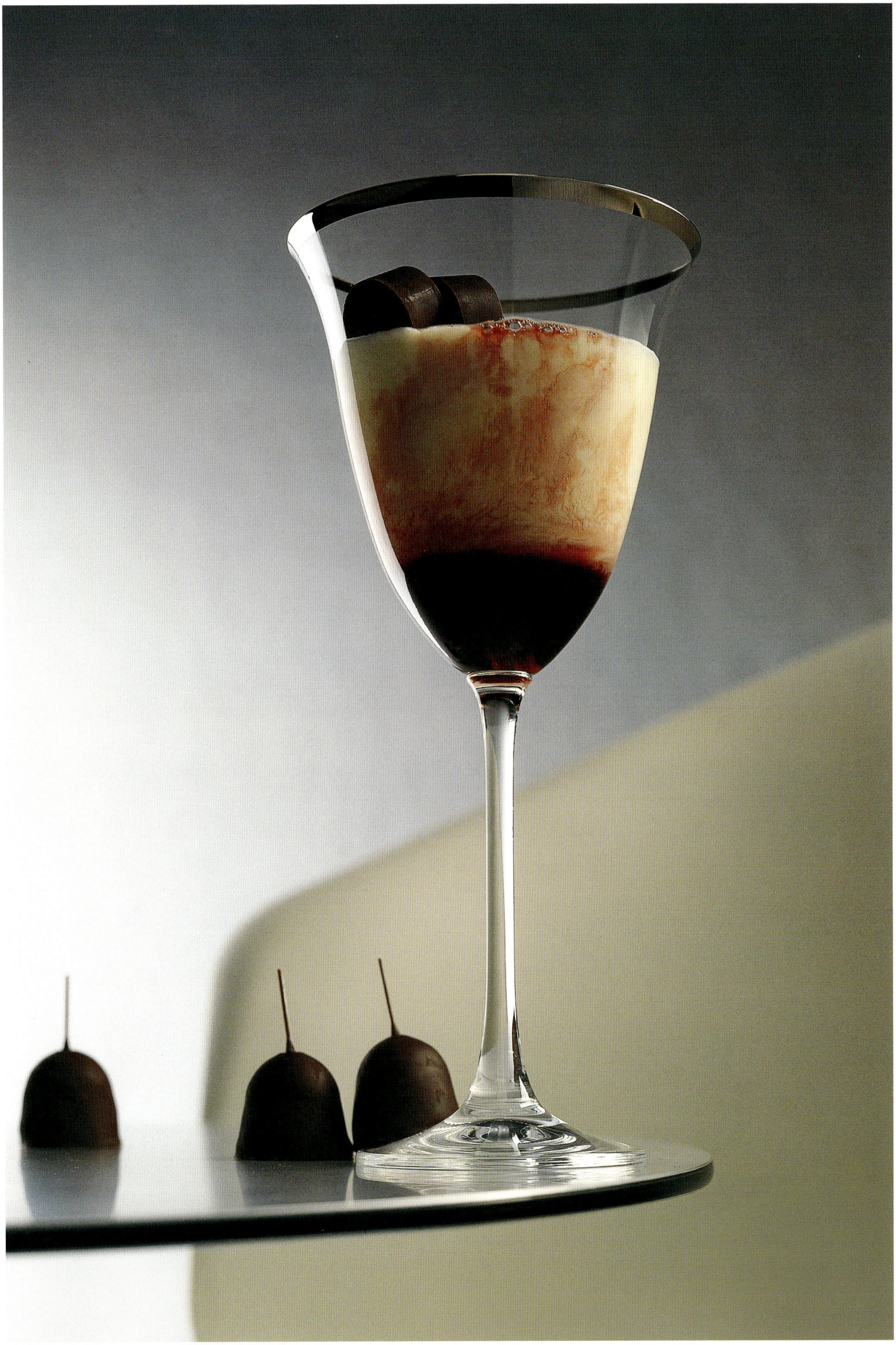

Schokolikör mit Minze

Zutaten für 4 Personen

einige Eiswürfel
8 cl Pfefferminzlikör
8 cl Schokoladenlikör
4 cl Baileys
4 cl Kaffeelikör
einige Blättchen Minze

Zubereitungszeit: ca. 5 Minuten

1. Die Eiswürfel und den Pfefferminzlikör auf 4 Gläser verteilen (2 cl pro Glas).
2. Nacheinander mit je 2 cl Schokoladenlikör, Baileys und Kaffeelikör auffüllen.
3. Mit Minzeblättchen dekorieren.

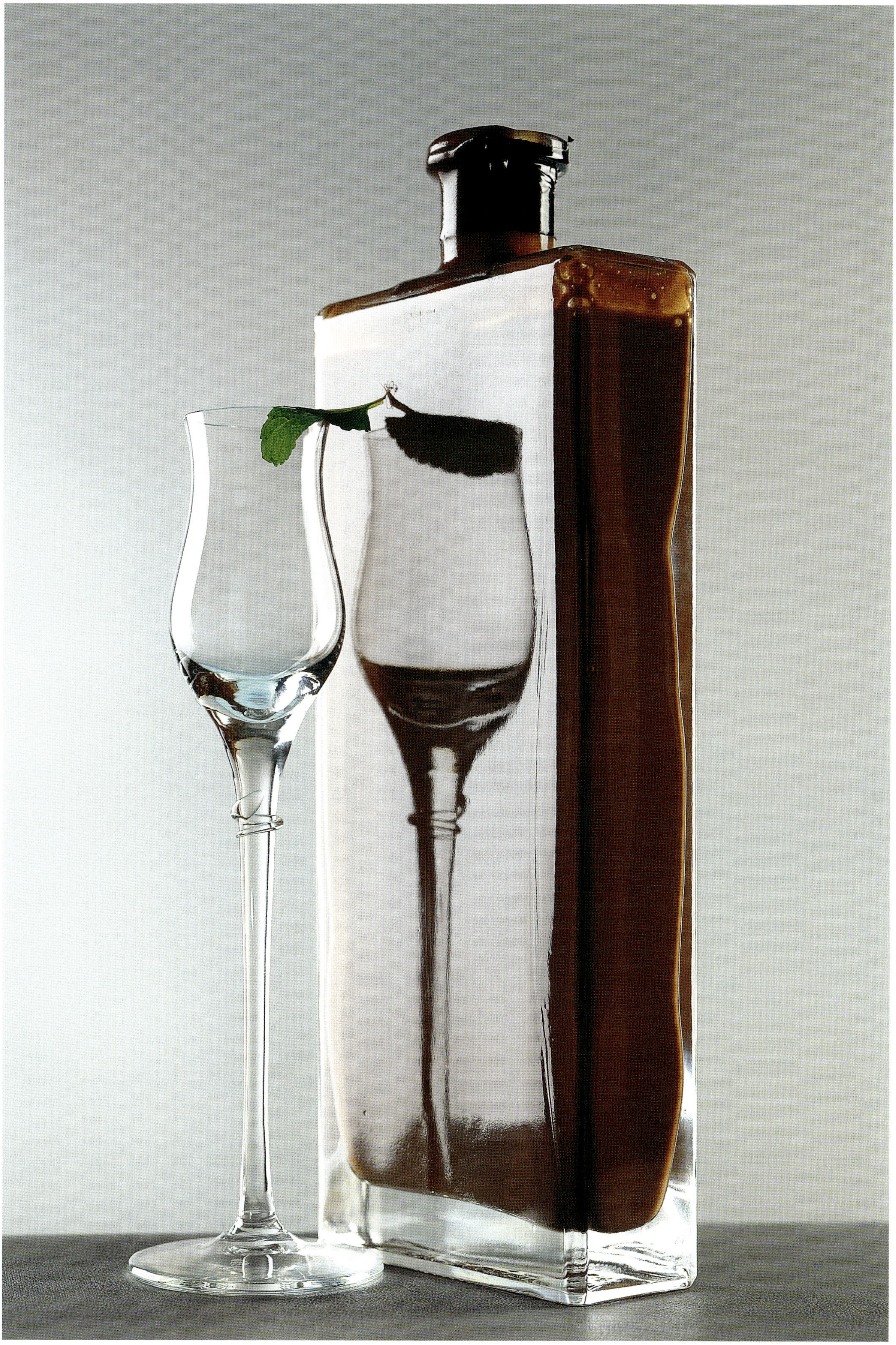

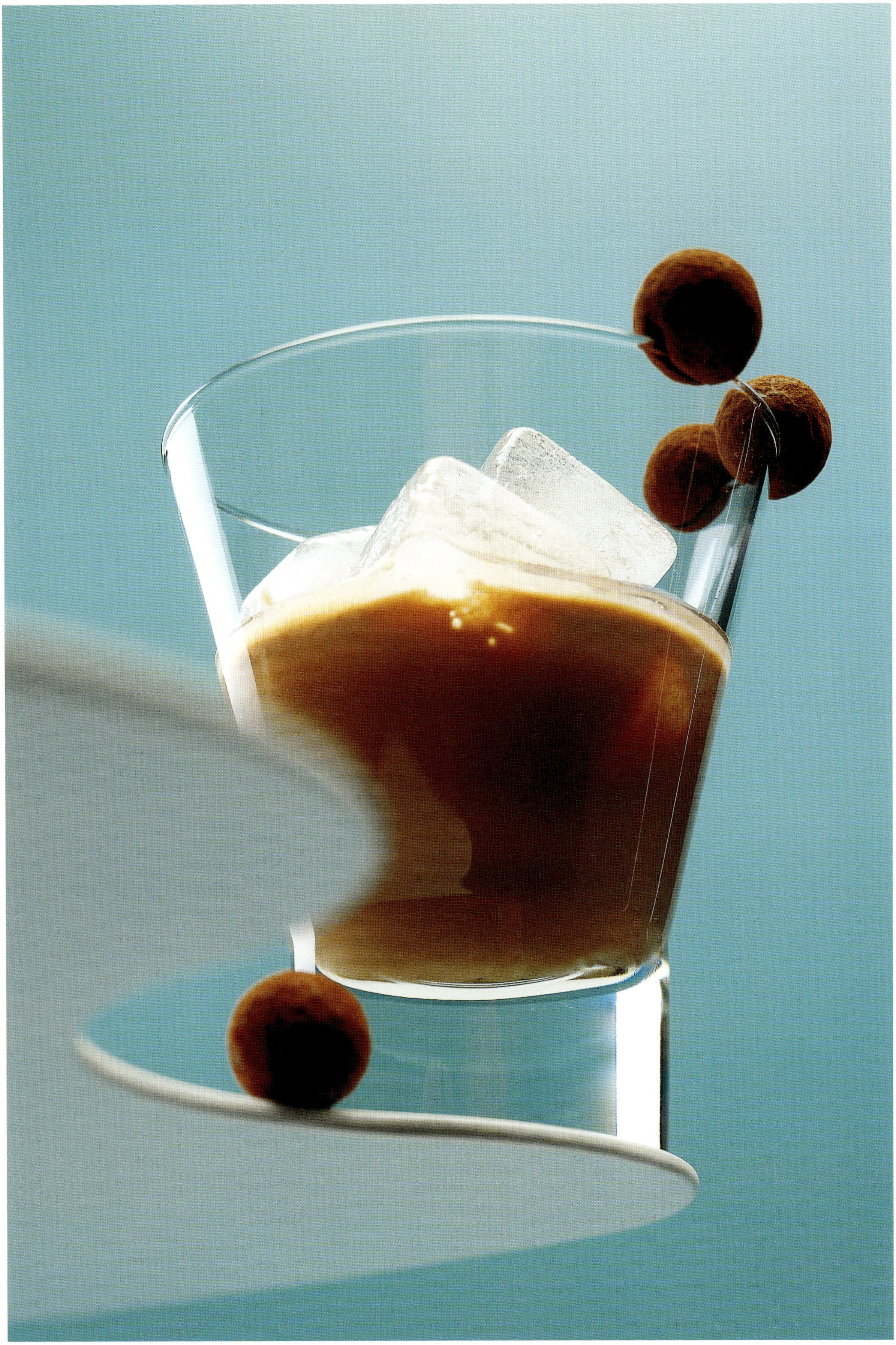

Schoko-Whiskey on the Rocks

Zutaten für 4 Personen

12 cl Schokoladenlikör
8 cl Whiskey (am besten eine rauchige Sorte)
etwas Crushed Ice
einige Eiswürfel
16 Xocopilikugeln (von Valrhona)

Zubereitungszeit: ca. 4 Minuten

1. Den Schokoladenlikör und den Whiskey in einen Shaker geben und mit dem Crushed Ice vermengen.
2. 4 Gläser zur Hälfte mit einigen Eiswürfeln füllen, mit dem Schoko-Whiskey auffüllen und mit je 4 Schokoladenkugeln dekorieren.

Glossar

Bitterschokolade
Schokolade, die einen –> Kakaoanteil von mindestens 60 Prozent hat.

Conchieren
Ein entscheidender Vorgang bei der Herstellung von Schokolade. Dabei wird die Kakaomasse in der Conche genannten Maschine viele Stunden geknetet, gewalzt, gewendet, gelüftet und gedreht. Während des Conchierens entsteht der weiche, runde Schmelz der Schokolade, sie wird fein, glatt und gießfähig. Ihr Geschmack wird harmonischer und unerwünschte Geruchsstoffe verflüchtigen sich. Heute wird bei einer Temperatur von ca. 60 °C bis 80 °C und je nach Sorte zwischen 3 und 70 Stunden conchiert.

Cru
Wie beim Wein bezeichnet der Begriff Cru bei der Schokolade die Herkunft, das Anbaugebiet und damit die Qualität.

Cuvée
Verschnitt mehrerer Kakaosorten, auch Blend genannt

Edelschokolade
Schokolade mit einem Edelkakaoanteil von mindestens 40 Prozent.

Fermentation
Nach der Ernte werden die Kakaofrüchte aufgebrochen, die Samen werden vorsichtig herausgelöst und mit dem Fruchtfleisch in mit Bananenblättern bedeckte Holzkisten gegeben. Während der dabei einsetzenden Gärung (Fermentation) entstehen Temperaturen bis zu 50 °C, was Bitterstoffe entweichen lässt. Die Fermentation ist ein wichtiger Prozess bei der Kakaoherstellung, werden hier Fehler gemacht, wirkt sich das negativ auf die Qualität des Endprodukts aus.

Fettglasur
Preiswerter Schokoladenersatz, auch Schokoladenguss genannt, der – da einfacher zu verarbeiten – in der Konditorei oft statt –> Kuvertüre verwendet wird. Fettglasur besteht aus entölter Kakaomasse und Zucker, statt –> Kakaobutter enthält sie gehärtete Pflanzenfette (zum Beispiel Palmöl oder Kokosfett).

Ganache
Creme aus –> Kuvertüre und Sahne oder Butter, die vornehmlich zum Füllen von Pralinen, aber auch zum Glasieren und Überziehen von Torten verwendet wird. Ganache lässt sich einfach selbst herstellen, indem man die Sahne auf-

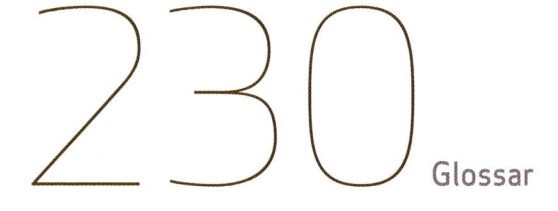

kocht, über die gehackte Kuvertüre gibt und glatt rührt.

Grand Cru

Sortenreine Schokolade aus –> Edelkakao mit Herkunftsbezeichnung

Halbbitterschokolade

Schokolade, die einen –> Kakaoanteil von mindestens 50 Prozent hat.

Kakaoanteil

Dieser Prozentsatz bezeichnet den Anteil einer Schokolade an festen Bestandteilen der –> Kakaobohne und an –> Kakaobutter. Schokoladen mit hohem Kakaoanteil haben einen intensiveren Geschmack und eine größere Aromenvielfalt als Schokoladen mit niedrigem Kakaoanteil.

Kakaobohnen

Die Samen der –> Kakaofrüchte werden nach der –> Fermentation Kakaobohnen genannt.

Kakaobutter

Beim Vermahlen von –> Kakaobohnen brechen die Zellwände auf und es tritt ein weiches, hellgelbes Fett aus, das sich durch die Reibungswärme verflüssigt hat. Bei Raumtemperatur wird die Kakaobutter wieder fest.

Kakaofrucht

Die Früchte des Kakaobaums, die die begehrten Samen enthalten, die nach der –> Fermentation als –> Kakaobohnen den Rohstoff aller Kakaoprodukte bilden.

Kakaomasse

Beim Mahlen der –> Kakaobohnen / –> Kakaonibs entsteht diese flüssige Rohmasse, die dann zu Schokolade weiterverarbeitet wird.

Kakaonibs

Nach dem Rösten werden die –> Kakaobohnen aufgebrochen. Dieser »Nibs« genannte Bruch wird dann vermahlen und weiterverarbeitet.

Kakaopulver

Nach dem Pressen der –> Kakaomasse wird der Rückstand (Presskuchen) zu Kakaopulver vermahlen.

Konsumkakao

Kakao von geringer bis durchschnittlicher Qualität, der zu Konsumschokolade für den Massenmarkt verarbeitet wird.

Kuvertüre

(vom französischen Begriff »couverture« = Überzug) Feine Schokoladengrundmasse, die im Gegensatz zu Schokolade mehr –> Kakaobutter enthält. Kuvertüre findet vor allem zum Überziehen von Pralinen und Confiseriewerk

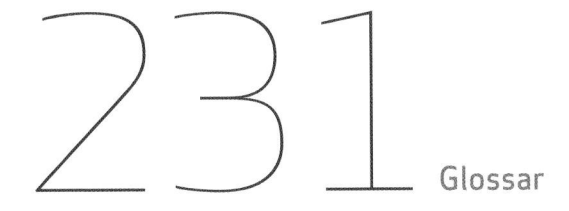

Verwendung, doch eignet sie sich auch bestens zum Kochen. Ist die Packung mit Prozentangaben versehen, verweist die erste Zahl auf den –> Kakaoanteil, an zweiter Stelle steht der Zuckeranteil und an dritter Stelle der Fettanteil. Es gibt weiße, helle (Vollmilch) und dunkle Kuvertüre. Je höher der Fettanteil ist, desto leichter schmilzt die Kuvertüre.

Milchschokolade

Hat einen Kakaoanteil von mindestens 25 Prozent.

Reif

Wird Schokolade falsch gelagert (zu hohe Temperaturen oder Temperaturschwankungen) bildet sich auf ihrer Oberfläche ein weiß-grauer Fettfilm (Fettreif). Ist sie dagegen Feuchtigkeit ausgesetzt, kristallisiert der Zucker aus und bildet den sogenannten Zuckerreif.

Single Origin

Sind Schokoladen ausschließlich aus –> Kakaobohnen eines bestimmten Anbaugebiets hergestellt, tragen sie diese Bezeichnung, die allerdings keine Aussage über die Qualität macht.

Single Variety

Sind Schokoladen reinsortig, also ausschließlich aus einer einzigen Untersorte hergestellt (zum Beispiel Porcelana), dürfen sie die Bezeichnung Single Variety tragen.

Sojalecithin

Pflanzlicher Emulgator, der der Schokolade zur Stabilisierung beigefügt wird.

Theobromin

Der mit dem Koffein verwandte Wirkstoff in den –> Kakaobohnen. Theobromin wirkt ebenfalls anregend, allerdings weniger ausgeprägt.

Tonkabohne

Same des Tonkabaums mit vanilleähnlichem Geschmack, wird über Desserts gerieben

Trocknung

Der Prozess, dem die –> Kakaobohnen nach der –> Fermentation unterzogen werden. Dies geschieht unter der tropischen Sonne oder in Solartrocknern. Während des Trocknens müssen die Bohnen regelmäßig gewendet werden.

Vollmilchschokolade

Bezeichnung für –> Milchschokolade mit einem –> Kakaoanteil von mindestens 25 Prozent.

Weiße Schokolade

Schokolade, die außer der hellgelben –> Kakaobutter keine Kakaobestandteile enthält. Weitere Zutaten sind Milchpulver und Zucker.

Zartbitterschokolade

Schokolade mit einem –> Kakaoanteil von mindestens 50 Prozent.

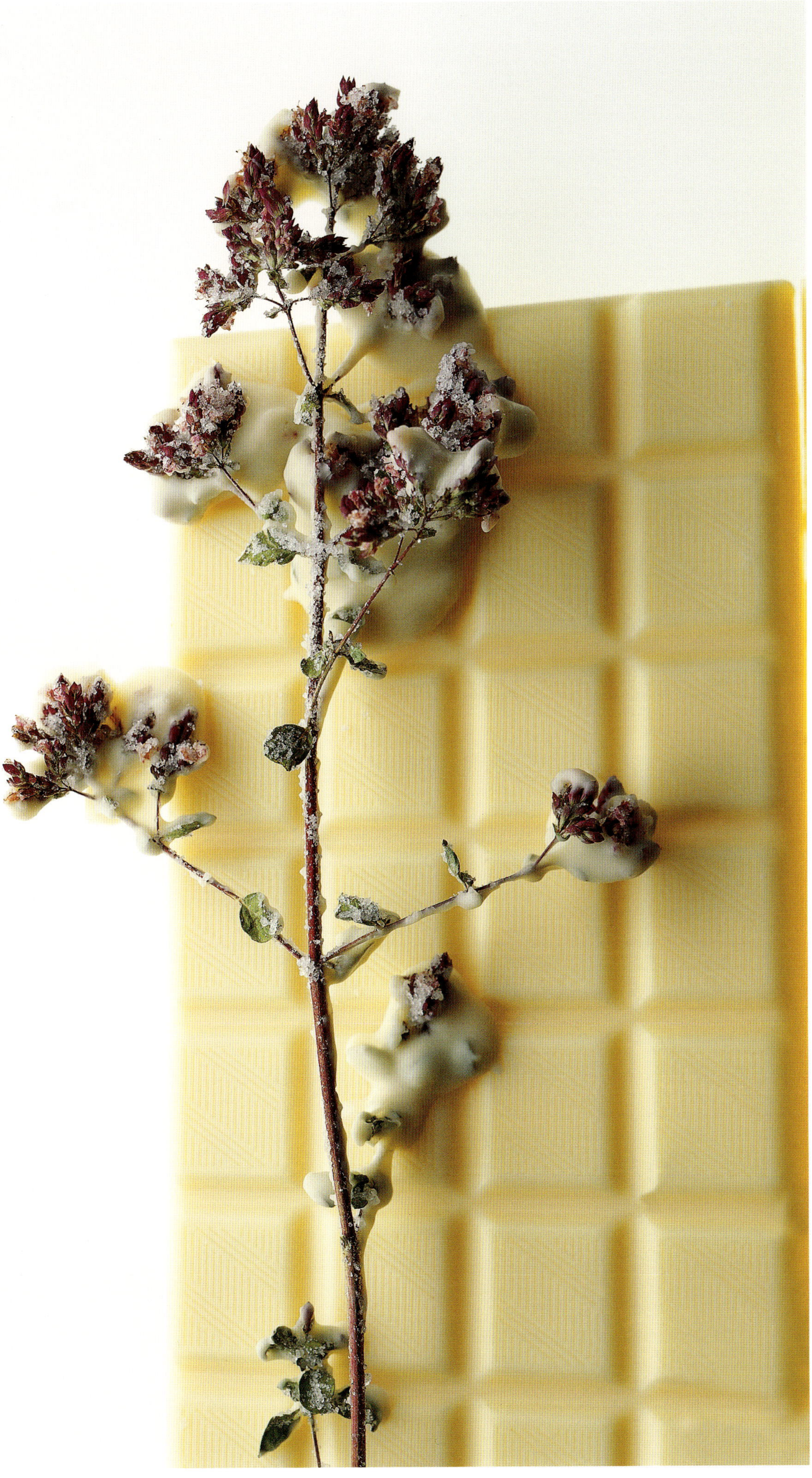

Deutschland

Schokoladen-Stübchen
Ernst-Schneller-Str. 7
04107 Leipzig
kontakt@schokoladen-stuebchen.de
Tel.: (03 41) 3 08 56 81
www.schokoladen-stuebchen.de

Amélie: Schokolade –
Praliné – Espresso
Reichsstr. 4–6
04109 Leipzig
amelie@amelie-schokolade.de
Tel.: (03 41) 2 68 24 06
www.amelie-schokolade.de

Schokogalerie
Große Hamburger Str. 35
10115 Berlin
schokogalerie@berlin.de
Tel.: (0 30) 40 05 59 93
www.schokogalerie-berlin.de

Cacao Sampaka
Karl-Liebknecht-Str. 3
10178 Berlin
mail@orange-concepts.de
Tel.: (0 30) 84 71 24 76
www.cacao-sampaka.de

In't Veld Schokoladen
Dunckerstr. 10
10437 Berlin
info@intveld.de
Tel.: (0 30) 41 72 22 81
www.intveld.de

Erich Hamann Schokoladen
Brandenburgische Str. 17
10707 Berlin
erich.hamannkg@t-online.de
Tel.: (0 30) 8 73 20 85

Cokolado Florado
Güntzelstr. 25
10717 Berlin
info@cokolado.com
Tel.: (0 30) 86 39 54 12
www.cokolado.com

Das süße Leben
Pralinen & Geschenke
Salzburger Str. 7
10825 Berlin
info@das-suesse-leben.de
Tel.: (0 30) 74 76 05 00
www.das-suesse-leben.de

Confiserie Sawade
Mariendorfer Damm 439
12107 Berlin
info@sawade-berlin.de
Tel.: (0 30) 7 42 43 10
www.sawade-berlin.de

Choco Laden Confiserie
Im Luisenforum
Brandenburger Str. 5
14467 Potsdam
info@eh-chocoladen.de
Tel.: (03 31) 2 01 10 87
www.eh-chocoladen.de

Schokoladerie de Prie
Rostocker Schokoladen-manufaktur
Warnowufer 59
18057 Rostock
info@feine-schokoladen.de
Tel.: (03 81) 3 75 99 54
www.feine-schokoladen.de

Stolle-Pralinen
Confiserie & Chocolaterie
Hoheluftchaussee 88
20253 Hamburg
stolle@stolle-pralinen.de
Tel.: (0 40) 50 74 54 88
www.stolle-pralinen.de

Choco Monde
Colonnaden 54
20354 Hamburg
info@chocomonde.com
Tel.: (0 40) 41 54 59 40
www.chocomonde.de

Godiva Chocolatier
Alsterarkaden 12
20354 Hamburg
mail@godivahamburg.de
Tel.: (0 40) 34 37 09
www.godivahamburg.de

Xocolaterie Hamburg
Gertigstr. 11
22303 Hamburg
info@xocolaterie.de
Tel.: (0 40) 27 80 77 92
www.xocolaterie.de

Amaro
Schokolade – Kaffee –
Edle Brände
Glockengießerstr. 67
23552 Lübeck
info@amaro-luebeck.de
Tel.: (04 51) 29 63 08 01
www.amaro-luebeck.de

Sylter Schokoladen-manufaktur
Zum Fliegerhorst 15
25980 Tinnum/Sylt
info@sylter-schokoladenmanufaktur.de
Tel.: (0 46 51) 2 99 15 01
www.sylter-schokoladenmanufaktur.de

Cocolat
Süßwaren-Stueven
Herdentorsteinweg 49
28195 Bremen
info@cocolat.de
Tel.: (04 21) 17 13 20
www.cocolat.de

Zarte Verführung
Chocolaterie
Lister Meile 26
Am Weißekreuzplatz
30161 Hannover
zarteverfuehrung@gmx.de
Tel.: (05 11) 8 98 49 19
www.zarteverfuehrung.de

Trüffel Güse
Schlägerstr. 21
30171 Hannover
info@trueffel-guese.de
Tel.: (05 11) 8 82 09 99
www.trueffel-guese.de

Konditorei Café Heinemann
Martin-Luther-Platz
Blumenstr.
40212 Düsseldorf
info@konditorei-heinemann.de
Tel.: (0 21 61) 69 30
www.konditorei-heinemann.de

Chocolaterie Dirk Glebe
Nordstr. 10
40477 Düsseldorf
info@schokoladebestellen.de
Tel.: (02 21) 49 07 24
www.schokoladebestellen.de

Chocolaterie Süßer Mukk
Roggenmarkt 6
48143 Münster
derkleinemukk@web.de
Tel.: (02 51) 4 84 21 66

Hernando Cortez
Schokoladen
Gertrudenstr. 23
50667 Köln
post@hernando-cortez.de
Tel.: (02 21) 27 25 05 70
www.hernando-cortez.de

Dunkles Gold Schokoladen
Brüsseler Str. 44
50674 Köln
info@dunklesgold.de
Tel.: (02 21) 2 58 59 00
www.dunklesgold.de

CHOCO & CO
Pontstr. 28
52062 Aachen
mail@choco-co.de
Tel.: (02 41) 4 50 03 67
www.choco-co.de

Schokoladen
Münsterstr. 7
53111 Bonn
d.hingst@
schoko-schoko.de
Tel.: (02 28) 9 76 62 84
www.schoko-schoko.de

Tout Chocolat
Kaiserstr. 14
53721 Siegburg
info@tout-chocolat.de
Tel.: (0 22 41) 6 77 68
www.tout-chocolat.de

das.naschwerk
Am Bahnhof 17
57072 Siegen
info@dasnaschwerk.de
Tel.: (02 71) 2 31 64 73
www.dasnaschwerk.de

DreiMeister-Spezialitäten
Weststr. 47–49
59457 Werl
info@dreimeister.de
Tel.: (0 29 22) 8 77 30
www.dreimeister.de

Bitter & Zart Chocolaterie
Fürstenberger & Seidel
Domstr. 4
60311 Frankfurt
info@bitterundzart.de
Tel.: (0 69) 94 94 28 46
www.bitterundzart.de

Confiserie SchokoLädchen
Kaiserstr. 17
60311 Frankfurt
info@schokolaedchen.de
Tel.: (0 69) 92 88 69 92
www.schokolaedchen.de

Chocolat Plus
Schulberg 8
61348 Bad Homburg v. d. H.
moritz@chocolat-plus.de
Tel.: (0 61 72) 92 33 16
www.chocolat-plus.de

Salon du Cacao
Ackergasse 28
61440 Oberursel
info@salon-du-cacao.de
Tel.: (0 61 71) 20 86 12
www.salon-du-cacao.de

Edelbitter
Schustergasse 5
64283 Darmstadt
info@edelbitter.com
Tel.: (0 61 51) 6 01 23 99
www.edelbitter.com

Weltmeistercafé Siefert
Braunstr. 17
64720 Michelstadt
kontakt@cafesiefert.de
Tel.: (0 60 61) 30 68
www.cafesiefert.de

xocoatl – feine schokoladen
Grabenstr. 24
65183 Wiesbaden
info@xocoatl.de
Tel.: (06 11) 3 41 73 64
www.xocoatl.de

apero – Feines für Genießer
Saargemünder Str. 63
66119 Saarbrücken
info@apero-
genusskultur.de
Tel.: (06 81) 4 16 34 80
www.apero-genusskultur.de

Schokoladenhaus
Rinderspacher
P6, 22
68161 Mannheim
info@schokoladenhaus-
rinderspacher.de
Tel.: (06 21) 2 51 16
www.schokoladenhaus-
rinderspacher.de

Chocolaterie RoCo
Hauptstr. 6
69117 Heidelberg
kontakt@alles-schoko.de
Tel.: (0 62 21) 43 46 80
www.alles-schoko.de

Confiserie Selbach
Dorotheenstr. 2
70173 Stuttgart
confiserie-
selbach@arcor.de
Tel.: (07 11) 24 23 07

L'Epicerie
Hauptstr. 35
69117 Heidelberg
info@lepicerie.de
Tel.: (0 62 21) 43 83 57
www.lepicerie.de

Chocolat – der süße Laden
Kirchgasse 9
72070 Tübingen
chocolat-tuebingen@
web.de
Tel.: (0 70 71) 25 27 17

Eberhard Holz
Erste Schwarzwälder
Schokomanufaktur
Freudenstädter Str. 1
72270 Baiersbronn
holz.konditorei@
t-online.de
Tel.: (0 74 47) 10 89
www.schokomanufaktur.de

Krüger Chocolats
Hauffstr. 41
73765 Neuhausen auf den
Fildern
info@krueger-chocolats.de
Tel.: (0 71 58) 98 63 70
www.krueger-chocolats.de

Schell Schokoladen-
manufaktur
Schloßstr. 31
74831 Gundelsheim
schell@
schell-schokoladen.de
Tel.: (0 62 69) 3 50
www.schell-schokoladen.de

Café Conditorei Brenner
Confiserie – Patisserie
Karlstr. 61 a
76133 Karlsruhe
info@cafe-brenner.de
Tel.: (07 21) 35 67 89
www.cafe-brenner.de

La Casetta del Caffé
Bahnhofstr. 5
76356 Weingarten
info@
kaffee-schokolade.de
Tel.: (0 72 44)72 22 64
www.kaffee-schokolade.de

Confiserie Rafael Mutter
Gerberau 5
79098 Freiburg i. Breisgau
info@confiserie-rafael-mutter.de
Tel.: (07 61) 2 92 71 41
www.confiserie-rafael-mutter.de

Chocolate & More
am Viktualienmarkt
Westenriederstr. 15
80331 München
info@chocolate-and-more.de
Tel.: (0 89) 25 54 49 05
www.chocolate-and-more.de

franz
kontor für schokolade
Brunnstr. 5
80331 München
franz@kontor-fuer-schokolade.de
Tel.: (0 89) 23 70 77 86
www.kontor-fuer-schokolade.de

Schuhbeck's Schokoladen
Pfisterstr. 9
80331 München
info@schuhbeck.de
Tel.: (0 89) 23 70 97 80
www.schuhbeck.de

Stolberg Schokoladen
Ledererstr. 10
80331 München
stolberg@stolberg-schokoladen.de
Tel.: (0 89) 24 20 56 90
www.stolberg-schokoladen.de

Elly Seidl
Pralinenspezialitäten
Maffeistr. 1
80333 München
info@ellyseidl.de
Tel.: (0 89) 22 44 34
www.elly-seidl.de

GötterSpeise
Chocolaterie & Café
Jahnstr. 30
80469 München
info@goetterspeise.info
Tel.: (0 89) 23 88 73 74
www.goetterspeise.info

Pralinenschule
Schulstr. 38
80634 München
info@pralinenschule.de
Tel.: (0 89) 12 11 16 90
www.pralinenschule.com

goldbraun
schmuck & schokolade
Schellingstr. 58
80799 München
schokolade@goldbraun.eu
Tel.: (0 89) 27 27 55 35
www.goldbraun.eu

Chocolaterie Amelie
Ludwigstr. 103
82467 Garmisch-Partenkirchen
info@chocolaterie-gap.de
Tel.: (0 88 21) 1 84 22 02
www.chocolaterie-gap.de

Eybel
Die Schokoladenquelle
Moosrainer Weg 6
83666 Waakirchen
info@schokoladenquelle.de
Tel.: (0 80 21) 10 36
www.schokoladenquelle.de

Chocolat
Confiserie am Rathaus
Grasgasse 332
84028 Landshut
kontakt@confiserie-chocolat.de
Tel.: (08 71) 3 19 85 26
www.confiserie-chocolat.de

Chocolaterie Bitter Süss
Vorderer Lech 18
86150 Augsburg
info@bitter-suess.de
Tel.: (08 21) 50 85 59 41
www.bitter-suess.de

Chez Chocolat
Färberstraße
86633 Neuburg
info@chez-chocolat.de
Tel.: (0 84 31) 64 64 78
www.chez-chocolat.de
www.trinkschokolade.com

Confiserie Weber & Weiss
Charlottenstr. 11
88045 Friedrichshafen
welcome@weber-weiss.de
Tel.: (0 75 41) 2 17 71
www.weber-weiss.de

zart & bitter
Münsterplatz 35
89073 Ulm
info@zart-und-bitter.de
Tel.: (07 31) 8 00 11 30
www.zart-und-bitter.de

Chocolat
Feine Schokolade und mehr
Josephsplatz 26-28
90403 Nürnberg
info@chocolatnuernberg.de
Tel.: (09 11) 2 42 78 88
www.chocolatnuernberg.de

Schokullus
Südwestpark 37–41
90449 Nürnberg
information@schokullus.de
Tel.: (09 11) 2 55 26 12
www.schokullus.de

Vianne Chocolate Erlangen
Schuhstr. 10
91052 Erlangen
info@vianne-chocolate.com
Tel.: (0 91 31) 4 00 12 33
www.vianne-chocolate.com

Xocolatl
Salzstadlplatz 1
92224 Amberg
chocolateria@xocolatl.eu
Tel.: (0 96 21) 78 79 47
www.xocolatl.eu

Das Flämische
Schokoladenhaus
Grabengasse 17
94032 Passau
info@belgische-schokolade-passau.de
Tel.: (08 51) 4 90 87 03
www.belgische-schokolade-passau.de

Esther Confiserie
Grafendobrach 5
95326 Kulmbach
info@esther-pralinen.de
Tel.: (0 92 23) 7 42
www.esther-pralinen.de

Confiserie Klein
Richard-Wagner-Str. 22
95444 Bayreuth
kontakt@confiserieklein.com
Tel.: (09 21) 5 78 80
www.confiserieklein.com

Baci di Carina Chocolaterie
Brücknerstr. 6
97080 Würzburg
baci-di-carina@web.de
Tel.: (09 31) 28 20 69

Goldhelm
SchokoladenManufaktur
Krämerbrücke 12–14
99084 Erfurt
info@goldhelm-
schokolade.de
Tel.: (03 61) 6 44 38 08
www.goldhelm-
schokolade.de

Österreich

Schoko Laden Werkstatt
Ballgasse 4, A-1010 Wien
ullmann@
schokoladenwerkstatt.at
Tel.: + 43 (1) 5 13 39 31
www.schokoladenwerkstatt.at

Confiserie Altmann & Kühne
Graben 30, A-1010 Wien
ak@feinspitz.com
Tel.: +43 (1) 5 33 09 27
www.feinspitz.com

Grand Cru
Kaiserstr. 67, A-1070 Wien
office@grandcru.at
www.grandcru.at

Schokov – Der süße Laden
am Spittelberg
Siebensterngasse 20
A-1070 Wien
info@schokov.com
Tel.: + 43 (6 80) 3 00 08 60
www.schokov.com

Xocolat
Herrenstr. 5, A-4020 Linz
xocolat@xocolat.at
Tel.: + 43 (7 32) 77 09 89
www.xocolat.at

Confiserie Isabella
Landstr. 33
A-4020 Linz
info@
confiserie-isabella.at
Tel.: + 43 (7 32) 7 79 69 70
www.confiserie-isabella.at

Conditorei Mayer
Stadtplatz 17
A-4600 Wels
office@
conditorei-mayer.at
Tel.: + 43 (72 42) 5 33 92
www.conditorei-mayer.at

Café Konditorei Fürst
Alter Markt
Brodgasse 13
A-5020 Salzburg
cafe@fuerst.cc
Tel. + 43 (6 62) 8 43 75 90
www.original-
mozartkugel.com

Berger
Feinste Confiserie GmbH
Schokoladenweg 1
A-5090 Lofer
schokolade@
confiserie-berger.at
Tel.: + 43 (65 88) 76 16
www.confiserie-berger.at

zotter
Schokoladen Manufaktur
Bergl 56
A-8333 Riegersburg
schokolade@zotter.at
Tel.: + 43 (31 52) 55 54
www.zotter.at

Dominikus Zehrer
Konditorei & Patisserie
Alter Platz 7
A-9020 Klagenfurt
office@zehrer.at
Tel.: + 43 (4 63) 51 25 12
www.zehrer.at

Schweiz

Confiseur Bachmann
Schwanenplatz 7
CH-6002 Luzern
info@confiserie.ch
Tel.: + 41 (41) 2 27 70 70
www.confiserie.ch

Beschle Chocolatier Suisse
Auf dem Wolf 31
CH-4052 Basel
customerservice@
beschlechocolatier.com
Tel.: + 41 (61) 2 61 00 22
www.beschlechocolatier.com

Confiserie Brändli
Lindenhofstr. 8
CH-4051 Basel
info@braendli-basel.ch
Tel.: + 41 (61) 2 71 57 10
www.braendli-basel.ch

Xocolatl
Blumengasse 3
CH-4051 Basel
info@xocolatl-basel.ch
Tel.: + 41 (61) 2 62 01 05
www.xocolatl-basel.ch

Chocomotion
Marktgasse 9
CH-8001 Zürich
info@chocomotion.ch
Tel.: + 41 (43) 2 88 09 88
www.chocomotion.ch

Online-Versand

Pralimio
info@pralimio.de
www.pralimio.de

Choco-Company
info@choco-company.de
www.choco-company.de

Chocri – Meine Schokolade
info@chocri.de
www.chocri.de

Schokolade-online
info@schokolade-online.com
www.schokolade-online.com

Bioschokolade.de
service@bioschokolade.de
www.bioschokolade.de

Schoko-Ecke
m.nickolaus@schoko-ecke.de
www.schoko-ecke.de

chocolats-de-luxe.de
info@chocolats-de-luxe.de
www.chocolats-de-luxe.de

Museum

Schokoladenmuseum Köln
Am Schokoladenmuseum 1 a
50678 Köln
Tel.: (02 21) 9 31 88 80
www.schokoladenmuseum.de

Versand von Zubehör für Pralinenherstellung

Homborg finest food
Petershäger Weg 182
32425 Minden
shop@theobroma-cacao.de
Tel.: (05 71) 3 98 83 24
www.theobroma-cacao.de

Pati-Versand.de
J. Müller Versandhandel
Lenzstr. 10
49811 Lingen
info@pati-versand.de
Tel.: (0 18 03) 03 08 08
www.pati-versand.de

Pralinenwerkzeug.de
Karin Ebelsberger
Leopoldstr. 250
80807 München
info@pralinenwerkzeug.de
Tel.: (01 63) 2 65 91 37
www.pralinenwerkzeug.de

Rezeptregister

Vorspeisen mit Fisch

Artischocken-Schoko-Creme mit Gewürzbrot 148
Calamari mit weißer Schoko-Mandel-Sauce und Petersilienpesto 36
Flusskrebscreme mit Dillschokolade 136
Jakobsmuscheln mit Rosinen-Schokoladen-Schaum 174
Japanischer Gurkensalat mit Schokolachs 77
Kabeljaubällchen mit Schoko-Pfefferoni-Sauce 79
Safran-Hummer-Schaum mit weißer Schokolade 173
Schokoschaum mit Tarte von der Lachsforelle 187
Steingarnelencreme mit Bitterschokoladen-Chili-Stangerl 138
Zwetschgen-Schoko-Creme mit Räucheraal 141

Vorspeisen mit Fleisch

Birnen-Fasanen-Creme mit Kakaobohnenbruch 142
Elsässer Schokoladenschaum mit Gänseleber 178
Gänseleberpizza mit Bitterschokolade 54
Kalbsleber-Schokoladen-Creme mit Curry 137
Schaum von der Entenleber mit Schokolade und Quitten 179

Vorspeisen mit Gemüse

Camembertcreme mit gepfefferten Schokopfirsichen 151
Curryschaum mit Schoko-Nan 170
Dreierlei Creme von Steinpilzen, Oliven und Schokolade 145
Getrüffelte Erdäpfelcreme mit einem Pesto von Knoblauch, Petersilie und Schokolade 146
Grapefruit in Schokolade mit Jalapeños 94
Jalapeños im Backteig gefüllt mit Cheddar und Schokobruch 96
Kürbis-Bitterschokoladen-Creme mit grünem Pfeffer 149
Rosmarinpaprika aus dem Ofen mir Schokoladenstreuseln 152
Tomaten-Chili-Salat mit Schokodressing 71
Weißer Tomatenschaum mit dunkler Schokolade 172

Suppen

Geeiste Joghurt-Schoko-Cayenne-Suppe mit Rinderfilet 66
Kürbiscremesuppe mit Blätterteig-Chili-Schokoladen-Stangerl 67
Maiscremesuppe mit Miesmuscheln, Chili und Schokolade 68
Samtsuppe von der roten Rübe mit Aperol-Schoko-Milch 28
Thaisuppe mit Garnelen und Schokoladen-Nan 31
Tom Yum mit Kakao und Steinbutt 74

Hauptspeisen mit Gemüse

Fenchel im Rohr gebraten, mit Wurzelspeck und Schokobröseln 32
Gemüsetajine mit Bitterschokolade, Nüssen und Couscous 33
Paprika-Pfefferoni-Risotto mit Orangenschokolade 72
Schaum vom Kürbiskernöl mit Schoko-Karotten-Puffern 172
Steinpilzrisotto mit Schoko-Chili-Chips 70
Tofu-Curry mit Bitterschokolade und Duftreis 39

Hauptspeisen mit Fleisch, Geflügel und Wild

Apfel-Schoko-Schaum mit Chili-Schweinelende 180
Beinschinken mit Bitterschokolade glasiert und Haselnuss-Erdäpfel-Püree 60
Chardonnay-Schokoladen-Schaum mit Kalbsfilet 186
Chili con Carne mit Schokolade 90
Crème-fraîche-Schaum mit Schoko-Kalbsbackerln 183
Ente mit Orange und Äpfeln gefüllt mit Schoko-Servietten-Knödel und Wirsing 52
Erdnuss-Thai-Sauce mit Schokopute 80
Ganslbrust mit Chilirotkraut und Erdäpfel-Schoko-Knödel 84
Geschmorte Rehkeule mit Rollgerste-Bitterschokoladen-Risotto und Preiselbeeren 63
Geschmorte Schweineschulter mit Chili-Powidl-Schoko-Sauce 86
Hirschrücken mit Wurzelsauce und Mohn-Chili-Schoko-Krapfen 93
Hühnerbrustfilets mit Kreuzkümmel, Kokos-Schoko-Saft und Kochbananen 51
In Vanille geräucherte Taubenbrust mit Sauté vom Pfirsich, Pfefferkaramell und Schokolade 81
Ingwer-Schokoladen-Creme mit Hasenpfeffer 143
Kapaun mit weißem Bohnen-Schokoladen-Püree und rotem Zwiebelconfit 49
Kreolisches Landhuhn mit Zimtschokolade 83
Lammkrone mit Schoko-Kaviarlinsen und süßer Senfsauce 57
Penne mit Radicchio, Pignoli und Schoko-Rotwein-Sauce 34
Perlhuhn mit Schokoladenlack und Steinpilzen 48
Rehrückenfilet mit Trüffel-Schoko-Creme 144
Rinderfilet mit Kakaobohnen-Walnuss-Kruste und Steinpilzen 56
Schweinelende im Prosciuttomantel mit Rosenkohl und Whiskey-Schoko-Sauce 61
Starkbier-Schoko-Schaum mit Bratlschnitte 185
Steirisches Wurzelfleisch mit weißem Schoko-Wasabi-Schaum 89

Straußensteak in Kakaobohnen gebraten, mit Zuckerschoten und Moosbeeren 58
Süßkartoffel-Schoko-Schaum mit Pfefferhendl 182
Weihnachtspute mit Maronen, Honigsauce und Spekulatius-Schoko-Flan 53

Hauptspeisen mit Fisch und Meeresfrüchten
Bergkäse-Schoko-Schaum mit Branzino 177
Chilihummer mit weißer Portwein-Schokoladen-Sauce 78
Gambas mit Mojo rojo und Schokolade 75
Kabeljau mit Schalotten-Schokoladen-Streusel-Tarte 37
Kaisergranat mit Grapefruit-Schoko-Gröstl und Basilikum 47
Knoblauchkarpfen mit Schokosauce und Kren 46
Saibling in Campari-Schokolade mit Süßkartoffeln 42
Steinbeißer mit Orangen und Schokoladen-Polenta 40
Steinbutt mit weißer Limetten-Schoko-Sauce und Koriander 43
Zitronenkabeljau mit Fisolen und weißer Schokolade 44

Desserts
Baumkuchenschnitte mit Haselnuss-Schoko-Creme und Krokant 105
Bittersüße Schokoladenmousse mit Pfefferkirschen 121
Bonbons de Chocolat 126
Brownies 113
Eisbombe mit Orangen- und Espresso-Schokolade 124
Espresso-Schokoladen-Schaum mit Grappa 200
Fudge von der Vanilleschokolade mit Limetten-Minze-Erdbeeren 122
Geeister Mohr im Hemd mit weißem Schokoschaum 125
Gewürz-Schmorapfel mit weißer Schokosauce 132
»Gundel Palatschinken 2009« 102
Heidelbeer-Schoko-Schaum mit Filoteig 194
Himbeer-Brownie-Creme 163
Joghurt-Schokoladen-Schaum mit Granatäpfeln 196
Karamell-Schokoladen-Cremeschnitte 112
Karamellisierte Orangen mit Wasabi und Schokoschaum 95
Kugeln von altem Rum und Kokosschokolade 127
Macadamia-Schoko-Creme mit Aperol-Orangen 162
Malz-Schokoladen-Creme mit Bratapfel 154
Mandarinen-Rosmarin-Schaum mit Schokolade 188
Mandel-Schoko-Karamell 119
Mangocreme mit Schokoladenkrokant 159
Marillen-Marzipan-Creme mit dunkler Schokolade 158
Maronen-Mandel-Koch im Schokobad 118
Maroni-Cranberry-Schoko-Creme 164
Mohncreme mit Kirschschokolade 156
Mousse au Chocolat 120
Nuss-Schmarrn mit Zimt-Schoko-Sauce 104
Oblaten-Walnuss-Schoko-Creme 155
Pfeffer-Marillen-Schokoladen-Schaum im Strudelkörbchen 191
Pinienkern-Schokoladen-Tarte mit Dörrmarillen 108
Pumpernickel-Schokoladen-Tarte 115
Schaum vom Kirschrum mit Brownies 198
Schaum von der »Grünen Fee« mit Schokolade 193
Schaum von Marquise au Chocolat 199
Schoko-Praliné-Tarte 110
Schoko-Rahm-Dalken mit Portweinpowidl 100
Schokoladen-Mango-Eclairs 107
Schokoladen-Panettone mit Speck und Pfefferoni 87
Schokoladenmakronen 116
Schokoladenpizza 101
Schwarzwälder-Kirsch-Schaum 195
Smartiescreme auf Brioche 167
Soufflé von der Schokobanane mit Rum 130
Stracciatellaschaum mit rosa Pfeffer 190
Tartelette von der Himbeere und Orangenschokolade 109
Wachauer Marillen in Tempura mit Schoko-Nuss-Füllung 131
Weiße Schokoladen-Passionsfrucht-Creme 161
Weiße Schokoladen-Panna-cotta mit Grapefruit 129

Heiße Getränke
Besoffene Schoko-Erdbeeren 218
Brennender Schoko-Eierlikör-Punsch 204
Englische Teeschokolade 215
Flüssige Mannerschnitten 212
Heiße Azteken-Schokolade 208
Heiße Kirsch-Schokolade 208
Lumumba spezial 205
Pralinentraum 209
Schokoladen-Milchstraße 211
Weiße Thaischokolade mit Zitronengras und karamellisiertem Koriander 206

Kalte Getränke
Ananas-Schoko-Schock 216
Brandy-Schoko 220
Campari-Schoko 220
Creamy Dream 209
Geeister Port mit weißer Schokolade 223
Kiss in the Dark 221
Liquid Banana Split 216
Passionsfrucht-Chili-Schoko-Shot 217
Pfirsich-Schoko-Pfeffer-Cocktail 217
Schoko-Whiskey on the Rocks 229
Schoko-White-Russian 224
Schokolikör mit Minze 226
Stracciatella-Shot 221
Wild Chocolate 216

Dank & Impressum

Der Dank der Fotografin gilt

Firma Lobmeyr für die Ausstattung mit Geschirr von KPM und Gläsern von Lobmeyr: www.lobmeyr.at

Blaulicht Design für Silberschalen und Tabletts: Vorlaufstraße 1, 1010 Wien

Firma Blaha für diverse Designmöbel: www.blaha.co.at

Dr. Hans-Peter Andress von der Firma Manner für ganz viele Schokoladentafeln: www.Manner.com

Zotter Schokoladen Manufaktur für Schokolade und Likör: www.zotter.at

Charly Egger von Grand Cru für Schokolade aus aller Welt: www.grandcru.at

Michael Diewald für blühendes Konfekt: www.bluehendes-konfekt.com

Gregor Hartmann für die Beschaffung der Kakaopflanzen und Kakaofrüchte: www.gregor-hartmann.at

Hinweise für den Leser

Da Schokolade in jeder Form nicht einfach in der Verarbeitung ist, ist es möglich, dass die Ergebnisse (gerade beim ersten Versuch) nicht zur vollen Zufriedenheit ausfallen. Gerade beim Zubereiten von Schäumen bedarf es einiger Erfahrung und Fingerspitzengefühls – die man jedoch im Laufe der Zeit gewinnen wird.

Die Abbildungen auf den Seiten 62 und 123 zeigen nicht das jeweilige Rezept, es handelt sich lediglich um Schmuckabbildungen.

Impressum

www.collection-rolf-heyne.de

Copyright © 2009 by Collection Rolf Heyne GmbH & Co. KG, München

Alle Rechte, insbesondere der Vervielfältigung, vorbehalten. Kein Teil des Werks darf in irgendeiner Form (durch Fotokopie, Mikrofilm oder ein anderes Verfahren) ohne schriftliche Genehmigung reproduziert oder unter Verwendung elektronischer Systeme vervielfältigt oder verbreitet werden.

Die im Buch veröffentlichten Texte und Rezepte wurden mit größter Sorgfalt von Verfassern und Verlag erarbeitet und geprüft. Eine Garantie kann jedoch nicht übernommen werden. Ebenso ist eine Haftung der Verfasser und/oder des Verlags und seiner Beauftragten für Personen-, Sach- oder Vermögensschäden ausgeschlossen.

Fotografie: Luzia Ellert

Foodstyling: Gabriele Halper

Text: Elisabeth Ruckser

Rezepte: Oliver Hoffinger

Redaktion der Rezepte: Irmgard Rumberger, Ramerberg, und Gabriele Halper, Wien

Fachredaktion: Kerstin Franz (franz – kontor für schokolade), München

Lithografie: Lorenz & Zeller, Inning am Ammersee

Druck und Bindung: Printer Trento, Trento

Printed in Italy

ISBN 978-3-89910-439-4